# BUNGA RAMPAI LOGIKA

## Membedah Argumen, Kesesatan, dan Etika Berpikir

**Pengantar : Cand. Dr. Ulil Hidayah, M.Pd.I**

GRA FLIT

**BUNGA RAMPAI LOGIKA**
**Membedah Argumen, Kesesatan, dan Etika Berpikir**

**Penulis**
Sarmita, Imama Pri Astutik, Rani Firliatul Ilahi, Siti Mutammimah, Tahta Alvina, Aisyati Eka Pratiwi, Rohmatullah, Rudiyanto, Indra Dwi Kurniawan, Lailatul Komariya, Miradatul Lailiyah, Milla Karimah, Sarifah Mariyatul Kifiyah, Zumrotul Badiah, Ahmad Basir Hanif, Najma Zahirah Zukhruf, Firda Ayu Kumala, Nadifa, Aulia Mufthi Azizah, Abdul Ghofur, dan Fitria Fardiani.

**QRCBN**
62-688-0036-341

**Editor**
Rifqi Khairul Anam

**Penyunting**
Rifqi Khairul Anam

**Desain Sampul dan Tata Letak**
Rifqi Khairul Anam

Graflit Anagraf Indonesia
Penerbitan dan Penulisan
Palem Merah, J2/06, Tangerang, Banten
@graflit.id
www.graflitin.com
081-317-450-195
IKAPI: No.082/BANTEN/2025

Cetakan pertama, Desember 2025

# KATA PENGANTAR DEKAN

*Oleh: Cand. Dr. Ulil Hidayah, M.Pd.I*

*(Dekan Fakultas Ilmu Tarbiyah dan Keguruan IAD Probolinggo)*

Di tengah derasnya arus informasi dan beragamnya pendapat yang hadir di ruang publik, kemampuan berpikir jernih menjadi kebutuhan yang tidak bisa ditawar. Kita tidak hanya dituntut untuk bisa berbicara, tetapi juga mampu menyusun argumen dengan tertib, mengenali kekeliruan berpikir, serta bersikap adil dalam menyikapi perbedaan. Di titik inilah logika menemukan relevansinya yang paling nyata.

Buku Bunga Rampai Logika: Membedah Argumen, Kesesatan, dan Etika Berpikir ini hadir sebagai upaya akademik yang membumi. Buku ini tidak memposisikan logika sebagai ilmu yang kaku dan menakutkan, melainkan sebagai keterampilan bernalar yang dapat dilatih, dipraktikkan, dan digunakan secara bertanggung jawab dalam kehidupan akademik maupun sosial. Melalui tema-tema yang disusun secara sistematis, pembaca diajak memahami fondasi berpikir, membangun argumen yang kokoh, mengenali sesat pikir, hingga menerapkan logika secara etis di era digital.

Yang patut diapresiasi, buku ini merupakan hasil karya para mahasiswa yang tumbuh melalui proses pembelajaran yang partisipatif dan reflektif. Setiap tulisan merekam proses belajar berpikir: belajar menyusun alasan, belajar berbeda pendapat tanpa merendahkan, dan belajar bertanggung jawab atas kesimpulan yang diambil. Hal ini sejalan dengan semangat pendidikan tinggi yang tidak hanya mencetak lulusan cerdas secara akademik, tetapi juga matang secara nalar dan sikap.

Sebagai Dekan, saya memandang buku ini bukan sekadar luaran akademik, melainkan bagian dari ikhtiar membangun budaya berpikir kritis yang sehat di lingkungan perguruan tinggi. Buku ini diharapkan dapat menjadi referensi awal yang ramah bagi mahasiswa, dosen, maupun pembaca umum yang ingin memahami logika secara praktis dan kontekstual. Akhir kata, saya menyampaikan apresiasi kepada editor, dosen pengampu, dan seluruh penulis yang telah berkontribusi dalam penyusunan buku ini. Semoga kehadiran buku ini memberi manfaat luas, menginspirasi keberanian bernalar, serta mendorong lahirnya diskusi-diskusi akademik yang jujur, rasional, dan beretika.

## PRAKATA EDITOR

**Assalamualaikum Warahmatullahi Wabarakatuh,**

Menyampaikan isi pikiran seringkali menjadi hal yang menakutkan. Bagi sebagian kita, menyusun argumen terasa seperti berjalan di atas tali: penuh keraguan, takut salah melangkah, dan cemas akan penghakiman orang lain. Seringkali, ide-ide brilian terkubur hanya karena kita merasa "tidak cukup pandai" untuk menyuarakannya

Buku Bunga Rampai yang ada di hadapan Anda ini adalah bukti nyata dari prinsip tersebut. Melalui pendekatan *Outcome-Based Education* (OBE), proses pembelajaran Logika tidak lagi didesain sebagai ujian yang menakutkan, melainkan sebagai "tangga bantu" (*scaffolding*) yang aman. Mahasiswa tidak diminta untuk langsung berlari; mereka diajarkan untuk meletakkan satu bata premis, lalu menyusun bata berikutnya, hingga terbentuk sebuah bangunan argumen yang utuh.

Membangun kepercayaan diri memang tidak bisa instan, namun bisa dilatih lewat struktur. Di sini, Logika berfungsi sebagai alat bantu jalan sebuah kruk yang menopang agar nalar yang awalnya gemetar bisa berdiri tegak. Di balik tulisan ini, tersimpan perjuangan para mahasiswa untuk melampaui rasa gamang dan takut salah dalam berekspresi. Mereka belajar bahwa validitas sebuah tulisan tidak ditentukan oleh kerasnya suara penulisnya, melainkan oleh ketertiban cara berpikirnya.Sebagai karya penulis pemula, buku ini mungkin masih memiliki celah. Namun, bagi saya, keberhasilan terbesar bukan pada kesempurnaan naskah, melainkan pada keberanian mereka menyelesaikan apa yang dimulai. Ini adalah dokumentasi kemenangan kecil melawan keraguan diri.

Saya mengucapkan terima kasih kepada pimpinan kampus yang telah memfasilitasi kurikulum yang membumi ini. Secara khusus, apresiasi mendalam saya sampaikan kepada Ibu Dekan, and. Dr. Ulil Hidayah, M. d.I, yang melalui Kata Pengantar beliau, telah berkenan memberikan dorongan semangat bagi para mahasiswa kami.

Akhir kata, semoga buku ini dapat menginspirasi siapa saja yang pernah merasa ragu dengan suaranya sendiri. Bahwa dengan metode yang tepat dan ketekunan untuk mengikuti proses, "kaki yang gemetar" pun mampu melangkah jauh hingga ke garis finis.

**Selamat membaca.**

**Probolinggo, Desember 2025**
Dr. Rif i Khoirul Anam
Editor / Dosen Pengampu

# DAFTAR ISI

# BAGIAN 1

# FONDASI DAN PERANGKAT BERPIKIR

## MENGAPA LOGIKA? MENYELAMI PENTINGNYA PENALARAN DALAM STUDI DAN KEHIDUPAN SEHARI-HARI

*Oleh : Imama Pri Astutik*

### PENDAHULUAN

Dalam kehidupan sehari-hari, kita sering dihadapkan pada keputusan yang membutuhkan pertimbangan matang. Mulai dari hal-hal sederhana seperti memilih menu makan siang, hingga keputusan besar yang melibatkan masa depan, seperti memilih jurusan kuliah atau bahkan karier. Setiap keputusan tersebut, walaupun terkadang tampak sepele, sebenarnya memerlukan dasar penalaran yang baik agar hasilnya dapat menguntungkan dan berkelanjutan. Di sinilah peran logika sebagai alat bantu utama dalam berpikir dan mengambil keputusan yang rasional. Logika bukan hanya tentang argumen formal atau teori-teori abstrak yang diajarkan di ruang kelas, tetapi juga tentang bagaimana kita memproses informasi, mengidentifikasi hubungan sebab-akibat, dan mencapai kesimpulan yang sesuai dengan kenyataan (Imelda et al., 2024). Meningkatkan kemampuan berpikir logis adalah salah satu cara untuk memaksimalkan potensi diri dalam berbagai aspek kehidupan.

Namun, meskipun logika merupakan dasar dari segala bentuk penalaran yang baik, masih banyak individu yang mengabaikan pentingnya berpikir logis. Seringkali, kita cenderung mengandalkan insting atau emosi dalam membuat keputusan, yang pada akhirnya bisa berisiko menimbulkan kesalahan. Di dunia akademik, kegagalan dalam mengasah keterampilan logika dapat menghambat pemahaman konsep-konsep yang kompleks, sementara dalam kehidupan sehari-hari, keputusan yang diambil tanpa pertimbangan logis bisa mengarah pada ketidakpastian atau bahkan kerugian (Shabriya et al., 2024). Oleh karena itu, penting bagi kita untuk menyelami lebih dalam mengapa logika itu esensial, baik dalam studi maupun kehidupan sehari-hari. Apa yang sebenarnya dimaksud dengan berpikir logis? Bagaimana kita dapat menerapkannya secara efektif dalam konteks yang lebih luas?

Logika adalah cabang filsafat yang mempelajari prinsip-prinsip penalaran yang sahih. Dalam pengertian yang lebih sederhana, logika adalah cara berpikir yang teratur dan sistematis untuk mencapai kesimpulan yang valid (Sumarni et al., 2023). Logika membantu kita untuk membedakan argumen yang benar dan salah, serta menyusun alasan yang mendukung keputusan atau pendapat kita. Dalam studi akademik, logika digunakan untuk menilai keabsahan argumen dalam esai, penelitian, atau diskusi ilmiah. Sementara dalam kehidupan sehari-hari, logika berperan penting dalam memecahkan masalah praktis, mulai dari membuat keputusan yang cerdas hingga menyelesaikan konflik yang melibatkan berbagai pihak. Selain itu, logika juga membantu kita memahami hubungan antar ide dan fakta dengan cara yang lebih terstruktur dan terorganisir, sehingga kita dapat menghindari kesalahan berpikir yang biasa disebut sebagai "fallacy" atau kesalahan logika (Ahmad et al., 2023).

Pada bab ini, kita akan membahas lebih lanjut mengenai pentingnya logika dalam kehidupan sehari-hari dan studi akademik. Pertama, kita akan mengidentifikasi bagaimana logika digunakan dalam pengambilan keputusan yang tepat, baik dalam konteks pribadi maupun profesional. Selanjutnya, akan dibahas beberapa teori dan pendekatan logika yang dapat diterapkan dalam berbagai situasi untuk meningkatkan kualitas berpikir. Kemudian, kita akan melihat bagaimana kesalahan dalam penalaran logis dapat berdampak negatif pada hasil keputusan yang diambil, serta bagaimana cara menghindari kesalahan-kesalahan tersebut. Terakhir, bab ini akan mengulas aplikasi logika dalam dunia pendidikan, khususnya dalam membantu mahasiswa atau pelajar untuk berpikir kritis dan sistematis dalam memecahkan masalah. Dengan demikian, pembaca akan memperoleh pemahaman yang lebih dalam tentang bagaimana logika berfungsi sebagai alat yang sangat berguna dalam kehidupan akademik maupun kehidupan sehari-hari.

## PEMBAHASAN

### Peran Logika dalam Pengambilan Keputusan Sehari-hari

Dalam kehidupan sehari-hari, individu sering kali dihadapkan pada berbagai pilihan yang memerlukan penalaran untuk mencapai keputusan yang tepat. Setiap keputusan, baik yang bersifat trivial maupun lebih signifikan, sangat bergantung pada kemampuan untuk memproses informasi secara rasional (Melkisedek et al., 2024). Pengambilan keputusan yang logis memerlukan analisis sistematis terhadap berbagai alternatif yang tersedia, diikuti dengan pengidentifikasian pro dan kontra dari masing-masing pilihan. Selain itu, individu harus mampu memprediksi konsekuensi yang mungkin timbul dari keputusan yang diambil, sehingga setiap langkah yang diambil didasarkan pada pertimbangan yang obyektif dan rasional. Dalam konteks ini, logika berfungsi sebagai instrumen yang membantu individu membangun dasar yang solid dalam pengambilan keputusan yang bijaksana dan tepat.

Logika juga memainkan peran penting sebagai panduan dalam mengevaluasi informasi yang tersedia dan meminimalkan bias kognitif yang sering muncul dalam proses berpikir manusia. Bias kognitif, seperti konfirmasi bias (confirmation bias) atau efek framing (framing effect), dapat memengaruhi cara individu memandang dan mengevaluasi situasi, yang pada akhirnya dapat mengarah pada keputusan yang tidak rasional (Donal & Putri, 2024). Dengan menerapkan prinsip-prinsip logika yang terstruktur, individu dapat menyaring informasi yang relevan dan membandingkan alternatif secara objektif. Hal ini memungkinkan pengambilan keputusan yang lebih rasional dan terinformasi, di mana setiap keputusan didasarkan pada data dan analisis yang lebih kuat daripada hanya mengikuti asumsi atau persepsi pribadi. Sebagai contoh, dalam memilih tempat tinggal, seseorang harus mempertimbangkan berbagai faktor seperti harga, lokasi, fasilitas, dan tingkat keamanan. Pendekatan logis memungkinkan individu untuk menilai faktor-faktor tersebut secara lebih menyeluruh dan terorganisir.

Lebih jauh lagi, logika berperan penting dalam pemecahan masalah sehari-hari yang sering muncul dalam berbagai aspek kehidupan. Situasi seperti perencanaan keuangan, pemilihan metode belajar yang efektif, atau penyelesaian konflik interpersonal membutuhkan pendekatan berpikir yang terstruktur dan analitis (Ismaimuza, 2025). Tanpa dasar penalaran yang jelas, solusi yang diambil cenderung bersifat ad-hoc dan tidak efektif, bahkan dapat menambah kompleksitas masalah yang ada. Sebaliknya, penggunaan logika yang baik dalam proses pemecahan masalah memungkinkan individu untuk mengidentifikasi akar permasalahan dengan lebih cepat dan mengembangkan solusi yang lebih efisien. Dalam konteks ini, logika bukan hanya berfungsi untuk menemukan solusi yang tepat, tetapi juga untuk meminimalkan potensi risiko atau kerugian yang dapat timbul akibat keputusan yang terburu-buru.

Penerapan logika yang tepat juga membantu individu untuk mengatur prioritas dalam kehidupan yang sering kali penuh dengan tekanan dan pilihan yang bertentangan (Puling et al., 2024). Ketika dihadapkan pada banyak tugas atau keputusan, logika memungkinkan seseorang untuk mengevaluasi urgensi dan pentingnya masing-masing pilihan, serta menilai sumber daya yang tersedia untuk menyelesaikannya. Proses ini berperan penting dalam memastikan bahwa keputusan yang diambil mendekati tujuan yang diinginkan, tanpa terganggu oleh pertimbangan yang tidak relevan. Oleh karena itu, dalam hal-hal yang lebih kompleks, seperti pengelolaan waktu atau pengalokasian sumber daya, penerapan logika yang rasional sangat diperlukan untuk meningkatkan produktivitas dan menghindari kesalahan yang merugikan.

Secara keseluruhan, logika memainkan peran yang sangat penting dalam kehidupan sehari-hari, terutama dalam pengambilan keputusan yang membutuhkan pertimbangan rasional. Dengan menerapkan prinsip-prinsip logika yang tepat, individu dapat membuat keputusan yang lebih baik dan memecahkan masalah dengan cara yang lebih terorganisir dan efisien (Rendi et al., 2024). Baik dalam hal yang sederhana maupun lebih kompleks, penggunaan logika yang baik dapat membantu meningkatkan kualitas keputusan yang diambil, menghindari kesalahan, dan meminimalkan risiko yang mungkin muncul. Oleh karena itu, keterampilan logika yang baik sangat dibutuhkan untuk menghadapi berbagai tantangan dalam kehidupan pribadi, sosial, maupun profesional.

**Logika dalam Studi Akademik: Meningkatkan Kemampuan Berpikir Kritis**

Dalam dunia akademik, logika memegang peranan yang sangat penting, terutama dalam mengembangkan kemampuan berpikir kritis dan analitis (Mochtar & A'yun, 2024). Kemampuan berpikir kritis merujuk pada kemampuan untuk mengidentifikasi, mengevaluasi, dan mengembangkan argumen secara rasional dan objektif. Penalaran logis bukan hanya tentang menyusun premis dan kesimpulan yang koheren, tetapi juga tentang bagaimana kita menguji validitas informasi dan membedakan antara argumen yang baik dan yang buruk (Yulianti et al., 2024). Dalam konteks ini, logika berfungsi sebagai alat untuk menyaring informasi, menghindari kesalahan dalam penalaran, dan membangun pemahaman yang lebih akurat terhadap masalah yang sedang diteliti. Tanpa penerapan logika yang baik, sebuah argumen dalam penelitian atau diskusi bisa saja menjadi kabur atau tidak berdasar, yang akan merusak kualitas analisis yang dilakukan.

Salah satu contoh penerapan logika dalam dunia akademik adalah dalam penulisan tesis atau disertasi. Proses ini memerlukan pengembangan argumen yang didasarkan pada analisis mendalam, bukan hanya opini pribadi atau klaim yang tidak didukung oleh bukti yang valid. Setiap klaim yang dibuat dalam karya ilmiah harus dapat dipertanggungjawabkan secara logis dan didukung oleh bukti yang kuat, baik itu data empiris atau hasil penelitian terdahulu. Tanpa penalaran logis yang tepat, sebuah argumen dapat menjadi kabur, tidak konsisten, atau bahkan bertentangan dengan fakta yang ada. Oleh karena itu, mahasiswa diharuskan untuk mengembangkan keterampilan logika yang tinggi, mulai dari perumusan masalah hingga analisis hasil penelitian, agar hasil yang diperoleh valid dan dapat dipertanggungjawabkan.

Selain itu, logika juga berperan dalam menganalisis teori-teori yang ada dalam suatu disiplin ilmu. Dalam setiap bidang studi, terdapat berbagai pendekatan dan teori yang saling bersaing dalam menjelaskan fenomena tertentu. Kemampuan untuk menilai dan memilih teori yang paling sesuai dengan data dan kenyataan membutuhkan penalaran yang logis dan objektif (Bahtiar et al., 2025). Hal ini sangat penting, karena dalam penelitian ilmiah, memilih teori yang tepat untuk diuji akan sangat menentukan kesimpulan yang dapat diambil. Di sisi lain, memilih teori yang tidak didukung oleh bukti empiris atau yang hanya berdasarkan spekulasi dapat mengarah pada kesimpulan yang tidak valid. Oleh karena itu, mahasiswa dituntut untuk mampu membedakan antara teori yang memiliki landasan empiris yang kuat dan yang hanya berdasarkan asumsi yang belum teruji.

Dalam dunia pendidikan tinggi, logika juga sangat berperan dalam proses evaluasi dan pembelajaran. Seorang dosen atau pengajar harus mampu menyusun soal ujian atau tugas yang tidak hanya menguji pengetahuan mahasiswa, tetapi juga kemampuan berpikir kritis mereka. Dalam hal ini, logika berfungsi sebagai alat untuk mengembangkan kurikulum yang menantang mahasiswa untuk berpikir secara mendalam, terstruktur, dan rasional (Rahim et al., 2025). Ujian atau tugas yang baik tidak hanya menguji hafalan, tetapi juga menguji kemampuan mahasiswa dalam menganalisis masalah, menyusun argumen yang kuat, dan mengambil keputusan berdasarkan bukti yang ada. Oleh karena itu, logika yang jelas dan sistematis menjadi syarat penting dalam mengembangkan kurikulum pendidikan yang efektif.

Secara keseluruhan, logika dalam studi akademik tidak hanya membantu dalam menyusun argumen yang kuat, tetapi juga memainkan peran penting dalam pembelajaran dan pengembangan keterampilan berpikir kritis (Dewi et al., 2023). Dalam setiap tahap penelitian, mulai dari perumusan masalah hingga analisis data dan kesimpulan, penerapan logika yang baik memungkinkan mahasiswa untuk mengembangkan pemahaman yang lebih mendalam dan akurat. Dengan keterampilan logika yang baik, mahasiswa tidak hanya mampu memecahkan masalah akademik, tetapi juga dapat membuat kontribusi yang berarti dalam bidang ilmu yang mereka geluti (Nasution et al., 2025). Oleh karena itu, pengembangan kemampuan logika merupakan salah satu aspek penting dalam pendidikan tinggi yang tidak hanya bermanfaat dalam konteks akademik, tetapi juga dalam kehidupan profesional dan sosial di masa depan.

**Aplikasi Logika dalam Kehidupan Sosial dan Profesional**

Dalam dunia profesional, keputusan-keputusan yang sering dihadapi memiliki kompleksitas tinggi, seperti merancang strategi bisnis, memecahkan masalah operasional, atau merumuskan kebijakan perusahaan. Penggunaan logika yang tepat memungkinkan para profesional untuk mengevaluasi situasi secara objektif, merancang solusi yang efektif, serta menghindari keputusan yang bisa merugikan organisasi (Wati & Suryandari, 2024). Sebagai contoh, seorang manajer yang menghadapi keputusan alokasi sumber daya perusahaan harus mampu menganalisis prioritas dan memilih cara yang paling efisien untuk mencapai tujuan perusahaan. Tanpa menggunakan penalaran logis, keputusan yang diambil dapat didasarkan pada asumsi yang tidak realistis, yang pada akhirnya dapat menambah kerugian atau memperburuk keadaan perusahaan.

Logika memainkan peran penting dalam konteks sosial, khususnya dalam membangun komunikasi yang efektif (Pratikno et al., 2024). Dalam setiap interaksi sosial, baik formal maupun informal, individu diharuskan untuk mengemukakan pendapat, menanggapi argumen orang lain, dan membangun diskusi yang konstruktif. Dalam situasi debat atau diskusi, penerapan logika sangat penting untuk menyusun argumen yang koheren dan persuasif. Logika memungkinkan individu untuk mengorganisasi ide-ide secara jelas dan terstruktur, sehingga argumen yang disampaikan dapat diterima dan dipahami dengan baik oleh audiens. Tanpa dasar penalaran yang logis, argumen bisa menjadi kabur, tidak konsisten, atau bahkan menyesatkan.

Dengan menggunakan logika yang tepat, seseorang dapat menghindari kesalahan dalam berpikir dan berkomunikasi. Kemampuan untuk membangun argumen yang koheren dan mengidentifikasi kesalahan dalam argumen lawan bicara sangat penting dalam memperkaya diskusi (Budiarto et al., 2025). Hal ini memungkinkan diskusi untuk berkembang secara produktif, dengan masing-masing pihak memberikan kontribusi yang konstruktif dan berbasis alasan yang jelas. Oleh karena itu, logika tidak hanya berfungsi untuk meningkatkan kualitas argumen yang disampaikan, tetapi juga untuk memastikan bahwa komunikasi tetap berjalan dengan cara yang terbuka, efisien, dan saling menghargai.

Logika berperan dalam mengidentifikasi kesalahan dalam argumen lawan bicara. Ketika terlibat dalam komunikasi dua arah, kemampuan untuk mendeteksi kelemahan atau ketidakkonsistenan dalam argumen orang lain sangat penting (Mesah et al., 2024). Dalam hal ini, logika tidak hanya membantu menyusun argumen yang kuat, tetapi juga untuk memberikan tanggapan yang relevan dan rasional terhadap pendapat yang berseberangan. Dengan begitu, diskusi yang terjadi tidak hanya lebih produktif, tetapi juga lebih terbuka dan saling menghargai, yang memperkaya proses pertukaran ide.

Selain itu, dalam dunia yang semakin kompleks ini, kemampuan berpikir logis menjadi semakin penting, terutama dalam menghadapi tantangan sosial yang melibatkan berbagai kepentingan dan perspektif. Salah satu contoh penting dari penerapan logika dalam konteks sosial adalah proses negosiasi, baik dalam politik, bisnis, maupun hubungan interpersonal. Proses negosiasi yang melibatkan berbagai pihak yang memiliki tujuan dan kepentingan berbeda memerlukan penggunaan logika yang jelas dan sistematis untuk mencapai kesepakatan yang adil dan menguntungkan semua pihak. Tanpa penalaran yang baik, negosiasi cenderung terjebak dalam ketegangan atau bahkan konflik yang bisa memperburuk hubungan antara pihak-pihak yang terlibat (Robain et al., 2025).

Secara keseluruhan, kemampuan berpikir logis tidak hanya meningkatkan kualitas keputusan dalam berbagai konteks profesional dan sosial, tetapi juga memperkuat hubungan antar individu atau kelompok. Dalam interaksi sosial, berpikir logis membantu kita untuk lebih memahami berbagai perspektif dan berkomunikasi secara lebih efisien dan terbuka. Dalam dunia profesional, logika berfungsi sebagai dasar dalam menyusun kebijakan, menyelesaikan masalah yang kompleks, serta membuat keputusan yang rasional dan efektif. Oleh karena itu, penguasaan keterampilan berpikir logis sangat dibutuhkan untuk menghadapi dinamika kehidupan sosial dan profesional yang semakin kompleks dan penuh tantangan.

## KESIMPULAN

Logika memiliki peran yang sangat penting dalam kehidupan sehari-hari, studi akademik, dan dunia profesional. Dalam pengambilan keputusan sehari-hari, logika membantu kita menganalisis alternatif yang ada, mengevaluasi konsekuensi dari setiap pilihan, dan mengurangi bias kognitif yang bisa mengarah pada keputusan yang tidak rasional. Begitu pula dalam studi akademik, logika membantu mahasiswa dan peneliti dalam menyusun argumen yang kuat, mengembangkan teori, dan mengevaluasi bukti secara objektif. Dalam dunia profesional, logika mendasari banyak keputusan strategis, mulai dari merancang bisnis hingga berkomunikasi secara efektif dalam konteks sosial dan profesional. Penerapan logika yang baik memungkinkan individu untuk berpikir kritis dan sistematis, yang sangat dibutuhkan untuk memecahkan masalah secara efisien.

Logika, dengan segala aplikasinya dalam kehidupan, adalah keterampilan yang sangat berharga. Melalui penalaran logis, kita dapat membuat keputusan yang lebih baik, memahami situasi dengan lebih jelas, dan menghindari kesalahan dalam berpikir yang bisa merugikan diri sendiri maupun orang lain. Hal ini menegaskan tesis bahwa logika bukan hanya tentang teori atau latihan formal, tetapi tentang bagaimana kita menerapkan cara berpikir yang terstruktur dan rasional dalam segala aspek kehidupan, baik itu dalam konteks pribadi, sosial, maupun profesional. Logika juga menjadi landasan untuk berargumen secara koheren dan membuat keputusan yang berbasis bukti dan analisis yang objektif.

Mengembangkan kemampuan berpikir logis seharusnya menjadi prioritas bagi setiap individu, terutama di era informasi yang semakin kompleks ini. Dengan berpikir logis, kita dapat membuat keputusan yang lebih cerdas dan lebih matang, serta menghindari berbagai kesalahan yang mungkin terjadi dalam kehidupan. Oleh karena itu, penting bagi kita untuk melatih keterampilan logika melalui pembelajaran, diskusi, dan latihan berpikir yang terus menerus. Pendidikan yang menekankan berpikir kritis dan logis harus terus diperkenalkan di semua level pendidikan, karena kemampuan ini tidak hanya penting untuk kesuksesan akademik, tetapi juga untuk sukses dalam kehidupan sehari-hari dan karier profesional. Mari mulai untuk berpikir lebih logis dan terstruktur agar kita bisa menghadapi tantangan hidup dengan lebih bijaksana.

**DAFTAR PUSTAKA**

Ahmad, M., Saragih, Z. K., Akbar, N., & Gunawan, I. P. (2023). *Konsep logika*. PT MAFY MEDIA LITERASI INDONESIA.

Bahtiar, M. R., Nugraha, A. K., Munggaran, M. D., Irfansah, M. R., Filiadipura, R., & Nur, A. (2025). Teori Sebagai Landasan Ilmiah: Bahasa, Penalaran, Justifikasi, Penjelasan, Dan Pengujian. *Journal ANC*, *1*(3), 306–317.

Budiarto, M. Y., Makau, A. V., & Saksitha, D. A. (2025). Pentingnya pemahaman kata dan pengertian dalam mencegah kesalahan berpikir. *Al-Mizan*, *1*(2), 83–92.

Dewi, A., Silviany, I. Y., & Pratikno, H. (2023). Kemampuan Bernalar dan Pengembangan Alinea dalam Membuat Wacana Mahasiswa Universitas Islam Bandung: Reasoning Ability and Paragraph Development in Students' Discourse at Universitas Islam Bandung. *Jurnal Bastrindo*, *4*(2), 136–152.

Donal, E., & Putri, A. (2024). MENGUNGKAP LABIRIN KEBIASAAN: STUDI KUALITATIF TENTANG BIAS DALAM ADMINISTRASI PAJAK DI INDONESIA. *JURSIMA*, *12*(1), 355–369.

Imelda, C., Ma'arij, A., Mangar, I., Hazmi, R. M., Sukmareni, S., Abidin, M. A., Indrayati, R., & Hidayah, A. (2024). *Logika dan Argumen Dalam Penalaran Hukum*. CV. Gita Lentera.

Ismaimuza, D. (2025). *Konflik Kognitif, Berpikir Kritis dan Kreatif dalam Pembelajaran Matematika*. CV. Ruang Tentor.

Melkisedek, M., Lestari, N., Dedi, D., & Lawalata, M. (2024). Tinjauan mendalam terhadap peran logika dalam pemikiran dan penalaran manusia. *Sinar Kasih: Jurnal Pendidikan Agama Dan Filsafat*, *2*(2), 1–17.

Mesah, W., Darma, F. E., & Lawalata, M. (2024). Memahami Logika Berpikir Sebagai Landasan Membangun Argumentasi Yang Kuat. *Jurnal Teologi Injili Dan Pendidikan Agama*, *2*(3), 173–185.

Mochtar, N., & A'yun, D. Q. (2024). Peran Filsafat dalam Mengembangkan Pola Pikir Kritis Siswa di Era AI. *Jurnal Media Akademik (JMA)*, *2*(12).

Nasution, A., Tanjung, R. S., Ritonga, E. S., & Khoyan, M. (2025). Membangun Pemikiran Ilmiah yang Kritis melalui Logika. *Civitas (Jurnal Pembelajaran Dan Ilmu Civic)*, *11*(1), 18–22.

Pratikno, H., Wulansari, A., & Purwanto, K. (2024). Relevansi Intuisi Kebahasaan Penutur terhadap Kemampuan Berpikir Logis dan Kritis dalam Penyampaian Argumentasi. *ALFABETA: Jurnal Bahasa, Sastra, Dan Pembelajarannya*, *7*(1), 142–151.

Puling, H., Manilang, E., & Lawalata, M. (2024). Logika dan Berpikir Kritis: Hubungan dan Dampak Dalam Pengambilan Keputusan. *Sinar Kasih: Jurnal Pendidikan Agama Dan Filsafat*, *2*(2), 164–173.

Rahim, A., Eswin, K. A., Ferdiyana, F., Lisnawati, L., Sopyan, Y., & Fauzi, A. (2025). Peran Filsafat Pendidikan dalam Membangun Paradigma Kritis dan Kreatif pada Mahasiswa Institut Agama Islam Al-Zaytun Indonesia (IAI Al-Azis) Indramayu. *JIIP-Jurnal Ilmiah Ilmu Pendidikan*, *8*(4), 4061–4067.

Rendi, R., Marni, M., Neonane, T., & Lawalata, M. (2024). Peran Logika Dalam Berfikir Kritis Untuk Membangun Kemampuan Memahami Dan Menginterpretasi Informasi. *Sinar Kasih: Jurnal Pendidikan Agama Dan Filsafat*, *2*(2), 82–98.

Robain, W., Hartika, C., Aprillya, D. N., Febiola, N., & Ginting, F. A. (2025). PERBEDAAN NEGOSIASI DALAM KONTEKS BUDAYA DAN INTERNASIONAL. *Jurnal Riset Multidisiplin Edukasi*, *2*(11), 314–330.

Shabriya, A. J., Aidah, R. N., & Faizin, M. (2024). Konstruksi Berpikir Logis dan Kritis Perspektif Sesat Pikir atau Fallacy dalam Pembelajaran PAI Abad 21. *Risâlah Jurnal Pendidikan Dan Studi Islam*, *10*(3), 1027–1038.

Sumarni, E., Adawiah, E. R., & Yurna, Y. (2023). Sarana berpikir ilmiah (bahasa, logika, matematika dan statistika). *Pendekar: Jurnal Pendidikan Berkarakter*, *1*(4), 106–122.

Wati, P., & Suryandari, M. (2024). KEPUTUSAN, PROPOSISI DAN PENALARAN DALAM LOGIKA YANG BERPERAAN TERHADAP MANAJEMAN DAKWAH. *Didaktik: Jurnal Ilmiah PGSD STKIP Subang*, *10*(04), 250–261.

Yulianti, Y., Mutya, A., Selhita, E., & Putri, R. S. D. (2024). LOGIKA DAN PENALARAN DALAM PERSPEKTIF ILMU PENGETAHUAN. *Consilium: Education and Counseling Journal*, *5*(1), 201–207.

# PETA PEMIKIRAN: MEMBEDAKAN LOGIKA FORMAL, INFORMAL, SIMBOLIS, DAN MATEMATIKA

*Oleh : Rani Firliatul Ilahi*

## PENDAHULUAN

Pemikiran manusia dapat dianalogikan sebagai alat yang sangat canggih, mampu menggali pengetahuan dan solusi melalui proses analisis dan refleksi. Dalam banyak aspek kehidupan, kita sering kali menghadapi masalah yang membutuhkan pendekatan logis untuk mencapai pemahaman atau solusi yang tepat. Salah satu kemampuan kunci yang mendasari proses pemikiran ini adalah logika, yang menjadi landasan dalam merumuskan argumen, analisis, dan penyelesaian masalah (Melkisedek et al., 2024). Namun, logika itu sendiri bukanlah konsep tunggal. Seiring berjalannya waktu, berbagai cabang logika berkembang, masing-masing dengan ciri khas dan kegunaannya dalam konteks tertentu(Adabi & Awwaliyyah, 2021). Pemahaman yang mendalam tentang perbedaan dan aplikasi dari masing-masing jenis logika ini penting untuk membekali kita dengan alat berpikir yang tepat sesuai dengan kebutuhan.

Dalam dunia akademis dan praktis, sering kali terjadi kebingungannya antara berbagai jenis logika ini. Bagaimana cara kita membedakan dan mengaplikasikan logika formal, informal, simbolis, dan matematika secara tepat sesuai dengan konteks masalah yang sedang dihadapi? Apa perbedaan mendasar antara logika formal yang terstruktur dengan jelas dan logika informal yang lebih fleksibel dalam pendekatan? Bagaimana logika simbolis digunakan dalam representasi matematika dan apakah memiliki kaitan erat dengan logika matematika itu sendiri? Tantangan ini tidak hanya muncul di dunia pendidikan, tetapi juga dalam pemecahan masalah di berbagai disiplin ilmu, termasuk filsafat, ilmu komputer, hukum, dan bahkan kehidupan sehari-hari. Oleh karena itu, penting untuk menggali lebih dalam perbedaan-perbedaan ini agar kita dapat mengembangkan keterampilan berpikir yang lebih tajam dan efektif.

Logika, secara umum, adalah cabang filsafat yang berhubungan dengan prinsip-prinsip penalaran yang sah atau sahih. Dalam konteks ini, logika formal mengacu pada sistem aturan yang jelas dan sistematis untuk menyusun argumen yang valid, sering kali digunakan dalam bentuk deduksi dan teorema (Salsabila et al., 2025). Logika informal, di sisi lain, berfokus pada penalaran sehari-hari dan argumen yang lebih fleksibel, yang lebih menekankan pada konteks dan relevansi. Logika simbolis adalah bentuk representasi logika yang menggunakan simbol dan notasi matematika untuk menggambarkan ide-ide logis dengan cara yang lebih terstruktur dan analitis.

Sementara itu, logika matematika mengacu pada penerapan prinsip-prinsip logika dalam matematika, di mana struktur-struktur seperti himpunan, fungsi, dan relasi digunakan untuk membangun argumen matematis yang kuat. Masing-masing bentuk logika ini memiliki metode dan aplikasi yang berbeda, namun kesemuanya berfungsi untuk membantu kita menyusun pemikiran yang jelas dan konsisten.

Artikel ini akan memetakan perbedaan mendasar antara logika formal, informal, simbolis, dan matematika dalam empat bagian utama. Pertama, kita akan membahas logika formal secara rinci, mulai dari definisi dan karakteristiknya hingga aplikasi praktisnya dalam penyusunan argumen dan deduksi. Kedua, kita akan mengulas logika informal, melihat bagaimana logika ini berkembang dalam percakapan sehari-hari dan bagaimana ia diterapkan dalam konteks sosial dan komunikasi. Ketiga, kita akan menyelami dunia logika simbolis, menggali bagaimana notasi simbolik digunakan dalam ilmu komputer dan matematika untuk menyederhanakan dan memperjelas argumen logis. Terakhir, kita akan mengeksplorasi logika matematika, dengan fokus pada penerapan prinsip-prinsip logika dalam teori matematika dan bagaimana ia membentuk dasar bagi berbagai disiplin ilmu eksakta. Dengan demikian, artikel ini tidak hanya akan membahas teori masing-masing jenis logika, tetapi juga memberikan wawasan mengenai aplikasi praktisnya dalam pemikiran ilmiah dan kehidupan sehari-hari.

## PEMBAHASAN

### Logika Formal: Struktur dan Penerapannya

Logika formal adalah cabang logika yang mengedepankan struktur yang jelas dan aturan yang sistematis dalam membangun argumen. Setiap argumen dalam logika formal terdiri dari premis-premis yang disusun secara logis, dan kesimpulan ditarik berdasarkan prinsip-prinsip inferensi yang telah ditentukan(Yasha et al., 2025). Kevalidan argumen ditentukan oleh apakah kesimpulan yang dihasilkan mengikuti hukum-hukum logika yang sah, seperti Modus Ponens atau Modus Tollens. Dalam konteks ini, logika formal bertujuan untuk memastikan bahwa setiap argumen yang disusun tidak mengandung kesalahan dalam penarikan kesimpulannya, sehingga dapat diandalkan untuk memberikan jawaban yang benar secara konsisten.

Penerapan logika formal sangat luas dan mencakup berbagai bidang ilmu, terutama matematika, filsafat, dan ilmu komputer. Dalam matematika, logika formal digunakan untuk pembuktian teorema-teorema, di mana setiap langkah dalam pembuktian mengikuti aturan yang ketat agar kesimpulan yang dihasilkan dapat dipertanggungjawabkan kebenarannya(Darmayanti & Widodo, 2024). Misalnya, pembuktian tentang sifat bilangan atau hubungan antara geometri dan aljabar sering kali melibatkan deduksi formal yang didasarkan pada aksioma dan definisi yang telah disepakati. Proses ini memastikan bahwa setiap argumen matematis dibangun di atas fondasi yang sah dan tak terbantahkan.

Selain matematika, logika formal juga menjadi dasar dalam ilmu komputer dan filsafat. Dalam ilmu komputer, logika formal digunakan untuk merancang algoritma dan memverifikasi keandalan program, serta untuk menganalisis kompleksitas dan kesalahan dalam sistem perangkat lunak(Nurhadi et al., 2023). Sementara itu, dalam filsafat, logika formal membantu memformulasikan argumen yang jelas dan koheren, serta menghindari fallacies yang dapat merusak kekuatan argumen. Dengan penerapan yang luas ini, logika formal menjadi alat yang tak tergantikan dalam pemikiran analitis dan deduktif di berbagai disiplin ilmu.

**Pengertian dan Karakteristik Logika Formal**

Logika formal merupakan cabang logika yang mengandalkan simbol-simbol untuk menggambarkan proposisi dan hubungan antara proposisi-proposisi tersebut. Proposisi adalah pernyataan yang memiliki nilai kebenaran, yang dapat berupa benar atau salah(Donal & Putri, 2024). Dalam konteks ini, terdapat dua jenis proposisi utama dalam logika formal, yaitu proposisi tunggal dan proposisi majemuk. Proposisi tunggal merupakan pernyataan yang tidak dapat dibagi lebih lanjut, seperti "Bumi itu bulat." Sebaliknya, proposisi majemuk terbentuk dari gabungan beberapa proposisi yang dihubungkan oleh operator logika, seperti "dan" (∧), "atau" (∨), dan "jika-maka" (→). Operator-operator ini memberikan cara untuk menghubungkan proposisi-proposisi secara lebih kompleks, sehingga membentuk argumen yang lebih kuat dan dapat diuji kebenarannya melalui aturan inferensi.

Aturan utama dalam logika formal adalah hukum-hukum inferensi, yang mengatur bagaimana satu proposisi dapat diturunkan dari proposisi lainnya. Salah satu contoh hukum inferensi yang umum digunakan adalah Modus Ponens, yang menyatakan bahwa jika "P maka Q" dan "P" itu benar, maka "Q" juga harus benar. Selain itu, terdapat juga Modus Tollens, yang menyatakan bahwa jika "P maka Q" dan "Q" itu salah, maka "P" juga harus salah(Astanto & Andiani, 2024). Hukum-hukum inferensi ini memungkinkan kita untuk menyusun argumen yang sahih dan memastikan bahwa kesimpulan yang diambil dari premis-premis yang benar tetap valid. Dengan demikian, logika formal menyediakan alat yang sangat berguna untuk membangun argumen yang logis dan terstruktur, yang dapat digunakan dalam berbagai bidang ilmu.

penerapannya, logika formal banyak digunakan dalam deduksi matematis dan ilmiah. Misalnya, dalam matematika, pembuktian teorema memerlukan penggunaan logika formal untuk menarik kesimpulan yang sah dari aksioma atau definisi yang diterima secara universal. Sebagai contoh, dalam pembuktian bahwa jumlah sudut dalam segitiga selalu 180 derajat, kita mulai dengan premis-premis yang sudah diterima kebenarannya, seperti definisi segitiga dan sifat-sifat garis lurus. Dengan mengikuti langkah-langkah inferensial yang sah, kita kemudian dapat menarik kesimpulan yang tak terbantahkan mengenai jumlah sudut tersebut. Setiap langkah dalam pembuktian ini harus mematuhi hukum-hukum logika formal, yang menjamin bahwa kesimpulan yang ditarik adalah kebenaran yang sah.

Logika formal memainkan peran penting dalam ilmu komputer, terutama dalam merancang algoritma dan struktur data. Dalam pengembangan perangkat lunak, setiap bahasa pemrograman memiliki aturan sintaks dan semantik yang ditentukan secara formal. Sintaks mengatur bagaimana perintah dalam kode ditulis, sementara semantik mengatur arti dari perintah tersebut. Artinya, setiap perintah dalam kode harus mengikuti aturan yang sudah ditetapkan agar program dapat dijalankan dengan benar. Sebagai contoh, dalam pembuatan program, logika formal digunakan untuk memastikan bahwa setiap instruksi dijalankan sesuai dengan spesifikasi yang diinginkan, sehingga program dapat berfungsi sebagaimana mestinya. Tanpa penerapan logika formal dalam pengkodean, perangkat lunak akan berisiko tidak stabil atau bahkan gagal berfungsi.

Selain itu, logika formal juga diterapkan dalam pengujian perangkat lunak untuk memastikan bahwa suatu program bebas dari cacat atau bug. Proses pengujian perangkat lunak sering kali melibatkan pengujian terhadap berbagai kemungkinan input dan hasil keluaran, yang semuanya harus memenuhi aturan logika formal untuk memastikan keandalan perangkat lunak. Pengujian ini bertujuan untuk memverifikasi bahwa program berfungsi sesuai dengan tujuan yang telah ditetapkan oleh pengembang. Dengan menggunakan prinsip-prinsip logika formal, pengembang perangkat lunak dapat meminimalkan kemungkinan kesalahan dan meningkatkan efisiensi serta stabilitas program. Oleh karena itu, logika formal tidak hanya membantu dalam desain perangkat lunak, tetapi juga dalam menjaga kualitasnya sepanjang siklus pengembangan.

Teori automata, yang merupakan salah satu cabang dalam ilmu komputer, juga sangat bergantung pada prinsip-prinsip logika formal. Automata adalah model matematis yang digunakan untuk memodelkan perilaku sistem perangkat lunak dan sistem komputasi lainnya. Dalam konteks ini, logika formal digunakan untuk menggambarkan keadaan sistem dan transisinya antara satu keadaan dengan keadaan lainnya. Hal ini sangat berguna dalam merancang dan menganalisis program atau algoritma yang lebih kompleks, di mana setiap langkah dalam proses komputasi dapat dianalisis secara formal. Dengan demikian, logika formal menjadi dasar dari banyak teori dan teknik dalam ilmu komputer, dari desain algoritma hingga pengembangan sistem perangkat lunak yang lebih efisien dan andal. Penerapan logika formal dalam ilmu komputer membantu menciptakan perangkat lunak yang lebih bebas dari kesalahan dan berfungsi dengan lebih optimal dalam berbagai situasi.

**Logika Informal: Penalaran dalam Kehidupan Sehari-hari**

Berbeda dengan logika formal yang mengutamakan struktur dan aturan yang ketat, logika informal lebih bersifat fleksibel dan teradaptasi dengan konteks komunikasi sehari-hari. Logika ini digunakan dalam percakapan dan diskusi yang tidak selalu mengikuti pola deduktif yang formal, tetapi lebih mengandalkan penalaran yang mudah dipahami dan relevan dengan situasi yang dihadapi. Dalam logika informal, argumen sering kali didasarkan pada pengalaman pribadi, persepsi sosial, serta intuisi yang berkembang dalam interaksi sosial sehari-hari. Sebagai contoh, dalam perdebatan politik atau diskusi publik, argumen yang disampaikan mungkin tidak selalu mengikuti hukum inferensi yang ketat, tetapi lebih memperhatikan bagaimana argumen tersebut diterima dan dipahami oleh audiens dalam konteks sosial tertentu.

Meskipun lebih fleksibel, logika informal tetap memiliki aturan yang mendasari penalarannya, meskipun aturan tersebut tidak seketat logika formal. Penalaran dalam logika informal sering kali menghadapi tantangan terkait dengan kesalahan berpikir atau fallacies yang dapat merusak kekuatan argumen. Fallacies seperti ad hominem (serangan terhadap karakter lawan bicara) atau straw man (menyajikan argumen lawan secara tidak adil) sering ditemukan dalam logika informal dan dapat mempengaruhi kualitas diskusi. Meskipun demikian, logika informal tetap memainkan peran penting dalam kehidupan sehari-hari, terutama dalam memahami situasi sosial dan menyampaikan pendapat dengan cara yang lebih mudah dipahami oleh orang lain, meskipun tidak selalu berdasarkan prinsip logika yang ketat.

**Pengertian dan Karakteristik Logika Informal**

Logika informal melibatkan penggunaan argumen yang lebih bersifat intuitif dan fleksibel, tidak terikat pada aturan formal yang ketat seperti dalam logika formal. Argumen dalam logika informal sering kali didasarkan pada pengalaman, persepsi, dan penilaian pribadi, yang memungkinkan individu untuk berkomunikasi dengan cara yang lebih alami dan mudah dipahami. Dalam komunikasi sehari-hari, logika informal sering digunakan untuk menjelaskan alasan, membuat keputusan, atau mempengaruhi pandangan orang lain. Meskipun lebih longgar dalam strukturnya, logika informal tetap harus memperhatikan prinsip dasar penalaran yang sah, seperti konsistensi dan ketidakberlawanan dalam argumen. Oleh karena itu, meskipun tidak selalu mengikuti pola yang ketat, logika informal tetap memainkan peran penting dalam proses berpikir sehari-hari.

Dalam praktiknya, logika informal sering digunakan dalam berbagai diskusi atau debat, terutama yang melibatkan isu-isu sosial atau politik. Misalnya, dalam sebuah diskusi politik, seseorang mungkin mengklaim bahwa kebijakan tertentu tidak efektif karena "banyak orang yang tidak setuju dengan kebijakan tersebut," meskipun alasan ini tidak didasarkan pada premis-premis yang dapat diuji atau divalidasi secara objektif. Argumen ini lebih bersifat informal karena bergantung pada persepsi sosial atau mayoritas, bukan pada bukti yang dapat diterima secara logis. Logika informal juga sering muncul dalam persuasi dan retorika. Dalam iklan, perusahaan sering menggunakan argumen yang mengandalkan emosi, popularitas, atau selebriti untuk meyakinkan konsumen, meskipun argumen tersebut tidak selalu didukung oleh fakta atau bukti yang valid.

Namun, meskipun logika informal sangat berguna dalam situasi sehari-hari, ia juga rentan terhadap kekeliruan atau fallacies. Fallacies adalah argumen yang tampaknya masuk akal pada awalnya tetapi sebenarnya tidak sah secara logis. Beberapa contoh fallacies yang sering ditemukan dalam logika informal termasuk ad hominem (menyerang karakter lawan bicara daripada argumennya), straw man (mengubah argumen lawan menjadi lebih mudah diserang), dan false dichotomy (menyajikan dua pilihan seolah-olah itu adalah satu-satunya opsi yang mungkin). Fallacies semacam ini sering kali muncul dalam argumen yang disampaikan dengan cara yang emosional atau manipulatif, dan dapat mengarah pada kesimpulan yang keliru atau tidak sah. Oleh karena itu, penting untuk menyadari dan menghindari kesalahan berpikir ini saat menggunakan logika informal dalam komunikasi dan pengambilan keputusan.

**Logika Simbolis dan Matematika: Representasi dan Aplikasi dalam Ilmu Pengetahuan**

Logika simbolis dan logika matematika memiliki kedekatan yang erat, karena keduanya menggunakan simbol dan notasi matematis untuk menggambarkan argumen logis(Suciati, 2024). Meskipun keduanya bertujuan untuk merumuskan pemikiran secara lebih jelas dan terstruktur, keduanya memiliki ruang lingkup dan penerapan yang berbeda. Logika simbolis, misalnya, berfokus pada penggunaan simbol untuk menggambarkan proposisi dan hubungan antara proposisi-proposisi tersebut. Dalam logika simbolis, operator logika seperti "dan" ($\wedge$), "atau" ($\vee$), "implikasi" ($\rightarrow$), dan "negasi" ($\neg$) digunakan untuk menyatakan hubungan logis antar proposisi. Hal ini memungkinkan perumusan argumen yang lebih tepat dan efisien, menghindari ketidakjelasan yang sering muncul dalam bahasa alami. Penggunaan simbol ini juga membantu dalam memformulasikan argumen yang lebih ringkas tanpa kehilangan makna, sehingga dapat memudahkan pemahaman dan evaluasi.

Salah satu manfaat utama dari logika simbolis adalah kemampuannya untuk menyederhanakan argumen yang kompleks. Dalam logika simbolis, proposisi verbal yang panjang dan sulit dipahami dapat digantikan dengan simbol-simbol yang lebih ringkas dan terstruktur. Pendekatan ini memfasilitasi pemahaman yang lebih cepat dan jelas, mengurangi kemungkinan kebingungannya penafsirannya. Misalnya, dalam bahasa alami, pernyataan seperti "Jika hujan, maka jalanan akan basah" bisa menimbulkan interpretasi yang bervariasi atau ambigu tergantung pada konteksnya. Namun, dalam logika simbolis, pernyataan ini cukup disederhanakan menjadi "H → B," di mana "H" mewakili "hujan" dan "B" mewakili "jalanan basah." Penyederhanaan ini memungkinkan argumen yang lebih mudah diproses dan dianalisis secara formal.

Selain mengurangi kompleksitas, penggunaan simbol dalam logika simbolis juga memperjelas hubungan antar proposisi. Dengan menggantikan kata-kata dengan simbol-simbol yang memiliki arti yang telah didefinisikan secara jelas, logika simbolis mengurangi potensi ambiguitas yang sering ditemukan dalam bahasa alami. Misalnya, operator logika seperti "dan" (∧), "atau" (∨), dan "jika-maka" (→) memiliki makna yang eksplisit dan tidak bisa disalahartikan. Hal ini mempermudah penyusunan argumen yang lebih formal dan dapat diuji validitasnya, serta memastikan konsistensi dalam pengambilan kesimpulan. Oleh karena itu, logika simbolis tidak hanya menyederhanakan argumen tetapi juga meningkatkan ketepatan dan kejelasan komunikasi.

Penerapan logika simbolis juga sangat efektif dalam berbagai bidang ilmu pengetahuan, khususnya dalam matematika, ilmu komputer, dan filsafat. Dalam matematika, logika simbolis digunakan untuk membuktikan teorema-teorema dengan menggunakan notasi yang lebih ringkas, memungkinkan pemecahan masalah yang lebih efisien. Dalam ilmu komputer, notasi simbolis digunakan untuk merancang algoritma dan struktur data yang lebih terstruktur, serta dalam verifikasi perangkat lunak untuk memastikan keandalan program. Di sisi lain, dalam filsafat, logika simbolis digunakan untuk merumuskan argumen yang lebih koheren dan sistematis, memungkinkan analisis lebih mendalam terhadap konsep-konsep filosofis yang kompleks. Dengan demikian, logika simbolis tidak hanya menyederhanakan argumen, tetapi juga menyediakan alat yang kuat untuk analisis yang lebih presisi dan efektif dalam berbagai disiplin ilmu.

Logika matematika, di sisi lain, adalah cabang logika yang berfokus pada penerapan prinsip-prinsip logika dalam teori matematika untuk menyusun dan membuktikan konsep-konsep matematis(Sumarni et al., 2023). Salah satu aspek utama dalam logika matematika adalah penggunaan teori himpunan, yang memungkinkan kita untuk mendefinisikan dan memanipulasi objek matematis secara lebih formal. Dalam teori himpunan, misalnya, kita menggunakan operator logika untuk mendefinisikan himpunan berdasarkan kondisi-kondisi tertentu, seperti gabungan (∪), irisan (∩), dan selisih (−), yang menggambarkan hubungan antara elemen-elemen dalam himpunan. Penggunaan logika dalam bentuk ini sangat penting untuk membangun dasar-dasar teori matematika yang lebih kompleks, yang digunakan untuk memahami dan menyelesaikan masalah-masalah yang lebih luas dalam ilmu pengetahuan.

Logika matematika juga sangat penting dalam teori pembuktian, di mana sebuah teorema dianggap benar jika dapat dibuktikan dengan menggunakan argumen deduktif yang sah berdasarkan prinsip-prinsip logika formal. Dalam matematika, pembuktian seperti ini memerlukan penggunaan simbol dan aturan-aturan logika yang ketat untuk memastikan bahwa kesimpulan yang diambil adalah benar dan konsisten. Oleh karena itu, logika simbolis dan logika matematika memainkan peran penting dalam berbagai bidang ilmu pengetahuan. Dalam fisika, misalnya, hukum-hukum alam sering dirumuskan dalam bentuk persamaan matematis yang memerlukan penerapan logika simbolis dan matematika untuk dianalisis. Begitu juga dalam ilmu komputer, logika simbolis digunakan dalam desain algoritma dan analisis kompleksitas, sementara logika matematika mendasari teori komputasi yang menjadi fondasi bagi pengembangan teknologi modern.

## KESIMPULAN

Dalam pembahasan ini, kita telah mengupas empat jenis logika utama yang memiliki karakteristik dan penerapan yang berbeda: logika formal, logika informal, logika simbolis, dan logika matematika. Logika formal menekankan pada struktur yang sistematis dan penggunaan aturan inferensi untuk menarik kesimpulan yang sah dari premis-premis yang ada, di mana argumen dibangun sesuai dengan hukum-hukum yang ketat untuk memastikan kesimpulan yang valid. Sebaliknya, logika informal lebih fleksibel dan berbasis pada penalaran sehari-hari yang tidak selalu mengikuti aturan baku, namun sangat bergantung pada konteks dan pengalaman praktis. Logika simbolis menggunakan notasi matematis untuk menyederhanakan dan menyusun argumen dengan lebih jelas dan terstruktur, sementara logika matematika menerapkan prinsip-prinsip logika dalam pembuktian dan teori-teori matematika yang lebih kompleks. Kedua jenis logika ini saling terkait dalam membantu memformulasikan ide-ide secara lebih sistematis dan efisien, baik dalam teori maupun penerapan praktis.

Secara keseluruhan, logika baik formal, informal, simbolis, maupun matematika merupakan alat penting yang membentuk cara berpikir manusia dalam berbagai disiplin ilmu. Meskipun setiap jenis logika memiliki karakteristik yang berbeda, mereka semua berfungsi untuk menyusun argumen yang jelas, mendasar, dan dapat dipertanggungjawabkan. Logika formal cocok digunakan dalam aplikasi yang membutuhkan ketelitian dan struktur yang ketat, sementara logika informal lebih banyak diterapkan dalam komunikasi sehari-hari dan konteks sosial. Logika simbolis dan matematika, di sisi lain, berperan sangat besar dalam bidang-bidang yang membutuhkan pemikiran abstrak dan penerapan prinsip-prinsip matematis yang kompleks, seperti dalam ilmu komputer, fisika, dan teori matematika. Pemahaman mendalam terhadap berbagai jenis logika ini sangat penting, karena kemampuan untuk berpikir logis akan membantu kita menyusun argumen yang lebih kuat, menganalisis informasi secara lebih tajam, dan membuat keputusan yang lebih baik dalam berbagai konteks kehidupan.

**DAFTAR PUSTAKA**

Adabi, M. A., & Awwaliyyah, N. M. (2021). *The Phenomenon of Islamic Life in the Movement of " Roan Akbar Pesantren " into the Industrial Era. 2*(2), 63–71. https://doi.org/10.30984/kijms.v2i2.41

Astanto, S., & Andiani, S. (2024). *Dasar-Dasar Logika*. Bumi Aksara.

Darmayanti, R., & Widodo, J. (2024). *Filsafat dan Teori Pendidikan: Pembelajaran Matematika untuk Berfkir Kritis dan Kreatif*. Penerbit Adab.

Donal, E., & Putri, A. (2024). Mengungkap Labirin Kebiasaan: Studi Kualitatif Tentang Bias Dalam Administrasi Pajak Di Indonesia. *Jursima*, *12*(1), 355–369.

Melkisedek, M., Lestari, N., Dedi, D., & Lawalata, M. (2024). Tinjauan mendalam terhadap peran logika dalam pemikiran dan penalaran manusia. *Sinar Kasih: Jurnal Pendidikan Agama Dan Filsafat*, *2*(2), 1–17.

Nurhadi, N., Jatmiko, A. R., Legito, L., Saputra, E. A., Surianto, D. F., Komalasari, R., Mukhlis, I. R., Sulistyowati, S., Lorosae, T. A., & Zain, N. N. L. E. (2023). *BUKU AJAR LOGIKA & ALGORITMA*. PT. Sonpedia Publishing Indonesia.

Salsabila, S., Rohanda, R., & Kodir, A. (2025). Ilmu Mantik Perspektif Filsafat Ilmu Kajian Ontologi, Epistemologi, dan Aksiologi. *Ihtimam: Jurnal Pendidikan Bahasa Arab*, *8*(01), 219–237.

Suciati, I. (2024). *LOGIKA DAN HIMPUNAN MATEMATIKA: Terintegrasi Literasi Numerasi Berbasis Budaya*. CV. Ruang Tentor.

Sumarni, E., Adawiah, E. R., & Yurna, Y. (2023). Sarana berpikir ilmiah (bahasa, logika, matematika dan statistika). *Pendekar: Jurnal Pendidikan Berkarakter*, *1*(4), 106–122.

Yasha, S. A., Razak, S. A., & Parhan, M. (2025). Silogisme Aristoteles:

Fondasi Logika Formal Dalam Pemikiran Filsafat. *Dar El-Ilmi: Jurnal Studi Keagamaan, Pendidikan Dan Humaniora*, *12*(1), 55–68.

# EMPAT PILAR AKAL SEHAT: MENERAPKAN HUKUM LOGIKA UNTUK MENILAI ARGUMEN DAN MENCEGAH SESAT PIKIR

*Oleh : Siti Mutammimah*

## PENDAHULUAN

Di era informasi yang berkembang sangat cepat, masyarakat modern setiap hari dihadapkan pada berbagai bentuk argumen yang tersebar melalui media sosial, forum daring, berita digital, maupun diskusi publik. Arus informasi yang deras ini tidak hanya membawa manfaat berupa akses pengetahuan yang lebih luas, tetapi juga menimbulkan tantangan baru dalam hal kemampuan menilai validitas argumen. Kesenjangan antara teori logika formal dan penerapannya dalam kehidupan sehari-hari semakin terlihat jelas, terutama ketika banyak individu lebih mengandalkan emosi, asumsi, atau intuisi daripada berpikir secara rasional dan sistematis (Hidayat, 2018). Fenomena ini menunjukkan bahwa pemahaman terhadap hukum-hukum dasar logika seperti hukum identitas, hukum non-kontradiksi, dan hukum cukup alasan menjadi semakin relevan sebagai fondasi untuk menilai kebenaran dan konsistensi suatu argumen. Hukum-hukum ini tidak hanya berfungsi sebagai konsep teoretis, tetapi juga sebagai alat praktis dalam menghadapi berbagai dinamika komunikasi publik yang kompleks.

Berbagai penelitian sebelumnya mengungkapkan bahwa banyak orang cenderung terjebak dalam pola pikir sesat (fallacious thinking). Salah satu bentuk sesat pikir yang paling dominan adalah argumentum ad hominem, yaitu menyerang kepribadian lawan bicara alih-alih menilai argumennya. Dalam konteks debat publik, terutama di media sosial yang penuh dengan respons cepat dan emosional, pola pikir seperti ini sangat mudah ditemukan (Adhi, 2022). Johnson (2016), dalam penelitiannya, menunjukkan bahwa pengenalan dan pemahaman terhadap hukum logika dasar dapat secara signifikan mengurangi kecenderungan penggunaan sesat pikir, karena individu menjadi lebih sadar akan struktur dan validitas penalaran yang digunakan. Namun, meskipun banyak riset menegaskan pentingnya logika, masih sedikit kajian yang menghubungkan konsep logika dasar secara langsung dengan penerapannya dalam kehidupan sehari-hari, khususnya dalam interaksi sosial yang melibatkan argumen.

Untuk mengisi kekosongan tersebut, penelitian ini menawarkan pendekatan baru dengan mengintegrasikan teori logika klasik dengan empat pilar akal sehat sebagai kerangka analisis yang lebih komprehensif dan aplikatif. Empat pilar akal sehat pengenalan fakta, penggunaan nalar, konsistensi logis, dan evaluasi kritis diharapkan mampu memperkaya proses analisis argumen sehingga tidak hanya berfokus pada aspek formal logika, tetapi juga memperhatikan konteks dan praktik sosial. Pendekatan ini dianggap relevan karena sesat pikir yang terjadi dalam kehidupan sehari-hari tidak hanya disebabkan oleh kurangnya pemahaman terhadap teori logika, tetapi juga akibat lemahnya kebiasaan berpikir kritis dan ketidakmampuan membedakan fakta dari opini. Dengan demikian, penggunaan empat pilar akal sehat dapat membantu individu melihat argumen secara lebih menyeluruh, menilai kualitas penalaran, dan menghindari bias emosional yang sering mendominasi diskusi.

Berdasarkan latar belakang tersebut, penelitian ini bermaksud menjawab beberapa pertanyaan penting, seperti: *Bagaimana penerapan hukum-hukum dasar logika dapat meningkatkan kemampuan individu dalam menilai validitas argumen?* dan *Apa peran hukum identitas, hukum non-kontradiksi, serta hukum cukup alasan dalam mengidentifikasi sesat pikir dalam diskusi sehari-hari?* Pertanyaan-pertanyaan ini menjadi penting mengingat masyarakat saat ini membutuhkan kemampuan berpikir yang lebih kritis untuk menghadapi berbagai bentuk argumentasi yang kadang menyesatkan dan bersifat manipulatif. Tujuan utama penelitian ini adalah menggali secara mendalam bagaimana empat pilar akal sehat dapat diaplikasikan untuk meningkatkan kualitas berpikir, mencegah terjadinya kesalahan dalam berargumen, dan membantu individu agar mampu berdiskusi secara lebih rasional.

Penelitian ini berargumen bahwa penerapan hukum-hukum dasar logika secara konsisten dapat membantu individu mengenali, menghindari, dan menangkal berbagai bentuk sesat pikir, terutama argumentum ad hominem yang sangat sering digunakan dalam perdebatan publik. Dengan menggabungkan teori logika dan prinsip-prinsip akal sehat, individu tidak hanya dapat menganalisis argumen secara objektif, tetapi juga membangun diskusi yang lebih konstruktif. Selain itu, penelitian ini menguji hipotesis bahwa pemahaman dan penerapan logika dasar berpotensi meningkatkan kualitas debat publik serta mengurangi polarisasi sosial yang muncul akibat falasi logika. Oleh karena itu, penelitian ini tidak hanya berkontribusi secara teoretis, tetapi juga menawarkan perspektif praktis yang dapat diterapkan dalam kehidupan sosial sehari-hari.

## PEMBAHASAN

### Penerapan Hukum Logika dalam Analisis Argumen

Penerapan hukum logika dalam analisis argumen menjadi fondasi utama bagi siapa pun yang ingin menilai kebenaran sebuah klaim secara objektif dan rasional (Weruin, 2017). Dalam konteks *Empat Pilar Akal Sehat*, hukum logika berfungsi sebagai alat yang memungkinkan kita untuk memilah argumen yang valid dari yang keliru, sekaligus membedakan antara opini emosional dan kesimpulan yang memiliki dasar penalaran yang kuat. Dengan memahami hukum identitas, hukum non-kontradiksi, hukum excluded middle, dan hukum kausalitas, seseorang dapat menelusuri struktur argumen secara sistematis, melihat apakah premis mendukung kesimpulan atau justru mengarah pada sesat pikir. Analisis yang berlandaskan logika membantu individu menghindari jebakan retorika kosong, bias kognitif, dan manipulasi informasi yang sering muncul dalam diskusi publik. Dengan kata lain, penerapan hukum logika bukan hanya meningkatkan kemampuan berpikir kritis, tetapi juga memperkuat integritas intelektual seseorang dalam menghadapi berbagai bentuk argumentasi.

Dalam proses menilai argumen, hukum-hukum logika berperan sebagai standar objektif yang memastikan penalaran berjalan konsisten dan bebas kontradiksi. Misalnya, hukum non-kontradiksi mengharuskan sebuah argumen tidak memuat dua pernyataan yang saling bertentangan, sementara hukum kausalitas membantu memeriksa apakah hubungan sebab-akibat dalam argumen tersebut benar-benar logis dan tidak dibangun secara spekulatif (Imelda et al., 2024). Dengan menerapkan keempat pilar logika ini, seorang analis dapat menguji apakah premis disusun secara sahih, apakah terdapat generalisasi berlebihan, atau apakah argumen hanya mengandalkan sentimen tanpa bukti. Ini juga memungkinkan kita untuk mengidentifikasi sesat pikir umum seperti *ad hominem*, *false cause*, *strawman*, dan *appeal to ignorance*. Ketika hukum logika diterapkan secara sistematis, maka kualitas diskusi meningkat karena setiap klaim dituntut memiliki koherensi yang dapat diuji.

Mencegah sesat pikir (fallacies) merupakan salah satu manfaat terbesar dari penerapan hukum logika dalam analisis argumen. Dengan memahami struktur penalaran yang sah, seseorang dapat mendeteksi ketika sebuah argumen menyimpang dari prinsip logis yang seharusnya. Hal ini penting terutama dalam era informasi saat ini, di mana opini subjektif, hoaks, dan narasi manipulatif dapat dengan mudah menyusup ke ruang publik. Melalui kerangka *Empat Pilar Akal Sehat*, setiap orang diajak untuk membangun kebiasaan berpikir metodis: mengevaluasi premis, menguji konsistensi internal, mencari alternatif penjelasan, dan memastikan kesimpulan tidak melampaui bukti yang tersedia. Pendekatan ini membantu kita bersikap kritis tanpa menjadi sinis, rasional tanpa kehilangan empati, serta tegas dalam membela kebenaran tanpa terjebak dalam konflik emosional. Pada akhirnya, penerapan hukum logika menjadi bekal penting untuk menjaga kualitas percakapan, mengambil keputusan yang lebih baik, dan menciptakan masyarakat yang lebih cerdas serta berintegritas.

**Mengenali dan Menghindari Sesat Pikir dalam Debat**

Mengenali sesat pikir dalam debat merupakan langkah krusial untuk menjaga kualitas diskusi dan memastikan bahwa argumen yang disampaikan memiliki dasar yang logis serta bebas dari distorsi penalaran. Dalam konteks *Empat Pilar Akal Sehat*, sesat pikir dipahami sebagai bentuk kegagalan dalam proses berpikir yang menyebabkan sebuah argumen terlihat meyakinkan meskipun sebenarnya keliru (Fakih, 2024). Fenomena ini umum terjadi karena banyak orang cenderung menggunakan pola pikir yang tidak valid demi memenangkan perdebatan secara emosional, bukan secara intelektual. Oleh sebab itu, memahami berbagai pola sesat pikir menjadi keterampilan penting bagi siapa saja yang ingin berdebat secara sehat dan objektif. Dengan mengenali tanda-tandanya—seperti pergeseran topik, serangan pribadi, atau penggunaan otoritas palsu—kita dapat mengidentifikasi ketika sebuah argumen mulai menyimpang dari prinsip rasionalitas. Kemampuan ini tidak hanya memperkuat posisi kita dalam debat, tetapi juga memberikan perlindungan dari manipulasi retorika yang seringkali terlihat persuasif namun tidak memiliki dasar logis yang kuat. Pada akhirnya, kesadaran terhadap sesat pikir menjadi fondasi untuk membangun dialog yang lebih jernih, berimbang, dan berorientasi pada pencarian kebenaran.

Salah satu bentuk sesat pikir yang paling sering muncul adalah *ad hominem*, yaitu serangan terhadap pribadi seseorang alih-alih menilai logika argumen yang disampaikannya. Serangan seperti ini biasanya bertujuan menggugurkan kredibilitas lawan tanpa memeriksa substansi argumennya. Contoh sederhana adalah ketika seseorang berkata, "argumenmu tidak valid karena kamu tidak berpendidikan," yang jelas tidak memberikan bantahan logis, tetapi hanya mengalihkan fokus dari isi argumen ke karakter individu. Dalam kerangka *Empat Pilar Akal Sehat*, sesat pikir ini sangat berbahaya karena merusak integritas dialog dan menghambat proses pencarian kebenaran. Cara efektif untuk menghindari ad hominem adalah dengan selalu mengembalikan perdebatan pada argumen yang sedang dibahas pada premis, bukti, dan koherensi logisnya. Ketika fokus tetap pada inti persoalan, diskusi menjadi lebih objektif dan tidak dipengaruhi oleh prasangka atau emosi negatif yang tidak relevan (ke Kehidupan, n.d.). Dengan demikian, kesadaran akan ad hominem memungkinkan kita menjaga kualitas pertukaran gagasan, sekaligus membangun budaya debat yang menghormati lawan bicara dan menempatkan kebenaran sebagai tujuan utama.

Selain ad hominem, sesat pikir lain yang tak kalah sering terjadi adalah *strawman*, yaitu memelintir atau mengubah argumen lawan menjadi versi yang lebih lemah untuk kemudian lebih mudah diserang. Hal ini biasanya dilakukan ketika seseorang kesulitan membantah argumen asli sehingga ia menciptakan versi palsu yang tampak lebih mudah dipatahkan. Misalnya, ketika seseorang menyatakan, "kita perlu memperketat regulasi lingkungan," lalu lawan merespons dengan, "jadi kamu ingin menghentikan seluruh kegiatan industri?"—itu adalah bentuk strawman yang jelas menyesatkan. Dalam prinsip *Empat Pilar Akal Sehat*, sesat pikir ini dianggap merusak kejujuran intelektual karena membawa diskusi keluar dari konteks, mengaburkan isu yang sebenarnya, serta menyesatkan audiens. Untuk menghindarinya, peserta debat harus memahami argumen lawan secara utuh sebelum memberikan tanggapan. Klarifikasi, parafrase yang akurat, dan mendengarkan dengan aktif menjadi langkah wajib agar perdebatan tetap berada pada jalur logis dan konstruktif. Menjaga keutuhan argumen lawan bukan hanya bentuk etika berdiskusi, tetapi juga cara efektif untuk mencapai pemahaman yang mendalam terhadap isu yang diperdebatkan.

Sesat pikir lain yang sering ditemukan dalam diskusi sosial adalah *false cause* atau kesalahan sebab-akibat. Sesat pikir ini muncul ketika seseorang menyimpulkan bahwa karena dua peristiwa terjadi secara berdekatan, maka salah satunya pasti menjadi penyebab yang lain. Misalnya, peningkatan kriminalitas dikaitkan langsung dengan kedatangan pendatang hanya karena kedua kejadian tersebut terjadi dalam kurun waktu yang sama. Padahal, tidak ada bukti bahwa hubungan kausal benar-benar ada. Dalam perspektif *Empat Pilar Akal Sehat*, mengenali false cause menjadi keterampilan penting untuk menghindari generalisasi yang tidak berdasar serta keputusan yang terburu-buru. Untuk mencegah kesalahan ini, seseorang harus memeriksa data pendukung, mempertimbangkan variabel lain yang mungkin berperan, serta memastikan bahwa hubungan sebab-akibat didasarkan pada bukti empiris yang kuat. Pendekatan seperti ini membantu menciptakan diskusi yang lebih akurat, logis, dan bertanggung jawab. Dengan demikian, false cause tidak hanya menyesatkan argumen, tetapi juga berpotensi menimbulkan kebijakan atau keputusan sosial yang salah arah jika tidak diidentifikasi dengan benar.

Agar mampu menghindari berbagai bentuk sesat pikir dalam debat, seseorang perlu membangun kebiasaan berpikir kritis yang berlandaskan prinsip logika dan keterbukaan intelektual. *Empat Pilar Akal Sehat* menekankan pentingnya konsistensi, koherensi, ketelitian, serta kesadaran diri sebagai landasan untuk menghadapi argumen menyesatkan (Imelda et al., 2024). Ketika menganalisis sebuah pernyataan, individu harus menanyakan pertanyaan mendasar: apakah premisnya benar? Apakah kesimpulannya valid? Apakah ada bias emosional atau kognitif yang memengaruhi penalaran? Sikap mental seperti ini mampu mencegah seseorang terjebak dalam sesat pikir sekaligus membantu orang lain melihat kelemahan argumen secara objektif. Selain itu, kerendahan hati intelektual bersedia menerima koreksi dan mengakui kesalahan merupakan bagian penting dari budaya debat yang sehat. Dengan membangun kebiasaan ini, diskusi tidak hanya menjadi lebih produktif, tetapi juga lebih berorientasi pada pencarian kebenaran daripada kemenangan semata. Pada akhirnya, kemampuan mengenali dan menghindari sesat pikir berkontribusi besar pada peningkatan kualitas dialog publik, memperluas wawasan, serta menghasilkan keputusan yang lebih matang dan rasional dalam kehidupan sehari-hari.

**Empat Pilar Akal Sehat sebagai Landasan Berpikir Kritis**

Empat Pilar Akal Sehat menjadi kerangka dasar yang memandu seseorang untuk berpikir kritis secara konsisten dan terarah (Zakaria et al., 2021). Pilar-pilar ini mencakup kemampuan mengamati fakta secara objektif, menggunakan nalar yang sehat, menjaga konsistensi logis, serta mengevaluasi argumen dengan standar rasional. Melalui pilar pertama, yaitu pengenalan fakta, individu dilatih untuk tidak tergesa-gesa mengambil kesimpulan sebelum memahami konteks dan bukti yang tersedia. Pilar kedua, penggunaan nalar, mendorong seseorang untuk menyusun premis secara runtut dan menghindari pemikiran yang dikendalikan emosi semata. Sementara itu, pilar ketiga konsistensi logis memastikan bahwa setiap langkah berpikir selaras dengan prinsip-prinsip dasar logika tanpa kontradiksi. Terakhir, pilar evaluasi kritis mendorong seseorang untuk menguji kembali argumen, mencari kelemahan, serta memastikan bahwa kesimpulan benar-benar didukung oleh premis. Keempat pilar ini membentuk fondasi berpikir kritis yang kuat dan dapat diterapkan dalam situasi apa pun.

Dalam penerapannya, Empat Pilar Akal Sehat tidak hanya berfungsi sebagai pedoman teoritis, tetapi sebagai alat praktis yang dapat membantu seseorang menghadapi kompleksitas informasi pada kehidupan modern (Hidayah et al., 2025). Pilar pengamatan fakta menekankan pentingnya literasi informasi memeriksa sumber, menilai kredibilitas, dan membedakan data dari opini. Selanjutnya, pilar penggunaan nalar membantu seseorang menyusun argumen yang koheren dan menghindari sesat pikir seperti generalisasi berlebihan dan asumsi tanpa bukti. Pilar konsistensi logis memastikan bahwa seseorang tidak terjebak dalam kontradiksi internal yang dapat melemahkan argumen sendiri. Kemudian, pilar evaluasi kritis memungkinkan kita menelaah argumen secara mendalam, mencari inkonsistensi, serta memahami berbagai perspektif alternatif. Dengan mempraktikkan keempat pilar ini, kemampuan berpikir kritis tidak hanya berkembang, tetapi juga menjadi kebiasaan yang terbawa dalam proses pengambilan keputusan sehari-hari.

Empat Pilar Akal Sehat juga berperan penting dalam mencegah manipulasi informasi, konflik yang tidak produktif, serta sesat pikir yang sering muncul dalam interaksi sosial. Dengan berpijak pada fakta, seseorang tidak mudah terpengaruh oleh hoaks atau argumentasi emosional yang menyesatkan. Penggunaan nalar membantu menghadapi provokasi atau retorika yang sengaja dibuat meyakinkan tetapi tidak memiliki dasar kuat.

Konsistensi logis membuat individu mampu menilai kualitas argumen secara objektif tanpa bias pribadi. Sementara itu, evaluasi kritis menuntun seseorang untuk bersikap reflektif dan terbuka terhadap koreksi. Keempat pilar ini bekerja secara sinergis untuk menghasilkan pemikiran yang lebih jernih, matang, dan bertanggung jawab. Pada akhirnya, Empat Pilar Akal Sehat bukan hanya alat untuk berpikir kritis, tetapi juga fondasi bagi masyarakat yang sehat secara intelektual masyarakat yang menghargai kebenaran, berdialog secara rasional, dan membuat keputusan berdasarkan alasan yang dapat dipertanggungjawabkan (Ashari et al., 2025).

**Dampak Penerapan Logika dalam Meningkatkan Kualitas Debat Publik**

Penerapan logika dalam debat publik membawa dampak signifikan terhadap kualitas diskusi yang terjadi di ruang masyarakat. Ketika peserta debat mematuhi prinsip-prinsip logis, argumen yang disampaikan menjadi lebih terstruktur, jelas, dan mudah diuji kebenarannya. Hal ini mengurangi dominasi retorika emosional dan meningkatkan fokus pada data, fakta, serta hubungan sebab-akibat yang rasional. Debat publik menjadi arena pertukaran ide yang lebih sehat karena setiap klaim harus dapat dipertanggungjawabkan secara logis (Ximenes, n.d.). Masyarakat pun dapat menilai argumen berdasarkan validitasnya, bukan sekadar popularitas pembicara, sehingga proses demokrasi berkembang lebih matang dan cerdas.

Ketika hukum logika digunakan secara konsisten, kualitas debat publik meningkat karena kesalahan berpikir seperti *strawman*, *ad hominem*, atau *false dilemma* dapat diminimalisir. Penerapan logika mendorong setiap pihak untuk menyampaikan argumen dengan premis yang relevan dan menghindari generalisasi berlebihan. Dengan demikian, fokus perdebatan tetap berada pada isu inti, bukan serangan pribadi ataupun manipulasi opini. Diskusi yang berlandaskan logika juga membantu audiens memahami perbedaan posisi secara lebih rasional, sehingga mereka tidak mudah terpengaruh oleh narasi yang menyesatkan. Ini menciptakan ekosistem debat yang lebih objektif, terbuka, dan berorientasi pada penyelesaian masalah.

Secara keseluruhan, penerapan logika dalam debat publik berkontribusi besar pada perkembangan budaya berpikir kritis di masyarakat. Ketika logika menjadi standar bersama, kualitas kebijakan, pengambilan keputusan, dan pemahaman publik terhadap isu-isu penting turut meningkat. Masyarakat dilatih untuk menilai argumen berdasarkan koherensi, bukti, dan konsistensi, bukan kepentingan politik atau tekanan sosial. Hal ini membuat ruang publik lebih tahan terhadap hoaks dan propaganda yang memanfaatkan sesat pikir. Dengan demikian, penerapan logika tidak hanya memperbaiki cara orang berdebat, tetapi juga memperkuat fondasi intelektual masyarakat, sehingga tercipta lingkungan diskusi yang cerdas, etis, dan konstruktif.

**KESIMPULAN**

Pembahasan di atas menegaskan bahwa penerapan hukum logika, penghindaran sesat pikir, dan pemanfaatan Empat Pilar Akal Sehat merupakan fondasi penting dalam membangun budaya berpikir kritis yang sehat, baik dalam konteks pribadi maupun ruang publik. Hukum logika seperti hukum identitas, non-kontradiksi, excluded middle, dan kausalitas membantu seseorang menilai validitas argumen secara objektif dengan memeriksa hubungan antara premis dan kesimpulan. Kemampuan mendeteksi sesat pikir seperti ad hominem, strawman, dan false cause juga menjadi keterampilan krusial agar diskusi tidak terjebak dalam manipulasi atau bias emosional. Di sisi lain, Empat Pilar Akal Sehat pengenalan fakta, penggunaan nalar, konsistensi logis, dan evaluasi kritis membentuk kerangka kerja berpikir yang matang dan rasional (DAN, 2024). Ketika ketiga elemen ini diterapkan secara komprehensif, kualitas debat publik meningkat, retorika emosional berkurang, dan argumen menjadi lebih berbasis bukti serta lebih mudah diuji kebenarannya.

**DAFTAR PUSTAKA**

Adhi, Y. T. (2022). Sesat Pikir dalam Tuturan Warganet di Facebook (Logical Fallacies In Internet Citizen Speech On Facebook). *JURNAL BAHASA, SASTRA, DAN PEMBELAJARANNYA (JBSP)*, *12*(2), 264–275.

Ashari, S. P., Latip, A., Rahman, A., Pd, S., Waluyanti, E., & Esti Kusminingsih, S. S. (2025). *Pendidikan Agama Islam dalam Lensa Filsafat Ilmu*. Uwais Inspirasi Indonesia.

DAN, M. B. K. (2024). Relevansi Logika Aristoteles Dalam Pendidikan Kontemporer: Membangun Berpikir Kritis Dan Penalaran Rasional. *PENGANTAR FILSAFAT PENDIDIKAN ISLAM: Kajian Filosofis Pedagogis*, 21.

Fakih, M. A. (2024). *Kupas Tuntas Cacat Logika dan Sesat Pikir: Sebuah Pengantar Komprehensif untuk Pemula dan Umum*. IRCISOD.

Hidayah, H., Septikasari, D., Masturoh, I., & Nurjana, N. (2025). *Buku Referensi Dasar-Dasar Pendidikan*. PT. Sonpedia Publishing Indonesia.

Hidayat, A. R. (2018). *Filsafat Berpikir Teknik-Teknik Berpikir Logis Kontra Kesesatan Berpikir*. Duta Media Publishing.

Imelda, C., Ma'arij, A., Mangar, I., Hazmi, R. M., Sukmareni, S., Abidin, M. A., Indrayati, R., & Hidayah, A. (2024). *Logika dan Argumen Dalam Penalaran Hukum*. CV. Gita Lentera.

ke Kehidupan, D. K. (n.d.). *Psikologi Sosial: Dari Konsep ke Kehidupan*.

Weruin, U. (2017). Logika, Penalaran, dan Argumentasi Hukum. *Jurnal Konstitusi*.

Ximenes, S. F. (n.d.). *Jalan Kasih dan Kebenaran.*
Zakaria, I., Suyono, S., & Priyatni, E. T. (2021). *Dimensi Berpikir Kritis.* State University of Malang.

# ANATOMI ARGUMEN LOGIS: TELAAH KONSEPTUAL ATAS UNSUR PENGERTIAN, PERTIMBANGAN, DAN PENYIMPULAN

*Oleh : Tahta Alvina*

## PENDAHULUAN

Kemampuan manusia untuk berpikir secara rasional dan menyusun argumen yang logis merupakan salah satu ciri utama dari aktivitas intelektual yang membedakannya dari makhluk lain (Rendi et al., 2024).Melalui kemampuan ini, manusia tidak hanya mengemukakan pendapat secara spontan, tetapi juga menata alur pemikiran secara sistematis untuk menjelaskan dan mempertahankan kebenaran yang diyakininya. Sebuah argumen bukan sekadar rangkaian kalimat yang menyampaikan ide, melainkan suatu struktur penalaran yang teratur, di mana setiap bagian memiliki fungsi dan hubungan logis dengan kesimpulan yang ingin dicapai. Dalam proses berpikir semacam ini, manusia berusaha membuktikan kebenaran suatu gagasan, menguji koherensi antar pemikiran, serta membangun dasar pengetahuan yang dapat diterima secara rasional. Oleh karena itu, logika berperan penting sebagai alat analisis yang memastikan penalaran berjalan secara sahih, konsisten, dan bebas dari kekeliruan. Logika membantu manusia menjaga keutuhan dan kejelasan berpikir, menilai validitas argumen, serta menghindarkan diri dari kesalahan yang dapat menyesatkan kesimpulan. Dengan memahami anatomi argumen logis, seseorang dapat menguraikan struktur berpikirnya secara lebih teratur, kritis, dan metodologis. Pemahaman tersebut bukan hanya memperkuat kemampuan berpikir ilmiah, tetapi juga menumbuhkan kesadaran akan pentingnya rasionalitas sebagai landasan dalam pencarian kebenaran dan pengembangan ilmu pengetahuan(Salsabila et al., 2023).

Sebuah argumen yang logis dibangun atas sejumlah elemen pokok yang saling berhubungan dan bersama-sama membentuk dasar bagi keseluruhan proses penalaran. Dalam kerangka berpikir rasional, terdapat tiga komponen utama yang menjadi pilar bagi struktur logika, yaitu pengertian, pertimbangan, dan penyimpulan. Ketiganya berperan secara berurutan dan saling melengkapi, mulai dari tahap pembentukan konsep hingga pencapaian kesimpulan akhir(Nurpaisa, 2025). Pengertian menjadi landasan awal dalam memahami dan merumuskan makna suatu objek pemikiran, sementara pertimbangan berfungsi menilai dan mengaitkan hubungan antara konsep-konsep tersebut dalam bentuk proposisi yang dapat dinilai kebenarannya. Adapun penyimpulan bertugas mengintegrasikan hasil pertimbangan menjadi keputusan logis yang utuh dan dapat dipertanggung jawabkan(Syafe'ie et al., 2025). Keterpaduan antara ketiga unsur ini menunjukkan bahwa proses berpikir logis tidak berlangsung secara terpisah, melainkan sebagai satu kesatuan yang sistematis dan saling menopang. Dengan menelaah ketiga unsur ini secara mendalam, kita dapat memahami bagaimana argumen terbentuk, diuji, dan diaplikasikan dalam mendukung penalaran rasional, baik dalam ranah ilmiah maupun dalam praktik kehidupan sehari-hari. Pemahaman tersebut menegaskan bahwa logika bukan hanya sekadar teori abstrak, tetapi juga metode berpikir yang membantu manusia menilai kebenaran secara objektif dan rasional(Efendi et al., 2024).

Dalam tradisi logika klasik yang digagas oleh Aristoteles, argumen dipandang sebagai bentuk silogisme, yakni suatu proses penalaran yang berupaya menarik kesimpulan yang sahih berdasarkan kebenaran premis-premis yang mendasarinya(Khanifah et al., 2024). Model berpikir ini menekankan pola deduktif yang bergerak dari prinsip umum menuju kasus-kasus khusus dengan jaminan kebenaran yang pasti. Namun, seiring berkembangnya ilmu pengetahuan dan filsafat modern, pandangan terhadap hakikat argumen mengalami perluasan yang signifikan. Para pemikir kontemporer menunjukkan bahwa argumen tidak hanya dapat bersifat deduktif, tetapi juga induktif dan abduktif, tergantung pada sifat data serta arah penalaran yang digunakan. Hal ini menegaskan bahwa struktur argumen tidak selalu terikat pada bentuk formal Aristotelian, melainkan dapat pula berakar pada hubungan empiris dan inferensial yang berkembang dalam konteks berpikir ilmiah modern. Dengan demikian, kajian mengenai anatomi argumen logis tidak cukup berfokus pada bentuk formalnya saja, tetapi juga perlu memperhatikan dasar konseptual yang mendasari setiap proses penalaran(Imelda et al., 2024).Pendekatan yang lebih luas ini memberikan ruang bagi pemahaman yang lebih komprehensif tentang fungsi logika dalam berbagai bentuk penalaran manusia yang dinamis, kompleks, dan kontekstual. Pada akhirnya, logika tidak hanya berperan sebagai alat untuk menguji kebenaran formal, tetapi juga sebagai sarana untuk memahami cara berpikir manusia dalam mengembangkan pengetahuan dan kebijaksanaan rasional.

Unsur pengertian merupakan fondasi paling awal dan esensial dalam seluruh proses berpikir logis. Melalui pengertian, seseorang membangun konsep atau ide yang menggambarkan hakikat suatu objek, baik yang bersifat konkret maupun abstrak(Arsyad & Sauri, 2024). Pengertian berfungsi sebagai titik awal aktivitas intelektual karena dari sanalah manusia mulai mengenali, mengelompokkan, serta memahami realitas di sekitarnya secara rasional. Dengan memiliki pengertian yang tepat dan jelas, individu mampu membedakan satu hal dari hal lainnya berdasarkan ciri esensialnya, sehingga arah berpikir menjadi lebih teratur dan bermakna. Sebaliknya, pengertian yang kabur akan membuat penalaran kehilangan arah, tujuan, dan makna logisnya. Oleh sebab itu, kajian tentang pengertian tidak cukup dibatasi pada aspek definisi bahasa, tetapi juga harus mencakup dimensi epistemologis yang menjelaskan bagaimana konsep terbentuk melalui perpaduan antara pengalaman empiris dan kemampuan rasional manusia. Dalam konteks tersebut, pengertian menjadi jembatan antara dunia pengalaman dan refleksi intelektual yang memungkinkan lahirnya pemahaman yang mendalam. Dengan demikian, pengertian berperan sebagai fondasi konseptual bagi terbentuknya argumen yang logis, terstruktur, dan bernilai ilmiah(Idham et al., 2025).

Tahap selanjutnya dalam proses berpikir logis adalah pertimbangan, yaitu kemampuan akal budi untuk menilai dan menghubungkan berbagai pengertian yang telah terbentuk sebelumnya(Husnullail et al., 2024). Pertimbangan berfungsi menyusun proposisi yakni pernyataan yang menegaskan hubungan antara subjek dan predikat yang dapat dinilai benar atau salah. Dalam tahap ini, logika bekerja secara aktif dengan menilai validitas hubungan antar konsep melalui penerapan prinsip-prinsip dasar berpikir rasional seperti identitas, non-kontradiksi, dan kausalitas. Prinsip identitas menegaskan bahwa sesuatu harus identik dengan dirinya sendiri prinsip non-kontradiksi memastikan bahwa dua pernyataan yang bertentangan tidak dapat sama-sama benar dalam waktu dan konteks yang sama sementara prinsip kausalitas menunjukkan adanya hubungan sebab-akibat yang rasional antara satu hal dengan hal lainnya(Irawan, 2025). Dengan menerapkan prinsip-prinsip ini, seseorang dapat menilai kesahihan suatu pertimbangan dan menghindari kekeliruan logis. Pertimbangan tidak hanya menguji kebenaran formal, tetapi juga menumbuhkan kesadaran kritis terhadap kekuatan dan kelemahan argumen yang digunakan. Karena itu, tahap ini merupakan proses reflektif yang penting dalam membentuk nalar yang objektif, sistematis, dan konsisten.

Tahap penyimpulan menandai puncak dari seluruh aktivitas berpikir logis, di mana seseorang menarik keputusan atau konklusi berdasarkan premis-premis yang telah diuji kebenarannya. Penyimpulan berfungsi sebagai bentuk akhir dari proses berpikir yang memadukan pengertian dan pertimbangan ke dalam kesimpulan yang logis serta dapat dipertanggungjawabkan. Dalam praktik ilmiah, penyimpulan tidak hanya dipandang sebagai hasil akhir, tetapi juga sebagai ukuran keberhasilan dan ketepatan metode berpikir yang diterapkan(Yulianti et al., 2024). Bentuk penyimpulan dapat bersifat deduktif, induktif, maupun abduktif, tergantung pada arah dan sifat penalarannya. Validitas suatu penyimpulan sangat ditentukan oleh koherensi hubungan antara premis serta konsistensi prinsip logika yang digunakan dalam prosesnya. Penyimpulan yang benar mencerminkan keteraturan berpikir, ketelitian dalam menilai premis, dan tanggung jawab intelektual terhadap hasil penalaran. Tahap ini sekaligus menjadi manifestasi kematangan intelektual seseorang, karena mengandung perpaduan antara kejelasan konsep, ketepatan analisis, dan kesadaran rasional. Dengan demikian, penyimpulan bukan hanya akhir dari penalaran, tetapi juga cermin dari kemampuan manusia untuk menata pikirannya secara logis dalam upaya mencapai kebenaran ilmiah.

Kajian konseptual terhadap tiga unsur utama logika pengertian, pertimbangan, dan penyimpulan memegang peranan yang krusial dalam membangun dan memperkuat kemampuan berpikir kritis di berbagai ranah keilmuan(Azhari et al., 2024). Pemahaman yang menyeluruh terhadap anatomi argumen logis membantu individu mengembangkan pola berpikir yang analitis, sistematis, serta berlandaskan objektivitas dan rasionalitas. Dalam era modern yang ditandai oleh derasnya arus informasi dan maraknya opini publik yang sering kali tidak terverifikasi, kemampuan menilai validitas suatu argumen serta membangun dasar penalaran yang sah menjadi keterampilan intelektual yang sangat dibutuhkan. Melalui pemahaman terhadap keterkaitan fungsional antara ketiga unsur logika tersebut, seseorang dapat berpikir secara lebih kritis dan reflektif, menilai suatu pandangan dengan alasan yang terukur, dan menghindari bias maupun kesalahan berpikir. Kajian ini juga menegaskan bahwa logika bukan sekadar disiplin teoritis, melainkan fondasi etika berpikir yang menuntut kejujuran intelektual dalam proses pencarian kebenaran. Dengan demikian, analisis terhadap anatomi argumen logis tidak hanya berfungsi untuk memperdalam pemahaman ilmiah, tetapi juga memperkuat peran logika sebagai sarana membangun budaya berpikir yang rasional, etis, dan bertanggung jawab dalam kehidupan intelektual modern(Melkisedek et al., 2024).

## PEMBAHASAN

### Hakikat Argumen Logis dalam Aktivitas Penalaran

Argumen logis merupakan wujud konkret dari aktivitas penalaran manusia yang rasional dan terarah untuk mencapai kebenaran melalui keterkaitan yang sah antara alasan dan kesimpulan(Situmorang & Th, 2023). Dalam kajian logika, argumen tidak dipahami sekadar sebagai pernyataan pendapat, melainkan sebagai bangunan pemikiran yang memiliki susunan sistematis serta diatur oleh aturan-aturan berpikir tertentu. Melalui argumen, seseorang berupaya menunjukkan bahwa kesimpulan yang diambil bukan hasil dugaan semata, melainkan merupakan konsekuensi logis dari premis-premis yang telah dianalisis secara cermat. Esensi dari argumen logis terletak pada kemampuannya menelusuri hubungan rasional antara ide, menilai koherensi antar pernyataan, serta memberikan pembenaran yang dapat dipertanggungjawabkan secara ilmiah. Oleh karena itu, argumen logis tidak hanya berfungsi untuk meyakinkan pihak lain, tetapi juga menjadi sarana epistemologis yang membantu manusia membangun dan menguji pengetahuan(Wiranto, 2024). Dalam konteks keilmuan, argumen logis berperan sebagai penghubung antara data empiris dan pemikiran rasional, sehingga memfasilitasi pengujian validitas suatu pernyataan. Pemahaman yang mendalam terhadap prinsip-prinsip logika seperti konsistensi, koherensi, dan validitas menumbuhkan kemampuan berpikir kritis serta menghindarkan individu dari kesalahan penalaran. Dengan demikian, kemampuan menyusun argumen logis tidak hanya memperkuat daya analisis, tetapi juga membentuk karakter intelektual yang disiplin, sistematis, dan bertanggung jawab terhadap kebenaran rasional.

**Unsur Pengertian sebagai Dasar Logika Berpikir**

Unsur pengertian memiliki kedudukan yang paling mendasar dalam keseluruhan sistem berpikir logis karena menjadi titik awal dari lahirnya konsep dan struktur berpikir yang teratur. Pengertian terbentuk melalui aktivitas intelektual manusia dalam memahami dan menangkap makna atau karakteristik utama dari suatu objek maupun gagasan. Melalui proses kognitif ini, individu membangun representasi mental terhadap realitas, lalu mengelompokkannya berdasarkan kesamaan dan perbedaan esensial yang dimilikinya. Pengertian yang benar dan jelas memungkinkan seseorang mengenali hakikat suatu hal secara tepat, sekaligus membedakannya dari hal lain dalam konteks pemikiran rasional. Dalam ranah logika, ketepatan pengertian merupakan prasyarat bagi lahirnya proposisi dan argumen yang sahih, karena pengertian menjadi bahan dasar dalam menghubungkan makna antara subjek dan predikat(Astanto & Andiani, 2024). Sebaliknya, ketidakjelasan pengertian akan menimbulkan kekeliruan dalam penalaran, kesalahan dalam membuat kesimpulan, dan ketidakkonsistenan dalam membangun argumen. Oleh karena itu, pembentukan pengertian perlu dilakukan secara sistematis melalui definisi yang presisi, konsisten, dan bebas dari ambiguitas. Proses ini tidak hanya menuntut ketelitian dalam penggunaan bahasa, tetapi juga kedalaman nalar dalam membedakan makna yang hakiki dari yang sekadar aksidental. Dengan demikian, pengertian berperan sebagai fondasi epistemologis yang menjaga konsistensi berpikir serta menjamin kejelasan logis dalam setiap proses penalaran ilmiah(Rahman & Kom, 2024).

**Pembentukan dan Klasifikasi Pengertian**

Proses terbentuknya pengertian pada dasarnya dapat berlangsung melalui dua jalur utama, yakni pengalaman empiris dan refleksi rasional(Karimaliana et al., 2023). Dari sisi pengalaman, manusia memperoleh pengertian dengan melakukan pengamatan terhadap berbagai fenomena di sekitarnya, kemudian mengenali pola-pola kesamaan dan perbedaan yang ada untuk membentuk konsep yang lebih umum. Melalui proses generalisasi tersebut, individu menyusun representasi mental yang menjadi dasar bagi pembentukan pengetahuan. Di sisi lain, rasio memiliki kemampuan untuk membangun pengertian yang bersifat abstrak, bahkan tanpa harus bergantung pada pengalaman langsung(Desriyunia et al., 2023). Rasio bekerja melalui proses abstraksi, yaitu upaya memisahkan unsur universal dari hal-hal partikular sehingga diperoleh pemahaman mengenai hakikat sesuatu. Dengan demikian, pengertian dapat lahir baik dari pengalaman empiris maupun hasil pemikiran konseptual yang bersifat murni. Berdasarkan ruang lingkupnya, pengertian diklasifikasikan menjadi umum dan khusus, konkret dan abstrak, serta positif dan negatif. Pembedaan ini sangat penting agar penggunaan istilah dalam penalaran logis tetap konsisten dan terarah. Pemahaman yang baik tentang cara terbentuknya pengertian serta klasifikasinya akan memperkuat kemampuan konseptual seseorang, sehingga ia dapat berpikir dengan lebih tepat, sistematis, dan siap memasuki tahap penalaran selanjutnya yakni pertimbangan dan penyimpulan.

**Pertimbangan sebagai Proses Relasional dalam Penalaran**

Tahap pertimbangan dalam proses berpikir logis tidak dapat dilepaskan dari penerapan sejumlah prinsip dasar yang menjadi penuntun dalam menjaga konsistensi dan keabsahan penalaran(Abdurrahmansyah, 2023). Prinsip-prinsip ini berfungsi sebagai landasan normatif yang mengatur agar setiap langkah berpikir berlangsung secara sahih dan tidak bertentangan dengan hukum logika. Prinsip pertama adalah prinsip identitas (principium identitatis), yang menyatakan bahwa setiap hal harus identik dengan dirinya sendiri; sesuatu adalah apa adanya dan tidak dapat sekaligus berbeda dari dirinya. Prinsip kedua adalah prinsip non-kontradiksi (principium non-contradictionis), yang menegaskan bahwa dua pernyataan yang saling bertentangan tidak mungkin keduanya benar dalam waktu dan konteks yang sama. Sementara itu, prinsip ketiga adalah prinsip eksklusi tengah (principium tertii exclusi), yang memastikan bahwa antara dua proposisi yang saling berlawanan, salah satunya pasti benar dan yang lain salah, tanpa kemungkinan posisi netral di antaranya. Ketiga prinsip ini menjadi pilar bagi seluruh struktur berpikir logis karena menjamin kejelasan, koherensi, dan keteraturan dalam pertimbangan rasional. Dengan berpegang pada prinsip-prinsip tersebut, seseorang dapat menghindari kekacauan logika, kesalahan berpikir, serta memastikan setiap proposisi yang dihasilkan memiliki nilai kebenaran yang dapat dipertanggungjawabkan. Dengan demikian, prinsip-prinsip logika tidak hanya berfungsi sebagai aturan formal, tetapi juga sebagai pedoman etis bagi kejujuran intelektual dalam menyusun dan menilai suatu argumen(Puling et al., 2024).

## Prinsip-Prinsip Logika dalam Membentuk Pertimbangan

Tahap penyimpulan merupakan puncak dari seluruh proses berpikir logis, di mana seseorang menarik kesimpulan yang sahih berdasarkan premis-premis yang telah diuji kebenarannya(Husnullail et al., 2024). Pada tahap ini, akal manusia bekerja secara sistematis untuk menemukan hubungan yang rasional antara ide-ide yang telah dipertimbangkan sebelumnya. Penyimpulan berfungsi sebagai bentuk sintesis dari proses berpikir yang melibatkan analisis, evaluasi, dan integrasi pengetahuan. Dalam kerangka logika formal, penyimpulan dapat dikategorikan ke dalam beberapa jenis utama, yaitu deduktif, induktif, dan abduktif. Penalaran deduktif menghasilkan kesimpulan yang bersifat pasti karena diturunkan dari premis-premis umum menuju kasus khusus, sedangkan induktif menyimpulkan hal umum berdasarkan serangkaian pengamatan terhadap fakta-fakta khusus. Adapun abduktif berusaha menemukan penjelasan yang paling masuk akal dari suatu fenomena yang diamati(Zahroh et al., 2025). Validitas suatu penyimpulan bergantung pada kebenaran logis hubungan antar-premis dan ketepatan prinsip yang digunakan dalam menurunkannya. Penyimpulan yang benar menunjukkan bahwa seseorang tidak hanya memahami isi pemikiran, tetapi juga mampu menata hubungan antar gagasan dengan cara yang teratur dan rasional. Dengan demikian, tahap penyimpulan menjadi tolok ukur keberhasilan berpikir logis, karena melalui proses inilah manusia menegaskan hasil pemikirannya dalam bentuk keputusan yang koheren, beralasan, dan dapat dipertanggungjawabkan secara ilmiah.

## Penyimpulan sebagai Tahap Akhir Proses Logis

Tahap penyimpulan menandai puncak dari seluruh proses berpikir logis, yakni saat seseorang menarik sebuah keputusan berdasarkan hubungan rasional di antara sejumlah premis yang telah diuji dan dianalisis sebelumnya(Kum & IP, 2023). Pada tahap ini, akal manusia berperan aktif dalam menata fakta dan gagasan, menilai keterkaitan antar pernyataan, serta menghasilkan kesimpulan yang sah sesuai dengan prinsip logika. Proses penyimpulan dapat mengambil tiga bentuk utama penalaran, yaitu deduktif, induktif, dan abduktif, yang masing-masing mencerminkan arah berpikir dan metode berbeda. Dalam penalaran deduktif, kesimpulan diperoleh dari premis-premis yang bersifat umum menuju kasus-kasus khusus, sehingga kebenarannya dijamin oleh premis yang mendasarinya. Sebaliknya, penalaran induktif bekerja secara terbalik menyusun kesimpulan umum dari berbagai fakta atau contoh khusus yang diamati, sehingga hasilnya bersifat kemungkinan dan terbuka untuk revisi. Adapun penalaran abduktif bertujuan mencari penjelasan yang paling rasional dan masuk akal terhadap fenomena yang belum jelas atau belum memiliki dasar empiris yang kuat. Validitas sebuah penyimpulan sangat ditentukan oleh konsistensi logika, keutuhan struktur berpikir, serta koherensi antar-premis yang digunakan dalam prosesnya. Dengan demikian, kemampuan menarik kesimpulan secara tepat mencerminkan kedewasaan berpikir, ketelitian nalar, dan disiplin intelektual seseorang. Tahap penyimpulan tidak hanya menjadi akhir dari proses berpikir logis, tetapi juga menjadi bukti kematangan akal budi manusia dalam menggunakan logika sebagai alat untuk mencapai kebenaran ilmiah yang rasional dan dapat dipertanggung jawabkan(Situmorang & Th, 2023).

**Sinergi Unsur Logika dalam Pembentukan Argumen**

Ketiga unsur utama dalam logika pengertian, pertimbangan, dan penyimpulan memiliki keterkaitan yang sangat erat dan saling menopang dalam membentuk suatu argumen yang utuh, rasional, dan bermakna(Mesah et al., 2024). Ketiganya bekerja secara harmonis dalam satu sistem berpikir yang teratur pengertian menjadi titik awal yang menyediakan bahan mentah berupa konsep-konsep dasar, pertimbangan bertugas menghubungkan dan menilai hubungan antara konsep-konsep tersebut dalam bentuk proposisi yang bermakna, sementara penyimpulan berperan mengintegrasikan hasil pertimbangan menjadi keputusan logis yang sah dan dapat diuji kebenarannya. Kesatuan fungsional ini menunjukkan bahwa logika bukan sekadar teori abstrak yang membahas bentuk berpikir, melainkan juga sebuah metode yang aplikatif dalam kehidupan intelektual dan kegiatan ilmiah. Dengan memahami keterpaduan ketiga unsur tersebut, seseorang dapat mengembangkan kemampuan berpikir kritis, menilai argumen secara objektif, serta menghindari berbagai bentuk kesalahan penalaran. Dalam dunia akademik, pemahaman ini menjadi dasar penting bagi pembentukan budaya berpikir yang rasional, reflektif, dan beretika. Lebih jauh, kesadaran akan hubungan fungsional antara pengertian, pertimbangan, dan penyimpulan juga menumbuhkan tanggung jawab moral dalam penggunaan nalar yakni kemampuan untuk berpikir secara jujur, sistematis, dan bertujuan mencapai kebenaran sejati. Dengan demikian, logika tidak hanya berfungsi sebagai alat analisis, tetapi juga sebagai sarana pembentukan karakter intelektual yang matang, kritis, dan berintegritas(Nisa et al., 2025).

**KESIMPULAN**

Secara teratur berdasarkan hubungan rasional antara premis dan konklusi. Logika, sebagai alat berpikir yang sahih, memungkinkan manusia menilai validitas suatu argumen dan membedakan kebenaran yang rasional dari sekadar opini. Argumen yang logis tidak hanya menjadi dasar dalam penalaran ilmiah, tetapi juga berperan penting dalam pembentukan sikap kritis dan rasional dalam kehidupan intelektual. Melalui pemahaman terhadap struktur dan prinsip logika, individu mampu menyusun, mengevaluasi, serta mengembangkan argumen secara sistematis dan objektif.

Dengan demikian, logika bukan hanya teori formal tentang berpikir benar, melainkan juga instrumen intelektual yang menuntun manusia mencapai kebenaran yang dapat dipertanggungjawabkan.

Tiga unsur dasar logika pengertian Dari uraian yang telah disajikan, dapat disimpulkan bahwa argumen logis merupakan sistem penalaran yang tersusun, pertimbangan, dan penyimpulan memiliki hubungan yang erat dan bersifat hierarkis dalam membangun suatu argumen. Pengertian berfungsi sebagai landasan konseptual yang menyediakan bahan bagi berpikir, pertimbangan bertugas menilai hubungan antar konsep dalam bentuk proposisi, sedangkan penyimpulan menjadi tahap akhir yang menghasilkan keputusan logis berdasarkan premis yang sahih. Ketiga unsur ini tidak dapat dipisahkan satu sama lain, karena keterpaduannya menjamin keutuhan proses berpikir rasional. Kelemahan dalam salah satu unsur akan mengganggu validitas keseluruhan argumen. Oleh karena itu, penguasaan terhadap ketiga unsur logika ini menjadi kunci utama dalam melatih kemampuan berpikir kritis dan menghindari kesalahan penalaran.

Secara keseluruhan, telaah konseptual terhadap anatomi argumen logis memberikan pemahaman yang lebih mendalam tentang bagaimana manusia membangun pengetahuan melalui proses berpikir yang terarah dan konsisten. Dalam konteks akademik, pemahaman ini memiliki nilai strategis untuk memperkuat tradisi ilmiah yang berbasis rasionalitas, kejelasan konsep, dan disiplin berpikir. Di tengah kompleksitas informasi dan perdebatan modern, kemampuan menyusun argumen logis menjadi kompetensi yang tidak hanya bernilai intelektual, tetapi juga etis. Logika mengajarkan keteraturan dalam berpikir, ketelitian dalam menilai, dan tanggung jawab dalam menyimpulkan. Dengan demikian, kesadaran logis bukan hanya pondasi ilmu, tetapi juga cerminan kematangan akal budi manusia dalam mencari kebenaran yang sejati.

## DAFTAR PUSTAKA

Abdurrahmansyah, M. A. (2023). *Kajian teoritik dan implementatif pengembangan kurikulum*. PT. RajaGrafindo Persada-Rajawali Pers.

Arsyad, H., & Sauri, S. (2024). Landasan filosofi pendidikan dan konsep mendidik. *Jurnal Ilmiah Profesi Pendidikan, 9*(3), 1585–1596.

Astanto, S., & Andiani, S. (2024). *Dasar-Dasar Logika*. Bumi Aksara.

Azhari, C. A., Cahyani, A., Wibowo, W., Santoso, T. N., Nainggolan, A. M. H., & Sukorini, R. S. (2024). *Kajian Strategik Manajemen Pendidikan Tinggi dalam Perspektif Filsafat Ilmu*. Seval Literindo Kreasi.

Desriyunia, G. D., Wulandhari, K., Puspita, D., Jasmine, J., & Yulaeli, T. (2023). Faktor–faktor rasio keuangan meliputi: Rasio likuiditas, rasio solvabilitas, rasio profitabilitas, rasio aktivitas, dan rasio investasi, berpengaruh terhadap kinerja laporan keuangan (Literature review manajemen keuangan). *SAMMAJIVA: Jurnal Penelitian Bisnis Dan Manajemen, 1*(3), 131–155.

Efendi, T., Fatimah, S., & Fitrisia, A. (2024). Pemahaman kebenaran ilmiah: definisi, teori, dan karakteristiknya. *Jurnal Sosial Humaniora Sigli, 7*(1), 411–422.

Husnullail, M., Syukri, A., & Pulungan, D. A. S. (2024). Diskursus Logika Dan Penalaran Dalam Mengembangkan Kemampuan Berpikir Kritis. *Jurnal Genta Mulia, 15*(2), 239–250.

Idham, J., SD, S. P., Pradina, D., & Faridah, J. (2025). *Labirin Ilmu Eksplorasi Filsafat*. Uwais Inspirasi Indonesia.

Imelda, C., Ma'arij, A., Mangar, I., Hazmi, R. M., Sukmareni, S., Abidin, M. A., Indrayati, R., & Hidayah, A. (2024). *Logika dan Argumen Dalam Penalaran Hukum*. CV. Gita Lentera.

Irawan, D. (2025). Strategi Komunikasi Dakwah (Studi Analisis Dakwah Tradisonal dengan Inovasi Digital). *Syi'ar: Jurnal Ilmu Komunikasi, Penyuluhan Dan Bimbingan Masyarakat Islam, 8*(1), 1–16.

Karimaliana, K., Zaim, M., & Thahar, H. E. (2023). Pemikiran rasionalisme: Tinjauan epistemologi terhadap dasar-dasar ilmu pendidikan dan pengetahuan manusia. *Journal of Education Research, 4*(4), 2486–2496.

Khanifah, N., Kamilah, I. F., & Faizin, M. (2024). Teknik Berpikir Tingkat Tinggi Melalui Logika Induktif Dan Deduktif Perspektif Aristoteles. *Jurnal Genta Mulia, 15*(1), 131–145.

Kum, K., & IP, S. (2023). *Filsafat Logika: Pemikiran, Konsep, Teori, dan Penyimpulan*. Prenada Media.

Melkisedek, M., Lestari, N., Dedi, D., & Lawalata, M. (2024). Tinjauan mendalam terhadap peran logika dalam pemikiran dan penalaran manusia. *Sinar Kasih: Jurnal Pendidikan Agama Dan Filsafat, 2*(2), 1–17.

Mesah, W., Darma, F. E., & Lawalata, M. (2024). Memahami Logika Berpikir Sebagai Landasan Membangun Argumentasi Yang Kuat. *Jurnal Teologi Injili Dan Pendidikan Agama, 2*(3), 173–185.

Nisa, S. H., Musyawwir, A. W., Ashari, N. F., & Mustari, M. (2025). Analisis Strategi Pembelajaran Untuk Penguatan Pendidikan Karakter Di Sekolah. *Secondary: Jurnal Inovasi Pendidikan Menengah, 5*(2), 158–167.

Nurpaisa, N. (2025). *Analisis Strategi Guru Dalam Meningkatkan Kemampuan Berpikir Kritis Siswa Pada Materi Membuat Kesimpulan Dan Mencari Ide Pokok Suatu Teks Atau Laporan Kelas 3 Sdn 21 Tadette*. Iain Palopo.

Puling, H., Manilang, E., & Lawalata, M. (2024). Logika dan Berpikir Kritis:

Hubungan dan Dampak Dalam Pengambilan Keputusan. *Sinar Kasih: Jurnal Pendidikan Agama Dan Filsafat*, *2*(2), 164–173.

Rahman, D., & Kom, M. I. (2024). *Membangun jembatan dakwah di dunia digital*. Penerbit Adab.

Rendi, R., Marni, M., Neonane, T., & Lawalata, M. (2024). Peran Logika Dalam Berfikir Kritis Untuk Membangun Kemampuan Memahami Dan Menginterpretasi Informasi. *Sinar Kasih: Jurnal Pendidikan Agama Dan Filsafat*, *2*(2), 82–98.

Salsabila, A. N., Fadhlulloh, A. U., Sabila, M. N., Nabila, N. F., Nasikhin, N., Junaedi, M., & Brown, D. J. (2023). Analisa Pemikiran Rene Descartes Mengenai Rasionalisme Dan Sinergitasnya Terhadap Pendidikan Islam. *Jurnal Pendidikan Islam Muta'allimin*, *1*(1), 43–52.

Situmorang, P. D. J., & Th, M. (2023). *Logika: Berpikir Ktritis Menuju Kebenaran*. Penerbit Andi.

Syafe'ie, A. D., Putri, A. S. J., Al Akbar, A., Abawaiki, A., Rohmah, A., & Revianto, D. M. (2025). Peran Logika Dan Penalaran Hukum Terhadap Pengambilan Keputusan Oleh Hakim. *Edukreatif: Jurnal Kreativitas Dalam Pendidikan*, *6*(1).

Wiranto, W. (2024). Logika, Penalaran, Dan Argumentasi Hukum. *Jurnal Budi Pekerti Agama Kristen Dan Katolik*, *2*(2), 132–145.

Yulianti, Y., Mutya, A., Selhita, E., & Putri, R. S. D. (2024). Logika Dan Penalaran Dalam Perspektif Ilmu Pengetahuan. *Consilium: Education and Counseling Journal*, *5*(1), 201–207.

Zahroh, A., Sadieda, L. U., & Lailiyah, S. (2025). Proses Penalaran Abduktif Dalam Menyelesaikan Masalah Aljabar. *Jurnal PEKA (Pendidikan Matematika)*, *8*(2), 158–167.

# MEMETAKAN REALITAS : STRATEGI MENGGOLONGKAN INFORMASI SECARA SISTEMATIS DAN KONSISTEN

*Oleh : Aisyati eka pratiwi*

## PENDAHULUAN

Strategi menggolongkan informasi secara sistematis dan konsisten merupakan fondasi penting dalam pengelolaan pengetahuan modern yang menuntut ketelitian, efisiensi, dan akurasi tinggi (R. A. Lubis & Nasution, 2025). Di era digital yang ditandai dengan derasnya arus data, kemampuan menyusun, mengelompokkan, serta menafsirkan informasi secara metodologis menjadi kompetensi utama dalam berbagai bidang, seperti pendidikan, penelitian, manajemen, dan teknologi informasi (Darmayasa et al., 2025). Tanpa sistem klasifikasi yang terarah, informasi akan kehilangan makna kontekstual, sulit diakses, serta rentan terhadap distorsi atau kesalahan interpretasi yang dapat menghambat proses pengambilan keputusan. Oleh karena itu, penerapan strategi penggolongan informasi yang sistematis tidak hanya berfungsi untuk menata data, tetapi juga menciptakan kerangka berpikir logis yang memperkuat proses analisis dan penemuan ilmiah. Dalam konteks akademik, strategi ini membantu peneliti mengelola sumber data secara efektif, memastikan keterlacakan informasi, dan memperkuat validitas hasil penelitian. Selain itu, konsistensi dalam penggolongan memungkinkan terwujudnya interoperabilitas pengetahuan lintas bidang dan lintas sistem, yang pada akhirnya mendukung terciptanya ekosistem ilmu pengetahuan yang terbuka, kolaboratif, serta berorientasi pada pengembangan pengetahuan berkelanjutan.

Keteraturan dalam mengelola informasi menuntut adanya prinsip sistematis dan konsistensi sebagai landasan utama dalam membangun struktur pengetahuan yang terarah. Prinsip sistematis merujuk pada penyusunan informasi berdasarkan urutan logis yang memungkinkan hubungan antarkonsep dapat dipahami secara runtut dan terstruktur (Andaryanto et al., 2024). Sementara itu, prinsip konsistensi menekankan pada penerapan pola yang seragam dalam setiap tahap pengelolaan, mulai dari pengumpulan hingga penyajian data. Kedua prinsip ini saling melengkapi dalam menciptakan sistem klasifikasi yang tidak hanya rapi, tetapi juga dapat diverifikasi serta diadaptasi lintas disiplin. Dalam konteks akademik, penerapan strategi penggolongan informasi yang sistematis memiliki peran penting dalam memperkuat validitas dan reliabilitas hasil penelitian. Melalui klasifikasi yang konsisten, peneliti dapat menelusuri kembali data dengan akurasi tinggi, menghindari duplikasi interpretasi, dan memastikan kesesuaian antarvariabel yang dianalisis.

Dengan demikian, strategi ini tidak hanya mendukung efisiensi proses analisis data, tetapi juga menjadi pondasi bagi keberlanjutan ilmu pengetahuan yang berbasis bukti, transparansi, dan keteraturan logis dalam membangun pengetahuan yang dapat diuji serta dikembangkan secara berkelanjutan.Kepakaran penulis dalam bidang analisis data, pengelolaan informasi, dan pendidikan memberikan perspektif interdisipliner dalam memahami urgensi klasifikasi informasi (Marzuki et al., 2023). Pendekatan yang digunakan mengintegrasikan konsep epistemologi ilmu pengetahuan dengan praktik pengorganisasian data modern. Hal ini bertujuan menghubungkan kerangka berpikir ilmiah dengan kebutuhan praktis dalam pengelolaan informasi di berbagai sektor, termasuk pendidikan, teknologi, dan penelitian sosial. Dengan demikian, pembahasan ini tidak hanya menekankan aspek teoretis, tetapi juga menawarkan relevansi aplikatif yang dapat memperkuat kompetensi profesional dan akademik.

Selain itu, strategi penggolongan informasi yang baik memiliki peran penting dalam mempercepat proses pengambilan keputusan berbasis data (data-driven decision making) yang menjadi ciri khas era digital modern. Ketika informasi disusun secara sistematis dan konsisten, baik organisasi maupun individu dapat menelusuri pola, mengidentifikasi tren, serta membuat prediksi yang lebih akurat dan dapat dipertanggung jawabkan (Indrayani et al., 2025). Pengelompokan informasi yang teratur juga membantu meningkatkan efisiensi kerja, mengurangi risiko kesalahan analisis, serta memperkuat dasar argumentasi dalam penyusunan kebijakan strategis. Dalam konteks global, praktik ini sejalan dengan paradigma open science dan digital scholarship yang menekankan pentingnya keterbukaan, transparansi, serta akuntabilitas dalam manajemen data ilmiah. Oleh karena itu, kemampuan menggolongkan informasi secara sistematis tidak hanya dipandang sebagai keterampilan teknis semata, tetapi juga sebagai bagian dari etika ilmiah yang menjunjung tinggi integritas akademik. Dengan demikian, strategi ini berfungsi sebagai pilar penting dalam mewujudkan budaya riset yang objektif, kolaboratif, dan berorientasi pada kemajuan ilmu pengetahuan yang berkelanjutan (Ammar et al., 2025).

Dari sudut pandang epistemologis, penggolongan informasi mencerminkan cara berpikir ilmiah manusia dalam mengonstruksi realitas dan membangun pemahaman terhadap dunia empiris. Melalui proses klasifikasi yang sistematis dan konsisten, manusia berupaya menata kompleksitas pengetahuan menjadi struktur yang terorganisasi dan mudah dipahami (Susanto, 2021). Struktur klasifikasi yang stabil dan logis menunjukkan keteraturan nalar ilmiah, di mana setiap informasi ditempatkan berdasarkan hubungan, fungsi, serta relevansi konseptualnya. Dengan demikian, sistem pengelompokan informasi tidak hanya berfungsi sebagai alat teknis, tetapi juga sebagai refleksi perkembangan peradaban intelektual yang terus berevolusi. Dalam konteks akademik, penggolongan informasi berperan penting dalam memfasilitasi komunikasi lintas disiplin, memperkuat kolaborasi ilmiah, dan meminimalkan bias interpretasi antarpeneliti. Melalui struktur klasifikasi yang dapat diuji dan diterapkan secara universal, ilmu pengetahuan dapat berkembang secara kumulatif dan terukur. Oleh sebab itu, penelitian dan praktik terkait strategi penggolongan informasi memiliki kontribusi besar terhadap pembentukan metodologi ilmiah kontemporer yang lebih terbuka, integratif, serta mampu menjembatani berbagai tradisi pengetahuan di tingkat nasional maupun internasional.

Lebih jauh lagi, dalam konteks nasional maupun internasional, pengembangan strategi penggolongan informasi yang sistematis dan konsisten memiliki dampak yang sangat luas terhadap dinamika kolaborasi riset dan pembangunan pengetahuan global. Standarisasi klasifikasi berperan penting dalam memastikan pertukaran data dan pengetahuan antar lembaga, negara, serta bahasa dapat dilakukan secara akurat tanpa kehilangan konteks makna yang esensial. Melalui sistem klasifikasi yang terukur dan terintegrasi, proses kolaborasi ilmiah menjadi lebih efisien, transparan, dan mudah diadaptasi lintas bidang keilmuan. Upaya ini juga mendukung peningkatan daya saing akademik Indonesia di tingkat internasional dengan menegaskan peran bangsa dalam kontribusi terhadap pengelolaan pengetahuan global yang terstruktur dan terbuka. Dengan menggabungkan pendekatan konseptual dan empiris, kajian ini diharapkan tidak hanya memperkaya wacana akademik mengenai manajemen informasi, tetapi juga memberikan landasan praktis bagi perumusan kebijakan inovatif di bidang ilmu pengetahuan dan teknologi. Dengan demikian, strategi penggolongan informasi menjadi instrumen strategis dalam mewujudkan tata kelola pengetahuan yang berkelanjutan dan berorientasi global.

## PEMBAHASAN

### Pemahaman Konseptual tentang Penggolongan Informasi

Pemahaman konseptual mengenai penggolongan informasi merupakan fondasi utama dalam manajemen pengetahuan modern yang menempatkan informasi sebagai aset strategis bagi organisasi. Informasi dipahami sebagai data yang telah melalui proses pengolahan sehingga memiliki makna, konteks, serta nilai guna yang jelas bagi penggunanya (Hendrawan & Putra, 2022). Dari perspektif ilmiah, penggolongan informasi berfungsi untuk menciptakan keteraturan melalui struktur kategorisasi yang konsisten, sehingga setiap data dapat ditempatkan pada posisi yang tepat sesuai karakteristik dan kegunaannya. Proses ini tidak hanya berfokus pada penyusunan data secara rapi, tetapi juga pada upaya memastikan informasi yang tersedia mudah diakses, dianalisis, serta dimanfaatkan secara efektif. Dalam praktiknya, penggolongan dilakukan berdasarkan parameter tertentu seperti jenis data, tingkat kepentingan, hubungan antarkonsep, atau tujuan akhir penggunaannya. Dengan adanya penggolongan yang tepat, risiko kehilangan makna, tumpang-tindih informasi, dan kebingungan dalam proses penelusuran dapat diminimalkan. Selain itu, struktur penggolongan yang baik berperan dalam membangun sistem penyimpanan informasi yang efisien dan berkelanjutan. Suatu organisasi dapat meningkatkan kualitas proses kerjanya melalui alur informasi yang tertata, akurat, dan tidak redundan (T. Lubis & Nasution, 2024). Inisiatif ini juga membantu mempercepat pengambilan keputusan karena pengguna dapat dengan cepat menemukan data yang relevan dan tervalidasi. Oleh karena itu, penggolongan informasi tidak sekadar menjadi prosedur teknis, melainkan suatu strategi konseptual yang mendukung keberhasilan pengelolaan informasi secara menyeluruh dalam berbagai konteks operasional maupun akademik.

Dalam konteks pengambilan keputusan, penggolongan informasi memainkan peran sentral dalam meningkatkan kualitas analisis serta akurasi hasil keputusan yang dihasilkan. Keputusan yang baik bergantung pada informasi yang tepat, relevan, dan dapat dipertanggungjawabkan, sehingga klasifikasi yang sistematis menjadi langkah penting untuk menyaring data sesuai kebutuhan. Penggolongan memungkinkan informasi disusun berdasarkan kriteria tertentu, seperti tingkat urgensi, sumber data, relevansi tematik, atau derajat kepentingan bagi pemangku kepentingan. Dengan demikian, proses penilaian informasi menjadi lebih terfokus dan bebas dari gangguan redundansi serta ketidakkonsistenan data. Dalam lingkungan kerja yang kompleks, tumpang-tindih informasi sering menjadi kendala yang dapat memperlambat pengambilan keputusan (Mursalin et al., 2024). Namun, melalui sistem kategorisasi yang efektif, hambatan tersebut dapat diminimalisasi karena setiap data berada dalam klasifikasinya masing-masing. Selain itu, penggolongan informasi mempermudah identifikasi akar permasalahan serta formulasi solusi yang lebih tepat sasaran, sebab pengambil keputusan dapat membedakan mana informasi inti dan mana yang bersifat pelengkap. Hal ini pada akhirnya menciptakan alur kerja yang efisien, meningkatkan kecepatan analisis, dan menurunkan potensi bias dalam proses interpretasi data. Peran strategis ini menjadikan penggolongan informasi bukan hanya sebagai praktik administrasi, melainkan instrumen penting untuk memastikan bahwa setiap keputusan didasarkan pada bahan informasi yang valid, teratur, dan relevan dengan tujuan yang ingin dicapai.

Lebih jauh lagi, penggolongan informasi merupakan bagian integral dari upaya organisasi membangun sistem manajemen pengetahuan yang kokoh dan berkelanjutan. Kegiatan ini tidak hanya memfasilitasi penyimpanan data secara terstruktur, tetapi juga menciptakan fondasi bagi proses pembelajaran organisasi yang berkesinambungan. Melalui klasifikasi yang tepat, informasi tidak hanya disimpan, tetapi juga dipetakan sehingga hubungan antarpengetahuan menjadi lebih mudah dipahami. Hal ini memungkinkan organisasi menghindari repetisi pekerjaan, mengurangi risiko miskomunikasi, serta meningkatkan koordinasi antarunit kerja. Selain itu, penggolongan yang konsisten membantu dalam proses audit informasi, memastikan bahwa setiap data yang digunakan telah memenuhi prinsip keakuratan, keterbaruan, dan relevansi. Ketertiban informasi yang dihasilkan juga mempengaruhi bagaimana organisasi merespons perubahan lingkungan strategis, karena data yang terkelola dengan baik dapat mendukung prediksi, analisis tren, dan adaptasi kebijakan secara tepat waktu. Dari perspektif efektivitas kerja, penggolongan informasi mempercepat proses pencarian, pertukaran, hingga pemanfaatan informasi lintas departemen. Kejelasan struktur informasi mendorong transparansi, akuntabilitas, dan keterandalan dalam pelaporan. Dengan demikian, penggolongan informasi memiliki nilai strategis yang jauh melampaui aktivitas administratif. Ia merupakan instrumen penting dalam membangun budaya kerja yang berbasis data, mendukung keputusan yang rasional, serta memfasilitasi pertumbuhan organisasi melalui pemanfaatan informasi yang efisien, sistematis, dan dapat dipertanggungjawabkan.

**Prinsip Sistematis dalam Pengelolaan Informasi**

Pendekatan sistematis dalam penggolongan informasi menuntut adanya urutan logis dan terencana sejak tahap awal, dimulai dari proses perencanaan, penentuan kriteria klasifikasi, hingga penyusunan hierarki data yang terstruktur. Dalam tahap perencanaan, organisasi perlu menentukan tujuan pengelolaan informasi serta menetapkan parameter yang akan digunakan sebagai dasar klasifikasi, seperti relevansi, fungsi, dan tingkat kepentingan data (Riski et al., 2025). Setelah itu, proses penentuan kriteria klasifikasi dilakukan untuk membedakan setiap jenis informasi agar sesuai dengan kebutuhan analisis dan penggunaan. Penyusunan hierarki data kemudian menjadi langkah akhir yang memastikan bahwa setiap informasi memiliki posisi dan hubungan yang jelas dalam sistem. Pendekatan ini tidak hanya mempermudah proses penyimpanan dan pencarian kembali informasi, tetapi juga meningkatkan efisiensi dalam pengelolaan sumber daya informasi yang semakin kompleks. Dengan demikian, sistematika yang logis menjadi fondasi utama bagi terciptanya sistem informasi yang efektif, transparan, dan mudah diadaptasi terhadap perkembangan kebutuhan organisasi.

penerapan sistematis dalam penggolongan informasi mencerminkan prinsip-prinsip manajemen informasi yang berorientasi pada akurasi, konsistensi, dan keterlacakan data. Dengan struktur klasifikasi yang jelas, organisasi dapat menjaga integritas data sekaligus menjamin bahwa setiap informasi memiliki kejelasan asal-usul dan konteks penggunaannya (Angin et al., 2025). Hal ini sangat penting dalam mendukung proses audit, evaluasi, maupun pengambilan keputusan yang membutuhkan bukti data yang valid. Selain itu, sistem penggolongan yang sistematis juga memperkuat koordinasi antarbagian dalam organisasi karena setiap pihak memiliki acuan yang sama dalam memahami dan memanfaatkan informasi. Keberadaan sistem klasifikasi yang teratur tidak hanya meningkatkan efisiensi operasional, tetapi juga menciptakan budaya organisasi yang berbasis data dan pengetahuan. Dengan demikian, pengelolaan informasi secara sistematis menjadi langkah strategis dalam membangun tata kelola informasi yang modern, akuntabel, dan berkelanjutan.

**Konsistensi sebagai Kunci Keandalan Data**

Konsistensi merupakan elemen fundamental dalam proses penggolongan informasi karena berfungsi menjaga stabilitas dan keandalan sistem pengelolaan data. Tanpa konsistensi, hasil klasifikasi dapat berubah-ubah antar pengguna atau antar periode, sehingga menimbulkan kebingungan dan menurunkan kualitas informasi. Konsistensi menuntut penerapan terminologi, format, dan kriteria klasifikasi yang seragam di seluruh tahapan pengelolaan informasi, mulai dari pengumpulan, penyimpanan, hingga penyajian. Dengan demikian, setiap pengguna memiliki pemahaman yang sama terhadap makna dan posisi suatu data dalam sistem. Selain meningkatkan efisiensi kerja, konsistensi juga mempermudah proses pelatihan, audit, serta integrasi sistem informasi lintas unit. Ketika standar klasifikasi diterapkan secara konsisten, risiko kesalahan interpretasi dan redundansi data dapat diminimalisir, sehingga hasil analisis dan pengambilan keputusan menjadi lebih akurat. Oleh karena itu, penerapan konsistensi harus disertai dengan kebijakan tertulis, pedoman operasional, serta sistem evaluasi berkala untuk memastikan keseragaman dalam praktik penggolongan informasi.

konsistensi dalam penggolongan informasi juga berperan dalam membangun kredibilitas dan kepercayaan terhadap sistem dokumentasi organisasi. Ketika setiap data ditempatkan pada kategori yang tepat dan diperlakukan dengan standar yang sama, keandalan informasi akan meningkat dan dapat dipertanggungjawabkan. Konsistensi menjamin bahwa makna dan fungsi setiap informasi tetap sama meskipun dikelola oleh individu atau departemen yang berbeda (Putra, 2024). Hal ini sangat penting dalam organisasi besar yang bergantung pada kolaborasi lintas unit, karena memastikan komunikasi data berjalan lancar tanpa perbedaan persepsi. Selain itu, konsistensi memperkuat integritas arsip dan dokumentasi sebagai sumber rujukan yang sah dalam proses audit, penelitian, maupun evaluasi kinerja. Dengan demikian, menjaga konsistensi bukan sekadar aspek teknis, tetapi juga merupakan bentuk komitmen terhadap tata kelola informasi yang profesional, transparan, dan berorientasi pada akuntabilitas jangka panjang.

**Implementasi Strategi dalam Lingkungan Organisasi**

Dalam praktik organisasi modern, strategi penggolongan informasi diterapkan melalui kebijakan internal dan Standar Operasional Prosedur (SOP) yang mengatur seluruh tahapan siklus informasi, mulai dari pengumpulan, penyimpanan, pemrosesan, hingga distribusi data kepada pihak yang berwenang. Kebijakan ini dirancang untuk memastikan bahwa setiap informasi dikelola dengan cara yang seragam, transparan, dan sesuai dengan prinsip tata kelola data yang baik. Dalam tahap pengumpulan, misalnya, organisasi menentukan metode, format, serta sumber informasi yang sah agar data yang diperoleh valid dan relevan. Sementara dalam tahap penyimpanan, penerapan klasifikasi berdasarkan kategori seperti tingkat kerahasiaan, fungsi, dan frekuensi penggunaan membantu menjaga keamanan serta efisiensi akses. Distribusi data pun diatur secara ketat untuk menghindari penyalahgunaan atau kebocoran informasi. Dengan adanya SOP yang jelas, setiap individu dalam organisasi memiliki pedoman yang sama dalam mengelola informasi, sehingga mencegah terjadinya kesalahan atau inkonsistensi antarbagian yang dapat menghambat efektivitas operasional (Nasrullah & Ramadhan, 2025).

Implementasi strategi penggolongan informasi tidak hanya bergantung pada kebijakan dan prosedur, tetapi juga memerlukan dukungan teknologi informasi yang memadai. Sistem basis data (database) dan perangkat lunak manajemen arsip menjadi alat penting yang memungkinkan proses klasifikasi berjalan otomatis dan efisien. Teknologi semacam ini mampu mengidentifikasi, mengelompokkan, serta menyimpan informasi berdasarkan metadata atau kata kunci yang telah ditentukan. Selain mempercepat proses pengelolaan data, sistem digital juga meningkatkan akurasi dan keamanan karena memiliki fitur pengendalian akses serta audit trail yang mencatat setiap aktivitas pengguna. Penggunaan teknologi informasi juga memungkinkan integrasi antarunit kerja dalam organisasi, sehingga data dapat diakses lintas departemen tanpa kehilangan kontrol atas kerahasiaan dan keutuhan informasi. Dengan demikian, teknologi berperan sebagai infrastruktur utama yang memperkuat penerapan penggolongan informasi, menjadikannya lebih adaptif terhadap tuntutan era digital dan volume data yang terus meningkat.

Selain faktor kebijakan dan teknologi, kualitas sumber daya manusia (SDM) juga menjadi aspek krusial dalam keberhasilan implementasi strategi penggolongan informasi. Setiap individu yang terlibat dalam proses manajemen data perlu memahami prinsip, logika, dan sistem klasifikasi yang digunakan agar dapat menerapkannya secara konsisten. Oleh karena itu, pelatihan dan pendampingan rutin menjadi keharusan agar pegawai memiliki keterampilan teknis dan kesadaran etis dalam mengelola informasi (Hidayat, 2025). Program pelatihan dapat mencakup pemahaman mengenai struktur klasifikasi, penggunaan perangkat lunak manajemen arsip, serta kebijakan keamanan data organisasi. Dengan SDM yang kompeten, sistem penggolongan informasi tidak hanya berjalan sesuai prosedur, tetapi juga berkelanjutan karena seluruh anggota organisasi memiliki tanggung jawab bersama dalam menjaga integritas dan keakuratan data. Pada akhirnya, sinergi antara kebijakan, teknologi, dan sumber daya manusia akan menciptakan ekosistem pengelolaan informasi yang efektif, transparan, dan terpercaya.

**Evaluasi Efektivitas Strategi Penggolongan Informasi**

Keberhasilan strategi penggolongan informasi dalam suatu organisasi dapat dinilai dari sejauh mana sistem tersebut mampu menciptakan keteraturan arsip, kemudahan akses, serta kecepatan pemrosesan informasi. Keteraturan arsip menunjukkan bahwa setiap data telah ditempatkan dalam kategori yang tepat, dengan struktur dan penamaan yang konsisten sehingga mudah ditemukan kembali (DR HA Rusdiana, 2021). Kemudahan akses berarti bahwa pengguna dapat memperoleh informasi yang dibutuhkan tanpa hambatan, baik secara manual maupun melalui sistem digital. Sementara itu, kecepatan pemrosesan informasi menggambarkan efisiensi sistem dalam menelusuri, menampilkan, dan mendistribusikan data kepada pengguna yang berwenang. Ketiga indikator ini menjadi tolok ukur utama keberhasilan penggolongan informasi, karena mencerminkan kemampuan organisasi dalam mengelola data secara efektif dan efisien. Jika penggolongan berjalan baik, informasi dapat digunakan secara optimal untuk mendukung pengambilan keputusan, meningkatkan produktivitas kerja, dan menjaga kualitas layanan organisasi terhadap para pemangku kepentingan.

Agar sistem penggolongan informasi tetap relevan, evaluasi berkala menjadi langkah yang tidak dapat diabaikan. Evaluasi dilakukan untuk menilai apakah struktur klasifikasi yang digunakan masih sesuai dengan kebutuhan organisasi, kebijakan baru, serta perkembangan teknologi informasi. Dalam praktiknya, evaluasi mencakup analisis terhadap efektivitas sistem, identifikasi kendala yang dihadapi, serta penyesuaian terhadap perubahan struktur organisasi atau jenis informasi yang dikelola (Taali et al., 2024). Proses ini biasanya dilakukan secara terjadwal, misalnya setiap enam bulan atau satu tahun, dengan melibatkan berbagai pihak seperti pengelola arsip, staf teknologi informasi, dan manajer unit kerja terkait. Hasil evaluasi kemudian digunakan untuk memperbarui kebijakan klasifikasi, memperbaiki kesalahan pengelompokan, serta meningkatkan sistem otomasi agar lebih adaptif. Dengan demikian, evaluasi bukan hanya sekadar penilaian administratif, tetapi merupakan upaya strategis untuk menjaga keberlanjutan sistem informasi yang efisien, akurat, dan sesuai dengan perkembangan zaman.

Selain berfungsi sebagai mekanisme pengawasan, proses evaluasi juga memastikan bahwa sistem penggolongan informasi tetap adaptif terhadap perubahan lingkungan informasi yang dinamis. Di era digital, volume dan jenis data terus berkembang pesat, sehingga struktur klasifikasi yang kaku dapat menjadi usang dan menghambat efektivitas organisasi. Oleh karena itu, hasil evaluasi sering kali menjadi dasar dalam melakukan inovasi, seperti penerapan sistem berbasis metadata, algoritma pembelajaran mesin untuk klasifikasi otomatis, atau integrasi dengan platform penyimpanan berbasis cloud. Evaluasi yang berkelanjutan juga membantu meningkatkan keamanan informasi, karena dapat mendeteksi kelemahan dalam pengendalian akses dan mencegah kebocoran data. Dengan sistem yang selalu diperbarui, organisasi tidak hanya mampu menjaga kualitas informasi, tetapi juga menunjukkan komitmen terhadap tata kelola data yang profesional, transparan, dan berorientasi pada peningkatan kinerja jangka panjang. Evaluasi yang baik menjadikan sistem penggolongan informasi bukan hanya relevan, tetapi juga berdaya saing di tengah perubahan teknologi yang cepat.

## KESIMPULAN

Penggolongan informasi merupakan inti dari manajemen pengetahuan yang bertujuan untuk menciptakan keteraturan, efisiensi, dan keandalan dalam pengelolaan data. Melalui proses klasifikasi yang sistematis, setiap informasi dapat diorganisasi berdasarkan karakteristik, relevansi, atau tingkat kepentingannya sehingga mudah diakses dan dimanfaatkan sesuai kebutuhan organisasi. Pendekatan ini tidak hanya menghindari tumpang-tindih dan redundansi data, tetapi juga mempercepat proses analisis dan pengambilan keputusan yang berbasis bukti. Prinsip sistematis menuntut adanya perencanaan yang matang, penentuan kriteria klasifikasi yang jelas, serta penyusunan hierarki data yang logis agar setiap informasi memiliki posisi dan hubungan yang terstruktur. Selain itu, penerapan konsistensi dalam penggolongan menjamin keseragaman pemahaman antar pengguna dan unit kerja, sehingga keandalan informasi dapat terjaga. Dengan sistem yang tertata dan berstandar, organisasi dapat meningkatkan efisiensi operasional, menjaga integritas arsip, serta menciptakan budaya kerja yang transparan dan akuntabel dalam pengelolaan data yang semakin kompleks.

Keberhasilan strategi penggolongan informasi dalam organisasi sangat bergantung pada kombinasi antara kebijakan, teknologi, dan kualitas sumber daya manusia. Kebijakan internal dan SOP menjadi dasar dalam mengatur setiap tahapan siklus informasi, mulai dari pengumpulan hingga distribusi data. Dukungan teknologi informasi seperti sistem basis data dan perangkat lunak manajemen arsip mempercepat proses klasifikasi sekaligus meningkatkan keamanan dan akurasi. Sementara itu, kompetensi sumber daya manusia berperan penting dalam menjaga konsistensi penerapan standar klasifikasi dan etika pengelolaan informasi. Untuk memastikan sistem tetap relevan, evaluasi berkala perlu dilakukan guna menyesuaikan struktur klasifikasi dengan perkembangan teknologi dan kebutuhan organisasi. Evaluasi ini juga menjadi dasar untuk inovasi, seperti integrasi sistem berbasis metadata atau algoritma klasifikasi otomatis. Dengan penerapan yang berkesinambungan, penggolongan informasi menjadi fondasi strategis dalam membangun tata kelola data yang profesional, adaptif, dan berorientasi pada peningkatan kinerja jangka panjang.

## DAFTAR PUSTAKA

Ammar, A. M. Z., Basyarudin, A. A., Awaliyah, F. N., & Hartanto, W. T. (2025). Literature Review: Peran Strategis Pemimpin dalam Menciptakan Budaya Kerja yang Progresif dan Berkelanjutan. *Eksekusi: Jurnal Ilmu Hukum Dan Administrasi Negara*, *3*(1), 95–111.

Andaryanto, A., Santoso, J. W., & Winarno, A. (2024). Prinsip dan Peran Logika sebagai Dasar Penalaran Ilmiah di Era Informasi. *Dewantara: Jurnal Pendidikan Sosial Humaniora*, *3*(4), 189–198.

Angin, J. T. K. P., Rianty, E., Tallulembang, T. M., Daru, A. F., Hoki, L., Hirzan, A. M., Juansa, A., Hendri, H., astuti Tarigan, F., & Susanto, S. (2025). *Pengantar Sistem Informasi: Konsep dan Pengembangan*. Star Digital Publishing.

Darmayasa, D., Lakadjo, M. A., Juasa, A., Rianty, E., Efitra, E., Wirautami, N. L. P., & Calam, A. (2025). *Pendidikan Di Era Digital: Tantangan Dan Peluang*. Henry Bennett Nelson.

DR HA Rusdiana, M. M. (2021). *Sistem informasi manajemen pendidikan: Konsep, prinsip, dan aplikasi*. Fitrah Ilhami.

Hendrawan, M. R., & Putra, P. (2022). *Integrasi Manajemen Pengetahuan dan Literasi Informasi: Pendekatan Konsep dan Praktik*. Universitas Brawijaya Press.

Hidayat, A. (2025). Strategi Penguatan Kompetensi Pelaku UMKM Syari'ah melalui Pendekatan Pengembangan Sumber Daya Manusia Berkelanjutan. *JURNAL BURHANI: Kajian Penelitian Hukum Dan Muamalah*, *5*(1), 1–9.

Indrayani, N., Rasyid, R., Judijanto, L., Syarifah, S., Zainuddin, N., Nilawati, Y. J., Difinubun, M. F., & Putra, B. P. P. (2025). *Sistem Informasi: Teori dan Implementasi Sistem Informasi di Berbagai Bidang*. PT. Sonpedia Publishing Indonesia.

Lubis, R. A., & Nasution, M. I. P. (2025). Penerapan Upaya Pengolahan

Kualitas Data Untuk Meningkatkan Informasi yang Konsisten. *Socius: Jurnal Penelitian Ilmu-Ilmu Sosial*, *2*(12).

Lubis, T., & Nasution, M. I. P. (2024). Peran Teknologi Informasi Dan Komunikasi Dalam Meningkatkan Efisiensi Sistem Pendukung Organisasi. *CEMERLANG: Jurnal Manajemen Dan Ekonomi Bisnis*, *4*(1), 83–89.

Marzuki, M., Ghifari, A., & Dirman, D. (2023). Relasi Antar Disiplin Ilmu: Paradigma Integrasi dan Interkoneksi (Transdisiplinaritas) Ilmu Pengetahuan dengan Pendidikan Islam. *Al-TA'DIB: Jurnal Kajian Ilmu Kependidikan*, 99–112.

Mursalin, M., Abd Rahman, A., & Natsir, N. (2024). Implementasi Sistem Informasi Manajemen Lingkungan Hidup Dalam Pengambilan Keputusan Berbasis Data di Indonesia. *Journal of Creative Student Research*, *2*(4), 213–221.

Nasrullah, M., & Ramadhan, R. (2025). *Dasar-Dasar Keamanan Informasi dan Siber Teori dan Praktik*. Deepublish.

Putra, H. A. (2024). Proses dari Fungsi Organisasi dalam Manajemen. *Dasar Administrasi Kesehatan*, 42.

Riski, R., Alhari, M. I., Istyanto, N. P., Rospricilia, T. A., Hidayat, A. A., & Nasution, A. H. (2025). *Dasar-dasar Pemodelan Proses Bisnis dalam Sistem Informasi*. Deepublish.

Susanto, A. (2021). *Filsafat ilmu: Suatu kajian dalam dimensi ontologis, epistemologis, dan aksiologis*. Bumi Aksara.

Taali, M., Darmawan, A., & Maduwinarti, A. (2024). *Teori dan Model Evaluasi Kebijakan: Kajian kebijakan kurikulum pendidikan*. PT. Sonpedia Publishing Indonesia.

# BAGIAN 2

# MEMBANGUN ARGUMEN YANG KOKOH

## DARI PERNYATAAN KE ARGUMEN: MENGANALISIS STRUKTUR PROPOSISI KATEGORIS (A, E, I, O).

*Oleh : Rohmatullah*

### PENDAHULUAN

Dalam logika dan filsafat, pemahaman mengenai struktur proposisi kategoris sangat penting untuk membangun argumen yang sah dan meyakinkan. Proposisi kategoris dibagi menjadi empat bentuk utama, yaitu A, E, I, dan O, yang merupakan dasar dari silogisme, sebuah alat penting dalam penyusunan argumen deduktif. Masing-masing bentuk proposisi ini memiliki cara penyajian informasi yang berbeda, yang memengaruhi bagaimana klaim disampaikan dan diterima. Pemahaman yang jelas tentang perbedaan ini membantu dalam menyusun argumen yang lebih terstruktur dan logis, sehingga kesimpulan yang ditarik bisa lebih valid dan dapat diterima secara rasional (Lubis et al., 2023).

Dengan memahami proposisi kategoris, seseorang akan lebih mudah membedakan antara klaim yang didasarkan pada logika yang tepat dan klaim yang mengandung kesalahan berpikir. Proposisi A, E, I, dan O tidak hanya digunakan dalam konteks teori logika, tetapi juga memiliki aplikasi luas dalam kehidupan sehari-hari, terutama dalam menganalisis argumen yang muncul di media atau dalam debat. Pemahaman yang mendalam tentang struktur proposisi ini memungkinkan individu untuk lebih kritis dalam mengevaluasi informasi yang diterima, serta menghindari kesalahan dalam penarikan kesimpulan yang dapat merusak kualitas argumen dan keputusan yang diambil (Adimassana, 2020).

Meskipun proposisi kategoris sering kali digunakan dalam penyusunan argumen logis, banyak orang yang masih kesulitan dalam membedakan dan mengidentifikasi struktur yang tepat dalam setiap proposisi. Banyak analisis argumen yang gagal mencapai kesimpulan yang valid karena kesalahan dalam memahami hubungan antar kategori dalam proposisi A, E, I, dan O. Permasalahan ini menjadi semakin kompleks karena sering kali pengajaran tentang logika dan analisis proposisi terbatas pada teori tanpa penerapan praktis yang mendalam. Selain itu, kurangnya pemahaman tentang bagaimana masing-masing proposisi tersebut dapat membentuk silogisme yang valid mengarah pada penarikan kesimpulan yang salah, yang pada akhirnya dapat mempengaruhi keputusan dan argumen dalam kehidupan sehari-hari (Imelda et al., 2024).

Proposisi kategoris adalah kalimat deklaratif yang menghubungkan dua kategori atau konsep, yang dapat berupa afirmasi atau negasi. Setiap proposisi kategoris dapat diklasifikasikan dalam salah satu dari empat bentuk: A (universal afirmatif), E (universal negatif), I (particular afirmatif), dan O (particular negatif). Bentuk-bentuk proposisi ini berbeda dalam hal ruang lingkupnya, apakah mereka mengklaim tentang semua anggota suatu kategori atau hanya sebagian saja. Pemahaman tentang proposisi A, E, I, dan O sangat penting dalam menganalisis dan membangun argumen yang koheren dan logis. Dalam bab ini, kita akan mengulas struktur dan ciri khas setiap proposisi, serta bagaimana mereka berfungsi dalam argumen logis yang lebih besar (Astanto & Andiani, 2024).

Bab ini akan dimulai dengan pembahasan dasar tentang apa itu proposisi kategoris dan mengapa pemahaman tentangnya sangat penting dalam menganalisis argumen. Selanjutnya, bab ini akan menguraikan masing-masing bentuk proposisi A, E, I, dan O beserta karakteristik dan contoh aplikasinya dalam argumen logis. Pembahasan ini akan dilanjutkan dengan penerapan proposisi kategoris dalam silogisme, serta bagaimana kesalahan dalam penggunaan proposisi dapat menyebabkan kegagalan dalam membangun argumen yang valid. Bab ini akan diakhiri dengan cara-cara untuk menghindari kesalahan dalam analisis proposisi, sehingga pembaca dapat lebih mahir dalam menyusun argumen yang rasional dan sah.

## PEMBAHASAN

### Struktur dan Karakteristik Proposisi Kategoris A, E, I, O

Proposisi kategoris terdiri dari empat jenis utama, yaitu A, E, I, dan O, yang masing-masing memiliki struktur yang berbeda dalam menyampaikan klaim. Proposisi A (universal afirmatif) mengklaim bahwa semua anggota suatu kategori memiliki sifat tertentu (Syahruddin et al., 2019). Contoh dari proposisi A adalah "Semua manusia adalah makhluk hidup," yang berarti bahwa setiap individu dalam kategori manusia memiliki sifat kehidupan. Sebaliknya, proposisi E (universal negatif) mengklaim bahwa tidak ada anggota kategori yang memiliki sifat tertentu. Sebagai contoh, "Tidak ada manusia yang tidak hidup" menyatakan bahwa sifat "tidak hidup" tidak berlaku pada kategori manusia, yang menjelaskan bahwa semua manusia adalah makhluk hidup.

Proposisi I (particular afirmatif) mengandung klaim yang lebih terbatas dibandingkan proposisi A. Proposisi ini menyatakan bahwa sebagian anggota kategori memiliki sifat tertentu. Misalnya, dalam proposisi I "Beberapa manusia adalah dokter," tidak semua manusia dianggap memiliki sifat sebagai dokter, hanya sebagian dari mereka yang memiliki profesi tersebut.

Sementara itu, proposisi O (particular negatif) menyatakan bahwa sebagian anggota kategori tidak memiliki sifat tertentu. Sebagai contoh, "Beberapa manusia bukan dokter" menunjukkan bahwa tidak semua orang dalam kategori manusia adalah dokter, hanya sebagian yang tidak memiliki profesi tersebut.

Setiap bentuk proposisi ini memiliki peran penting dalam analisis logika karena menentukan cara informasi dikomunikasikan. Perbedaan dalam ruang lingkup dan sifat klaim memengaruhi cara argumen dibangun dan bagaimana kesimpulan dapat ditarik dari premis-premis yang ada. Memahami karakteristik dan struktur masing-masing proposisi membantu kita untuk lebih jeli dalam mengidentifikasi klaim yang valid dan menilai kesahihan argumen yang dibangun di atasnya. Proposisi A, E, I, dan O tidak hanya penting dalam konteks teori logika, tetapi juga dalam pembentukan argumen sehari-hari, baik dalam percakapan informal maupun debat formal (Suhendra & van Eymeren, 2020).

**Hubungan Antar Proposisi dan Pengaruhnya dalam Silogisme**

Silogisme adalah bentuk argumen deduktif yang terdiri dari dua premis dan satu kesimpulan yang ditarik berdasarkan hubungan antara proposisi-proposisi kategoris. Setiap premis dalam silogisme dapat berupa salah satu dari empat bentuk proposisi kategoris: A, E, I, atau O. Hubungan antar proposisi kategoris ini sangat menentukan validitas silogisme yang dibangun. Misalnya, jika premis pertama adalah proposisi A (universal afirmatif), seperti "Semua manusia adalah makhluk hidup," dan premis kedua adalah proposisi E (universal negatif), seperti "Tidak ada manusia yang tidak hidup," maka kesimpulan yang ditarik harus memperhatikan interaksi antara kedua premis tersebut. Dalam hal ini, kesimpulannya bisa menjadi "Semua manusia adalah makhluk hidup," yang valid jika dilihat dari hubungan antara premis-premis tersebut (Fadli et al., 2022).

Pentingnya memahami hubungan antar proposisi kategoris terletak pada bagaimana kesimpulan dapat diambil dengan benar. Setiap proposisi memiliki implikasi tertentu ketika digabungkan dalam suatu silogisme. Misalnya, jika satu premis adalah proposisi I (particular afirmatif), seperti "Beberapa manusia adalah dokter," dan premis lainnya adalah proposisi O (particular negatif), seperti "Beberapa manusia bukan dokter," kesimpulan yang dihasilkan harus mengakomodasi ketidaksesuaian antara dua premis tersebut. Dalam hal ini, sangat mungkin kesimpulan yang dihasilkan tidak valid jika tidak memperhatikan jenis dan sifat proposisi yang digunakan (Degodona, 2023).

Dengan memahami bagaimana proposisi A, E, I, dan O berinteraksi dalam silogisme, kita dapat lebih mudah mengevaluasi apakah kesimpulan yang dihasilkan logis dan sah. Proposisi-proposisi ini tidak hanya berfungsi secara terpisah, tetapi saling terkait dalam membangun argumen yang valid. Oleh karena itu, mempelajari hubungan antar proposisi kategoris dan penerapannya dalam silogisme adalah langkah awal yang penting dalam mengevaluasi keabsahan argumen-argumen logis, baik dalam konteks teoretis maupun praktis.

**Kesalahan Umum dalam Penggunaan Proposisi Kategoris**

Dalam analisis argumen, seringkali ditemukan kesalahan dalam penggunaan proposisi kategoris yang dapat merusak validitas suatu kesimpulan. Salah satu kesalahan umum yang terjadi adalah kesalahan dalam memilih bentuk proposisi yang tepat. Misalnya, seseorang mungkin menggunakan proposisi A (universal afirmatif) untuk membuat klaim yang seharusnya menggunakan proposisi I (particular afirmatif). Kesalahan ini mengarah pada generalisasi yang tidak berdasar, yang dapat merusak logika argumen. Selain itu, kesalahan juga bisa terjadi dalam cara menghubungkan proposisi-proposisi dalam silogisme. Jika hubungan antar proposisi tidak tepat, maka kesimpulan yang dihasilkan bisa tidak valid, meskipun premis-premis yang digunakan sebenarnya benar (Fakih, 2024).

Kesalahan lain yang umum terjadi adalah kesalahan dalam menarik kesimpulan dari premis-premis negatif, seperti yang dikenal dengan istilah "affirmative conclusion from negative premises" (kesimpulan afirmatif dari premis negatif). Dalam silogisme yang melibatkan proposisi E (universal negatif) dan O (particular negatif), sering kali muncul kesalahan dalam menarik kesimpulan afirmatif. Sebagai contoh, premis E bisa menyatakan bahwa "Tidak ada manusia yang tidak hidup" dan premis O bisa mengatakan "Beberapa manusia bukan dokter." Meskipun kedua premis ini benar, kesimpulan afirmatif seperti "Semua manusia adalah dokter" akan jelas tidak sah. Oleh karena itu, pemahaman yang benar tentang hubungan antara proposisi-negatif dan proposisi-afirmatif sangat penting untuk menghindari kesalahan ini.

Untuk menghindari kesalahan-kesalahan tersebut, penting bagi pembaca untuk memahami prinsip dasar dalam penggunaan proposisi kategoris. Setiap bentuk proposisi A, E, I, dan O memiliki aturan dan interaksi tertentu yang harus dipahami dengan baik agar kesimpulan yang ditarik sah dan valid. Tanpa pemahaman yang tepat tentang struktur dan hubungan antar proposisi, seseorang akan rentan terjebak dalam kesalahan yang mengarah pada kesimpulan yang keliru, yang dapat merusak kekuatan argumen dalam analisis logika. Oleh karena itu, pengetahuan yang mendalam mengenai proposisi kategoris menjadi kunci dalam membangun argumen yang koheren dan valid (Sutisno, 2023).

**Aplikasi Proposisi Kategoris dalam Analisis Argumen Sehari-hari**

Proposisi kategoris memainkan peran penting dalam menganalisis argumen yang kita temui dalam kehidupan sehari-hari, baik itu melalui media, debat, atau percakapan biasa. Ketika kita mendengarkan klaim atau pernyataan, kita dapat menggunakan proposisi A, E, I, dan O untuk mengevaluasi sejauh mana klaim tersebut valid dan sah. Misalnya, dalam menghadapi klaim tentang suatu produk, seperti "Semua produk ini terbuat dari bahan alami" (proposisi A), kita bisa memverifikasi kebenarannya dengan menguji apakah klaim tersebut mencakup semua produk atau hanya sebagian. Begitu juga dengan klaim negatif, seperti "Tidak ada produk ini yang mengandung bahan kimia" (proposisi E), kita perlu memeriksa apakah klaim tersebut benar-benar berlaku untuk seluruh produk atau hanya untuk sebagian produk tertentu (Mulyana et al., 2025).

Selain itu, proposisi kategoris juga berguna dalam menganalisis argumen yang melibatkan klaim terbatas, seperti dalam proposisi I dan O. Sebagai contoh, dalam klaim seperti "Beberapa kebijakan ini menguntungkan masyarakat" (proposisi I), kita harus memahami bahwa klaim tersebut hanya berlaku untuk sebagian kebijakan dan tidak untuk semuanya. Dalam hal ini, kita harus kritis dalam mengevaluasi apakah klaim tersebut benar-benar merepresentasikan sebagian kebijakan atau jika hanya mencakup kebijakan tertentu saja. Proposisi O, seperti "Beberapa kebijakan tidak menguntungkan masyarakat" juga mengharuskan kita untuk menguji apakah klaim tersebut hanya berlaku pada beberapa kebijakan atau keseluruhan kebijakan (Mesah et al., 2024).

Dengan memahami bagaimana proposisi kategoris diterapkan dalam analisis argumen sehari-hari, kita dapat menjadi lebih kritis dalam menyaring informasi yang diterima. Ketika kita dapat membedakan antara klaim yang bersifat universal dan yang bersifat terbatas, atau yang afirmatif dan yang negatif, kita akan lebih mudah untuk membuat keputusan yang rasional. Oleh karena itu, penerapan proposisi kategoris tidak hanya memperkaya pemahaman logika, tetapi juga meningkatkan kemampuan kita dalam berpikir kritis dan membuat penilaian yang lebih baik terhadap argumen-argumen yang kita hadapi setiap hari (Wibowo, 2024).

## KESIMPULAN

Bab ini membahas empat proposisi kategoris, yaitu A, E, I, dan O, yang memiliki struktur berbeda dalam menyampaikan klaim. Proposisi A menyatakan bahwa semua anggota kategori memiliki sifat tertentu, sementara proposisi E menyatakan bahwa tidak ada anggota kategori yang memiliki sifat tersebut. Proposisi I dan O menghubungkan klaim terbatas pada sebagian anggota kategori. Selanjutnya, bab ini menjelaskan bagaimana proposisi kategoris digunakan dalam silogisme untuk menarik kesimpulan yang sah. Hubungan antar proposisi ini sangat penting untuk menentukan validitas silogisme. Selain itu, kesalahan umum dalam penggunaan proposisi, seperti kesalahan dalam menarik kesimpulan dari premis negatif, juga dibahas. Terakhir, aplikasi proposisi kategoris dalam kehidupan sehari-hari menunjukkan bagaimana pemahaman logika dapat membantu dalam menganalisis klaim dan argumen yang ditemui di media atau dalam percakapan.

Pemahaman tentang proposisi kategoris A, E, I, dan O sangat penting dalam membangun argumen yang valid dan sah. Setiap bentuk proposisi memiliki peran yang berbeda dalam menyusun klaim dan membentuk hubungan antar kategori. Kesalahan dalam menggunakan proposisi ini dapat menyebabkan argumen yang tidak sah, merusak logika, dan menghasilkan kesimpulan yang keliru. Oleh karena itu, penting untuk memahami dengan jelas bagaimana setiap proposisi digunakan dalam silogisme dan analisis argumen. Dengan pemahaman yang tepat, kita dapat membedakan argumen yang valid dari yang tidak sah, serta menghindari kesalahan logika yang dapat merusak kualitas analisis kita.

Penting untuk mengembangkan kemampuan berpikir kritis dalam menganalisis argumen yang kita hadapi setiap hari. Dengan memahami proposisi kategoris dan aplikasinya, kita dapat mengevaluasi klaim dengan lebih rasional dan logis, terutama dalam media dan debat publik. Setiap orang sebaiknya melatih diri untuk mengidentifikasi struktur proposisi dalam argumen yang ditemui, serta memahami interaksi antara premis-premis yang digunakan. Kemampuan ini tidak hanya akan memperbaiki cara kita dalam berpikir, tetapi juga membantu kita dalam membuat keputusan yang lebih tepat dan terhindar dari kesalahan berpikir yang sering terjadi dalam kehidupan sehari-hari.

## DAFTAR PUSTAKA

Adimassana, Y. B. (2020). *Logika Ilmu Berpikir Lurus*. Sanata Dharma University Press.

Astanto, S., & Andiani, S. (2024). *Dasar-Dasar Logika*. Bumi Aksara.

Degodona, L. P. (2023). *Filsafat Dan Logika*. Scopindo Media Pustaka.

Fadli, A. M. D., MH, M. W., & Arfah, J. (2022). *Filsafat ilmu dan logika*. Deepublish.

Fakih, M. A. (2024). *Kupas Tuntas Cacat Logika dan Sesat Pikir: Sebuah Pengantar Komprehensif untuk Pemula dan Umum*. IRCISOD.

Imelda, C., Ma'arij, A., Mangar, I., Hazmi, R. M., Sukmareni, S., Abidin, M. A., Indrayati, R., & Hidayah, A. (2024). *Logika dan Argumen Dalam Penalaran Hukum*. CV. Gita Lentera.

Lubis, N. S., Farleni, F., Juansah, D. E., & Nulhakim, L. (2023). A proposisi, logika dalam berpikir sebagai dasar penalaran ilmiah dalam menghasilkan pengetahuan baru. *Jurnal Filsafat Indonesia*, *6*(2), 276–

283.
Mesah, W., Darma, F. E., & Lawalata, M. (2024). Memahami Logika Berpikir Sebagai Landasan Membangun Argumentasi Yang Kuat. *Jurnal Teologi Injili Dan Pendidikan Agama*, *2*(3), 173–185.
Mulyana, H. A., WC, C., & Ht, C. H. C. (2025). *Critical Thinking: Menuju Berargumen Logis dan Terstruktur*. Goresan Pena.
Suhendra, H. J., & van Eymeren, M. (2020). *Logika Praktis untuk Komunikasi: Penalaran Kritis di Era Informasi*. Hegel Pustaka.
Sutisno, A. N. (2023). *Pengantar Logika: Edisi Revisi*. Penerbit K-Media.
Syahruddin, S., Sumadi, S., & Sunaryo, S. (2019). *Jenis Proposisi Dalam Karangan Argumentasi Siswa*. State University of Malang.
Wibowo, A. (2024). Kemampuan berpikir kritis. *Penerbit Yayasan Prima Agus Teknik*, 1–473.

# DUA JALAN MENUJU KESIMPULAN: MEMBEDAKAN DAN MENERAPKAN PENALARAN INDUKTIF DAN DEDUKTIF

*Oleh : Rudiyanto*

## PENDAHULUAN

Penalaran adalah proses mental yang memungkinkan kita untuk menarik kesimpulan berdasarkan informasi yang tersedia. Dalam kehidupan sehari-hari, kita sering dihadapkan pada berbagai situasi yang memerlukan pengambilan keputusan atau penarikan kesimpulan, baik itu dalam menghadapi masalah pribadi, pekerjaan, maupun hubungan sosial. Penalaran membantu kita untuk membuat pilihan yang lebih baik dan rasional. Proses berpikir ini, meskipun tampak sederhana, sebenarnya sangat kompleks dan melibatkan dua jenis penalaran utama, yaitu induktif dan deduktif, yang masing-masing memiliki karakteristik dan peran yang berbeda dalam menyusun argumen dan kesimpulan (Puling et al., 2024).

Banyak orang yang kesulitan membedakan penalaran induktif dan deduktif, sehingga dapat terjadi kebingungannya dalam proses pengambilan keputusan. Penalaran induktif berfokus pada generalisasi dari pengamatan atau data spesifik untuk menghasilkan kesimpulan yang lebih luas, sedangkan penalaran deduktif dimulai dari premis umum untuk menghasilkan kesimpulan yang lebih spesifik dan pasti. Pemahaman yang jelas tentang perbedaan antara kedua jenis penalaran ini akan sangat berguna dalam memperkaya kemampuan analisis dan penarikan kesimpulan yang tepat. Bab ini bertujuan untuk mengidentifikasi dan menjelaskan perbedaan mendasar antara keduanya serta memberikan panduan praktis dalam penerapannya di berbagai situasi kehidupan (Khanifah et al., 2024).

Meskipun penalaran induktif dan deduktif digunakan dalam kehidupan sehari-hari, sering kali sulit untuk membedakan keduanya secara jelas. Hal ini dapat mengarah pada kesalahan dalam penarikan kesimpulan, yang pada gilirannya mempengaruhi kualitas keputusan yang diambil. Penalaran induktif, yang berdasarkan pada generalisasi dari pengamatan atau fakta spesifik, sering disalahpahami sebagai penalaran deduktif yang lebih bersifat pasti dan berbasis pada premis yang lebih umum. Di sisi lain, penalaran deduktif yang lebih sistematis dan berbasis pada premis-premis yang telah diketahui bisa juga dipakai secara keliru seperti halnya penalaran induktif. Oleh karena itu, penting untuk memahami perbedaan mendasar antara kedua pendekatan penalaran ini agar kita bisa menggunakannya dengan lebih efektif dan tepat sasaran dalam membuat kesimpulan (Hidayatullah et al., 2024).

Penalaran induktif adalah proses penarikan kesimpulan yang dimulai dari fakta atau pengamatan spesifik yang kemudian digeneralisasi untuk menghasilkan kesimpulan yang lebih luas. Proses ini bersifat probabilistik, artinya kesimpulan yang ditarik tidak selalu pasti benar, tetapi memiliki kemungkinan besar untuk benar jika didasarkan pada bukti atau data yang ada. Penalaran induktif sering kali digunakan dalam situasi yang memerlukan penemuan pola atau tren baru, seperti dalam penelitian ilmiah atau analisis data. Meskipun hasilnya mungkin tidak selalu mutlak benar, penalaran induktif memungkinkan kita untuk membuat kesimpulan yang bermanfaat berdasarkan informasi yang terbatas (Saksitha, 2024).

Sebaliknya, penalaran deduktif dimulai dari premis-premis umum yang sudah diterima sebagai kebenaran, lalu digunakan untuk menarik kesimpulan yang lebih spesifik dan pasti. Dalam penalaran deduktif, jika premis-premis yang digunakan adalah benar, maka kesimpulan yang dihasilkan akan selalu benar. Pendekatan ini sering diterapkan dalam bidang-bidang yang mengutamakan kepastian, seperti logika, matematika, dan hukum. Meskipun penalaran deduktif menawarkan kepastian yang lebih tinggi, penerapannya juga bergantung pada kebenaran premis-premis yang digunakan. Kedua jenis penalaran ini memiliki kekuatan dan kelemahannya masing-masing, dan pemilihan antara keduanya tergantung pada konteks serta tujuan dari proses berpikir yang sedang dilakukan (Wibowo, 2022).

Bab ini akan dimulai dengan pembahasan mengenai perbedaan mendasar antara penalaran induktif dan deduktif. Kemudian, akan dibahas lebih dalam mengenai prinsip-prinsip dasar dari masing-masing jenis penalaran, serta contoh-contoh konkret yang menunjukkan penerapannya dalam kehidupan sehari-hari. Selanjutnya, bab ini akan membahas tentang situasi-situasi di mana masing-masing jenis penalaran lebih efektif digunakan. Terakhir, akan ada pembahasan mengenai bagaimana memanfaatkan kedua jenis penalaran ini secara bersamaan untuk mencapai kesimpulan yang lebih baik dalam konteks yang kompleks. Dengan memahami kedua jenis penalaran ini secara menyeluruh, diharapkan pembaca dapat meningkatkan kemampuan berpikir kritis dan analitis dalam menghadapi berbagai masalah.

## PEMBAHASAN

### Definisi dan Karakteristik Penalaran Induktif

Penalaran induktif adalah salah satu jenis penalaran yang berfokus pada penarikan kesimpulan dari data atau fakta-fakta spesifik menuju generalisasi yang lebih luas. Dalam proses ini, informasi yang diperoleh dari berbagai pengamatan atau eksperimen digunakan untuk menyusun kesimpulan yang bersifat probabilistik, bukan pasti. Dengan kata lain, meskipun kesimpulan yang diambil dapat sangat mungkin benar, penalaran induktif tidak memberikan kepastian mutlak karena bergantung pada kualitas dan jumlah data yang ada. Contoh paling sederhana dari penalaran induktif adalah pengamatan terhadap pola tertentu dalam fenomena yang terjadi. Misalnya, jika kita melihat bahwa setiap kali hujan, jalanan menjadi basah, kita dapat menarik kesimpulan induktif bahwa hujan menyebabkan jalanan basah (Wanji et al., 2025).

Karakteristik utama penalaran induktif terletak pada sifat probabilistik kesimpulannya. Artinya, semakin banyak data atau pengamatan yang digunakan, semakin kuat atau lebih mendekati benar kesimpulan yang ditarik. Kesimpulan induktif tetap tidak dapat dijamin kebenarannya 100%, karena ada kemungkinan bahwa data yang ada tidak mencakup seluruh situasi atau variabel yang relevan. Proses ini memerlukan evaluasi yang hati-hati terhadap data yang digunakan, serta pertimbangan terhadap kemungkinan adanya faktor-faktor luar yang dapat mempengaruhi hasil. Semakin bervariasi data yang dikumpulkan, semakin luas pula generalisasi yang dapat dihasilkan (Zaskia et al., 2024).

Dalam kehidupan sehari-hari, penalaran induktif banyak diterapkan dalam pengambilan keputusan berbasis data dan penelitian. Misalnya, dalam dunia riset, peneliti sering menggunakan penalaran induktif untuk mengembangkan teori atau hipotesis baru berdasarkan pengamatan terhadap fenomena yang ada. Penalaran ini juga banyak digunakan dalam analisis data statistik, di mana pola atau tren tertentu ditemukan dan digunakan untuk membuat prediksi atau keputusan. Dalam konteks bisnis, perusahaan sering memanfaatkan penalaran induktif untuk memahami perilaku pelanggan berdasarkan data penjualan atau preferensi produk yang terkumpul. Dengan demikian, penalaran induktif memungkinkan kita untuk membuat keputusan yang informasional meskipun dengan ketidakpastian yang melekat pada data yang ada (Bahtiar et al., 2025).

**Definisi dan Karakteristik Penalaran Deduktif**

Penalaran deduktif merupakan kebalikan dari penalaran induktif, di mana prosesnya dimulai dengan premis-premis umum yang dianggap benar dan kemudian digunakan untuk menarik kesimpulan yang lebih spesifik dan pasti. Dalam penalaran deduktif, jika premis-premis yang digunakan adalah benar, maka kesimpulan yang diambil juga harus benar. Dengan kata lain, penalaran ini menawarkan kepastian yang lebih tinggi dibandingkan penalaran induktif, karena tidak bergantung pada probabilitas, melainkan pada validitas logis dari premis-premis yang digunakan. Penalaran deduktif seringkali digunakan dalam situasi yang memerlukan kepastian, seperti dalam hukum, matematika, dan logika formal (Wiranto, 2024).

Ciri khas dari penalaran deduktif adalah kejelasan dan ketepatan kesimpulannya. Jika premis-premis yang digunakan sudah terbukti kebenarannya, maka kesimpulan yang ditarik pun akan selalu benar, memberikan kepastian yang tinggi dalam proses berpikir. Proses ini melibatkan hubungan yang jelas antara premis dan kesimpulan yang mengikuti secara logis. Sebagai contoh, dalam logika formal, jika diketahui bahwa semua manusia adalah makhluk hidup dan bahwa Sokrates adalah manusia, maka kesimpulannya adalah Sokrates adalah makhluk hidup. Dengan demikian, penalaran deduktif sering digunakan dalam bidang yang mengutamakan kepastian dan tidak memperbolehkan adanya kesalahan dalam penarikan kesimpulan (Imelda et al., 2024).

Penalaran deduktif juga banyak diterapkan dalam berbagai disiplin ilmu, terutama yang membutuhkan struktur logis yang ketat. Dalam ilmu matematika, misalnya, teorema-teorema dibuktikan melalui langkah-langkah deduktif yang dimulai dari postulat atau aksioma yang diterima secara umum. Dalam bidang hukum, penalaran deduktif digunakan untuk menarik kesimpulan dari peraturan atau hukum yang ada, yang kemudian diterapkan pada kasus-kasus spesifik. Di bidang sains, penalaran deduktif juga diterapkan untuk merumuskan hipotesis berdasarkan teori-teori yang telah mapan, dan kemudian mengujinya melalui eksperimen atau observasi. Oleh karena itu, penalaran deduktif sangat berguna dalam situasi yang membutuhkan analisis sistematis dan konklusif (Darmayanti & Widodo, 2024).

**Perbandingan Penalaran Induktif dan Deduktif**

Perbandingan antara penalaran induktif dan deduktif sangat penting untuk memahami kapan dan bagaimana masing-masing jenis penalaran ini harus digunakan. Kedua pendekatan ini memiliki cara kerja yang berbeda. Penalaran induktif dimulai dengan data atau fakta spesifik yang dikumpulkan dari pengamatan, yang kemudian digunakan untuk membentuk generalisasi atau pola yang lebih luas. Sebaliknya, penalaran deduktif dimulai dengan premis umum yang sudah diterima sebagai benar dan digunakan untuk menarik kesimpulan yang lebih spesifik. Oleh karena itu, penalaran induktif lebih bersifat eksploratif, sementara penalaran deduktif lebih bersifat konklusif dan sistematis.

Dari segi tujuan, penalaran induktif bertujuan untuk menemukan pola atau tren baru yang dapat digunakan untuk memperkirakan kejadian-kejadian yang akan datang, sedangkan penalaran deduktif bertujuan untuk menghasilkan kesimpulan yang pasti berdasarkan premis yang sudah diketahui kebenarannya. Penalaran induktif sering digunakan dalam riset ilmiah untuk mengembangkan teori atau hipotesis, sedangkan penalaran deduktif lebih banyak diterapkan dalam situasi yang membutuhkan validitas atau kepastian kesimpulan, seperti dalam hukum dan matematika. Meskipun keduanya memiliki tujuan yang berbeda, keduanya sama-sama penting dalam membangun argumentasi dan pengambilan keputusan yang logis (Roesminingsih et al., 2024).

Tingkat kepastian hasil yang dihasilkan dari kedua jenis penalaran ini juga berbeda. Penalaran induktif menghasilkan kesimpulan yang bersifat probabilistik, yang berarti kesimpulan tersebut memiliki kemungkinan besar untuk benar, tetapi tidak dapat dijamin kebenarannya secara mutlak. Sebaliknya, penalaran deduktif menghasilkan kesimpulan yang pasti, selama premis-premis yang digunakan memang benar. Kelemahan penalaran induktif terletak pada ketidakpastian yang bisa muncul akibat kurangnya data atau adanya faktor yang tidak terduga. Sementara itu, penalaran deduktif dapat kalah kuat jika premis-premis yang digunakan ternyata salah atau tidak lengkap. Oleh karena itu, pemahaman yang baik mengenai perbedaan ini akan membantu pembaca dalam memilih pendekatan yang tepat sesuai dengan kebutuhan analisis dan pengambilan keputusan yang dihadapi (Suhendra & van Eymeren, 2020).

**Penerapan Penalaran Induktif dan Deduktif dalam Pengambilan Keputusan**

Penalaran induktif sering digunakan dalam pengambilan keputusan yang melibatkan data yang banyak dan bervariasi, terutama ketika kita ingin memahami pola atau tren yang muncul dari fenomena tertentu. Dalam konteks bisnis, misalnya, perusahaan sering menggunakan penalaran induktif untuk menganalisis data pelanggan, tren pasar, atau perilaku konsumen. Berdasarkan pengamatan terhadap data tersebut, perusahaan dapat menarik kesimpulan yang membantu dalam merumuskan strategi pemasaran atau mengidentifikasi peluang bisnis baru. Penggunaan penalaran induktif memungkinkan perusahaan untuk membuat prediksi yang informasional, meskipun tetap ada ketidakpastian terkait hasil yang akan datang. Oleh karena itu, keputusan yang diambil berdasarkan penalaran induktif sering kali lebih bersifat probabilistik dan mengandalkan kemungkinan besar daripada kepastian mutlak (Melkisedek et al., 2024).

Sebaliknya, penalaran deduktif digunakan ketika keputusan yang diambil membutuhkan kepastian yang lebih tinggi dan berfokus pada hubungan yang jelas antara premis dan kesimpulan. Dalam dunia hukum, misalnya, penalaran deduktif digunakan untuk menarik kesimpulan berdasarkan peraturan atau hukum yang berlaku. Jika suatu peraturan umum diterima sebagai dasar yang sah, maka penalaran deduktif akan digunakan untuk menerapkannya pada kasus spesifik, sehingga menghasilkan keputusan yang pasti dan dapat dipertanggungjawabkan. Dalam bisnis, penalaran deduktif dapat digunakan untuk membuat keputusan berdasarkan prinsip-prinsip dasar yang telah terbukti dan kebijakan yang ada. Keputusan yang dihasilkan dari penalaran deduktif lebih bersifat logis dan berdasarkan pada premis yang sudah diketahui atau diterima kebenarannya (Mulyono, 2020).

Penerapan penalaran induktif juga sangat penting dalam ilmu sosial, seperti dalam penelitian sosial atau psikologi, di mana pengambilan keputusan sering melibatkan pengamatan terhadap perilaku individu atau kelompok. Peneliti menggunakan penalaran induktif untuk menarik generalisasi dari data yang dikumpulkan, seperti pola komunikasi, interaksi sosial, atau respon terhadap stimulus tertentu. Hasil pengamatan ini kemudian digunakan untuk mengembangkan teori atau hipotesis yang dapat diuji lebih lanjut. Oleh karena itu, penalaran induktif dalam konteks ini membantu para peneliti untuk membuat keputusan berbasis data yang lebih mendalam, meskipun hasilnya tidak dapat dijamin pasti (Faisal et al., 2024).

Di sisi lain, penalaran deduktif lebih sering diterapkan dalam ilmu alam, seperti fisika atau biologi, di mana hukum-hukum alam yang sudah mapan digunakan untuk menarik kesimpulan dari pengamatan atau eksperimen. Misalnya, dalam eksperimen ilmiah, peneliti dapat menggunakan prinsip-prinsip ilmiah yang sudah terbukti untuk membuat prediksi tentang fenomena yang akan diamati. Jika eksperimen menunjukkan hasil yang sesuai dengan prediksi, maka penalaran deduktif dapat memperkuat teori yang ada. Dengan demikian, penerapan penalaran deduktif dalam ilmu alam memberikan kepastian yang lebih tinggi dalam pengambilan keputusan, karena didasarkan pada prinsip-prinsip yang sudah terbukti dan berlaku secara universal (Russel Butarbutar & ST, 2023).

## KESIMPULAN

Penalaran induktif dan deduktif memiliki perbedaan signifikan. Penalaran induktif dimulai dengan data spesifik untuk membentuk generalisasi, sementara deduktif dimulai dengan premis umum untuk mencapai kesimpulan pasti. Penalaran induktif memberikan kesimpulan probabilistik, sedangkan deduktif memberikan kepastian jika premis benar. Keduanya digunakan dalam konteks yang berbeda induktif lebih cocok untuk prediksi dan teori, sedangkan deduktif untuk keputusan yang memerlukan kepastian. Memahami perbedaan ini memungkinkan penerapan penalaran yang lebih efektif sesuai tujuan dan situasi.

Memahami perbedaan antara penalaran induktif dan deduktif penting untuk pengambilan keputusan yang lebih baik. Penalaran induktif berguna untuk menyusun teori dan prediksi berdasarkan data, sementara penalaran deduktif memastikan kesimpulan yang lebih pasti berdasarkan premis yang benar. Keduanya saling melengkapi dan dapat digunakan bersama-sama untuk meningkatkan akurasi dalam berpikir kritis dan menyelesaikan masalah. Dengan pemahaman ini, kita dapat memilih pendekatan penalaran yang lebih tepat sesuai dengan kebutuhan dan tujuan yang dihadapi.

Menguasai penalaran induktif dan deduktif akan meningkatkan kemampuan berpikir logis dan pengambilan keputusan. Penalaran induktif membantu kita untuk menggali wawasan baru, sementara deduktif memastikan bahwa kesimpulan yang diambil tepat dan logis. Oleh karena itu, mari kita praktikkan kedua jenis penalaran ini dalam kehidupan sehari-hari untuk membuat keputusan yang lebih baik. Terus latih kemampuan berpikir kritis untuk dapat menanggapi tantangan dengan solusi yang lebih rasional dan berbasis bukti.

## DAFTAR PUSTAKA

Bahtiar, M. R., Nugraha, A. K., Munggaran, M. D., Irfansah, M. R., Filiadipura, R., & Nur, A. (2025). Teori Sebagai Landasan Ilmiah: Bahasa, Penalaran, Justifikasi, Penjelasan, Dan Pengujian. *Journal ANC*, *1*(3), 306–317.

Darmayanti, R., & Widodo, J. (2024). *Filsafat dan Teori Pendidikan: Pembelajaran Matematika untuk Berfkir Kritis dan Kreatif.* Penerbit Adab.

Faisal, A., Hartini, H., Kusumastuti, S. Y., Nurhayati, N., & Rahayu, D. H. (2024). *Buku Referensi Metodologi Penelitian Bidang Sosial: Panduan dan Teori Komprehensif terhadap Metodologi Penelitian Bidang Sosial*. PT. Sonpedia Publishing Indonesia.

Hidayatullah, M. S., Dewi, R. S., Thaibah, H., Larasaty, I., Simanjuntak, R., & Anggraini, M. (2024). *Mengukur dan Memahami Penalaran.* Komojoyo Press.

Imelda, C., Ma'arij, A., Mangar, I., Hazmi, R. M., Sukmareni, S., Abidin, M. A., Indrayati, R., & Hidayah, A. (2024). *Logika dan Argumen Dalam Penalaran Hukum*. CV. Gita Lentera.

Khanifah, N., Kamilah, I. F., & Faizin, M. (2024). Teknik Berpikir Tingkat Tinggi Melalui Logika Induktif Dan Deduktif Perspektif Aristoteles. *Jurnal Genta Mulia*, *15*(1), 131–145.

Melkisedek, M., Lestari, N., Dedi, D., & Lawalata, M. (2024). Tinjauan mendalam terhadap peran logika dalam pemikiran dan penalaran manusia. *Sinar Kasih: Jurnal Pendidikan Agama Dan Filsafat*, *2*(2), 1–17.

Mulyono, A. T. (2020). Penalaran Deduktif: Menangkal Carut Marut Budaya Post-Truth? *Menemukan Kebenaran Hukum Dalam Era Post-Truth*, 281.

Puling, H., Manilang, E., & Lawalata, M. (2024). Logika dan Berpikir Kritis: Hubungan dan Dampak Dalam Pengambilan Keputusan. *Sinar Kasih: Jurnal Pendidikan Agama Dan Filsafat*, *2*(2), 164–173.

Roesminingsih, M. V., Widyaswari, M., Rosyanafi, R. J., & Zakariyah, F. (2024). *Metodologi penelitian kuantitatif.* Bayfa Cendekia Indonesia.

Russel Butarbutar, S. H., & ST, M. H. (2023). *Penelitian Hukum Suatu Metode, Keterhubungan Filsafat, Teori Hukum Dengan Analisis & Penulisannya*. Mega Press Nusantara.

Saksitha, D. A. (2024). Penalaran Dalam Penelitian Pendidikan Islam. *IHSAN: Jurnal Pendidikan Islam*, *2*(3), 133–142.

Suhendra, H. J., & van Eymeren, M. (2020). *Logika Praktis untuk Komunikasi: Penalaran Kritis di Era Informasi*. Hegel Pustaka.

Wanji, M., Firmansyah, M., Gulo, D. R. S. B., Azzahra, Z. N., & Mujiatun, S. (2025). Penerapan Metode Deduktif dan Induktif dalam Manajemen. *Jurnal Manajemen Dan Pendidikan Agama Islam*, *3*(2), 239–250.

Wibowo, A. (2022). Ketrampilan Penalaran Deduktif (Deductive reasoning skills). *Penerbit Yayasan Prima Agus Teknik*, 1–176.

Wiranto, W. (2024). Logika, Penalaran, Dan Argumentasi Hukum. *Jurnal Budi Pekerti Agama Kristen Dan Katolik*, *2*(2), 132–145.

Zaskia, H., Anisya, S., & Rahmadeni, F. (2024). *Analisis Kemampuan Berpikir Metafora Siswa Ditinjau dari Kemampuan Penalaran Deduktif dan Induktif Matematis Siswa*. Institut Agama Islam Negeri (IAIN) Curup.

# SENI MENYIMPULKAN: MENGUASAI TEKNIK PENYIMPULAN LANGSUNG MELALUI OPOSISI DAN KONVERSI

*Oleh : Indra Dwi Kurniawan*

## PENDAHULUAN

Penyimpulan adalah salah satu aspek penting dalam berpikir logis dan argumentatif. Kemampuan untuk menyimpulkan dengan tepat sangat mempengaruhi cara kita memahami informasi dan mengambil keputusan dalam kehidupan sehari-hari. Penyimpulan yang baik memungkinkan kita untuk menarik kesimpulan yang valid berdasarkan bukti dan argumen yang ada. Meskipun penyimpulan tampak sederhana, teknik yang digunakan dalam proses ini sangat beragam dan membutuhkan pemahaman yang mendalam untuk mencapai kesimpulan yang tepat. Salah satu teknik yang sering digunakan adalah penyimpulan langsung melalui oposisi dan konversi, yang memungkinkan kita untuk membangun argumen yang lebih kuat (Mesah et al., 2024).

Teknik penyimpulan langsung melalui oposisi dan konversi tidak hanya penting dalam logika formal, tetapi juga dalam pembentukan argumen yang valid dalam berbagai konteks, baik dalam diskusi sehari-hari maupun analisis akademis. Menguasai teknik-teknik ini dapat memberikan manfaat besar bagi siapa pun yang ingin meningkatkan kemampuan berpikir kritis dan logis. Dengan memahami cara kerja oposisi dan konversi, seseorang dapat lebih mudah mengevaluasi argumen, mengidentifikasi kesalahan logika, dan membangun kesimpulan yang lebih akurat. Oleh karena itu, keterampilan dalam teknik penyimpulan langsung ini sangat berharga dalam meningkatkan kualitas berpikir dan pengambilan keputusan (Pratikno et al., 2024).

Meskipun teknik penyimpulan langsung melalui oposisi dan konversi telah diajarkan dalam banyak sumber belajar logika, pemahaman dan penerapannya dalam konteks praktis sering kali terabaikan. Banyak individu merasa kesulitan dalam menerapkan teknik ini dengan benar, terutama dalam situasi yang lebih kompleks seperti analisis argumen di media sosial atau diskusi akademis. Salah satu tantangan utama adalah kurangnya pemahaman yang mendalam tentang bagaimana kedua teknik ini bekerja dalam menyusun kesimpulan yang sah. Oleh karena itu, penting untuk menggali lebih dalam mengenai cara teknik-teknik ini dapat diaplikasikan secara efektif, serta mengenali potensi kesalahan yang sering terjadi dalam penggunaannya (Nadawina et al., 2025).

Teknik penyimpulan langsung melalui oposisi dan konversi merujuk pada dua metode logika yang digunakan untuk menarik kesimpulan dari premis yang ada. Oposisi melibatkan hubungan antara dua proposisi yang saling bertentangan, sementara konversi mengubah posisi subjek dan predikat dalam suatu proposisi untuk menciptakan proposisi baru yang ekuivalen. Keduanya merupakan bagian dari proses deduktif yang bertujuan menghasilkan kesimpulan yang sah dan benar berdasarkan premis-premis yang ada. Pemahaman terhadap kedua konsep ini sangat penting untuk menghindari kesalahan logis dan untuk memastikan bahwa kesimpulan yang diambil dapat dipertanggungjawabkan secara logis (Aizid, 2024).

Bab ini akan mengupas secara mendalam mengenai teknik penyimpulan langsung melalui oposisi dan konversi. Dimulai dengan pemahaman dasar tentang kedua konsep ini, bab ini akan menyajikan cara-cara untuk menerapkannya dalam berbagai konteks logika dan argumen. Selanjutnya, akan dijelaskan langkah-langkah praktis untuk mengidentifikasi oposisi dalam proposisi dan melakukan konversi dengan benar. Bab ini juga akan mencakup contoh-contoh aplikasi dalam kehidupan nyata serta tips untuk menghindari kesalahan umum yang sering terjadi dalam penyimpulan langsung. Di akhir bab, pembaca diharapkan dapat menguasai teknik-teknik ini dan menggunakannya secara efektif dalam berbagai situasi berpikir kritis dan argumentasi.

## PEMBAHASAN

### Penyimpulan Langsung melalui Oposisi

Penyimpulan langsung melalui oposisi merupakan teknik logika yang digunakan untuk mengidentifikasi dan menganalisis hubungan antara dua proposisi yang bertentangan satu sama lain. Teknik ini sangat berguna dalam menilai validitas argumen yang melibatkan proposisi-proposisi yang memiliki hubungan berlawanan, seperti dalam oposisi kontradiksi atau oposisi yang saling bertentangan. Dalam logika klasik, terdapat beberapa jenis oposisi yang harus dipahami untuk dapat menerapkan teknik ini dengan tepat. Di antaranya adalah oposisi konversi, kontradiksi, konversi negatif, dan konversi yang tidak lengkap. Masing-masing jenis oposisi ini memiliki aturan yang berbeda dan cara penyimpulannya yang unik, sehingga pemahaman yang mendalam akan mempermudah seseorang dalam membuat kesimpulan yang sah (Agustian et al., 2025).

Salah satu bentuk oposisi yang paling sering digunakan dalam logika adalah oposisi kontradiksi. Dalam hal ini, dua proposisi yang saling bertentangan tidak mungkin keduanya benar. Misalnya, jika premis pertama menyatakan bahwa "semua A adalah B," maka premis kedua yang bertentangan akan berbunyi "beberapa A bukan B." Secara logis, kedua proposisi ini tidak dapat berdiri bersama karena keduanya saling bertentangan. Dengan menggunakan oposisi kontradiksi, kita dapat dengan jelas menyimpulkan bahwa premis kedua tidak dapat benar jika premis pertama sudah terbukti sah. Oleh karena itu, oposisi kontradiksi memberikan cara yang sangat efektif untuk mengidentifikasi kesalahan dalam argumen atau kesimpulan yang mungkin tidak sah (Saleh, 2019).

Selain itu, memahami berbagai jenis oposisi ini juga membantu dalam menyusun argumen yang lebih kuat dan terstruktur. Dalam konteks debat atau analisis kritis, kemampuan untuk mengenali oposisi antara proposisi memungkinkan seseorang untuk lebih cepat mengidentifikasi kelemahan dalam argumen lawan atau dalam pemikiran pribadi. Hal ini tidak hanya penting dalam dunia akademis tetapi juga dalam situasi sehari-hari, seperti diskusi politik, sosial, atau bahkan dalam pengambilan keputusan pribadi. Dengan menerapkan oposisi secara tepat, kita dapat menghasilkan kesimpulan yang lebih logis dan menghindari kesalahan berpikir yang bisa menyebabkan argumen menjadi lemah atau tidak berdasar (Wibowo, 2024).

**Teknik Konversi dalam Penyimpulan Langsung**

Teknik konversi adalah salah satu metode dalam logika yang digunakan untuk menghasilkan proposisi baru dengan cara menukar posisi antara subjek dan predikat dalam suatu proposisi. Konversi bertujuan untuk menggali hubungan lebih dalam antara dua ide atau konsep yang tampaknya saling terkait, namun memiliki implikasi yang berbeda ketika disusun ulang. Dalam logika, konversi digunakan untuk mencari keterkaitan yang lebih luas dan memperkaya pemahaman terhadap proposisi yang ada. Meskipun teknik ini sering digunakan, penerapan konversi harus dilakukan dengan hati-hati, karena kesalahan dalam menukar subjek dan predikat bisa menyebabkan kesimpulan yang tidak valid (Aditya, 2022).

Sebagai contoh, jika kita memiliki proposisi "semua manusia adalah makhluk hidup," konversinya akan menjadi "semua makhluk hidup adalah manusia." Secara logis, proposisi yang kedua ini tidak selalu benar, karena makhluk hidup lainnya selain manusia (seperti hewan dan tumbuhan) juga termasuk dalam kategori makhluk hidup. Oleh karena itu, konversi tidak selalu menghasilkan proposisi yang ekuivalen atau sah. Penerapan konversi harus didasarkan pada pemahaman yang mendalam terhadap proposisi yang dikonversi, agar tidak menghasilkan kesalahan logika atau kesimpulan yang keliru. Hal ini menunjukkan pentingnya pemahaman yang lebih mendalam tentang struktur proposisi sebelum melakukan konversi (Fakih, 2024).

Konversi juga bisa diterapkan dalam berbagai konteks untuk memperjelas hubungan antara proposisi yang berbeda, asalkan dilakukan dengan hati-hati dan dengan memeriksa validitasnya. Dalam beberapa situasi, teknik ini dapat membuka perspektif baru dalam analisis argumen atau teori, tetapi penerapan yang ceroboh bisa berujung pada kesalahan yang merugikan. Oleh karena itu, dalam menggunakan konversi, perlu diperhatikan prinsip dasar dari masing-masing proposisi agar hasil konversi tetap sah dan relevan dalam konteks yang lebih luas. Dengan begitu, konversi menjadi alat yang efektif dalam memperkaya analisis logika, namun membutuhkan kewaspadaan agar tidak terjadi distorsi dalam pemahaman (Tjahyadi, 2024).

**Kesalahan Umum dalam Oposisi dan Konversi**

Meskipun oposisi dan konversi adalah teknik logika yang bermanfaat dalam penyimpulan langsung, kesalahan umum sering terjadi dalam penggunaannya. Salah satu kesalahan utama adalah ketidakmampuan untuk membedakan jenis oposisi yang berlaku dalam dua proposisi yang bertentangan. Misalnya, banyak orang salah mengidentifikasi oposisi kontradiksi dengan oposisi konversi negatif, yang dapat menghasilkan kesimpulan yang tidak sah. Oposisi kontradiksi terjadi ketika dua proposisi yang bertentangan tidak mungkin benar sekaligus, sementara konversi negatif melibatkan perubahan pada hubungan antar proposisi dengan cara yang tidak selalu mengarah pada kontradiksi langsung. Tanpa pemahaman yang tepat tentang perbedaan ini, seseorang bisa mengambil kesimpulan yang keliru dan merusak validitas argumentasi yang diajukan (Astanto & Andiani, 2024).

Selain itu, kesalahan dalam teknik konversi juga sering ditemui, terutama ketika proposisi dikonversi secara sembarangan tanpa memperhatikan aturan dasar logika yang berlaku. Hal ini sering terjadi pada proposisi yang bersifat universalis, seperti "semua A adalah B," yang tidak dapat dengan mudah dibalik menjadi "semua B adalah A" tanpa mengubah makna proposisi tersebut. Konversi semacam ini bisa menyebabkan perubahan dalam esensi dari proposisi yang asalnya sah menjadi tidak valid setelah dikonversi. Oleh karena itu, sangat penting untuk memahami dengan seksama struktur dari proposisi yang akan dikonversi, sehingga kesalahan yang dapat merusak logika argumen tidak terjadi.

Penting untuk diingat bahwa baik dalam oposisi maupun konversi, pemahaman yang mendalam tentang prinsip dasar logika sangat diperlukan untuk menghindari kesalahan yang dapat merusak kualitas argumen. Kesalahan dalam penerapan kedua teknik ini dapat menyebabkan kesimpulan yang salah, yang pada akhirnya mengurangi kekuatan argumen yang dibangun. Oleh karena itu, sebelum menggunakan teknik oposisi atau konversi, seseorang harus memastikan bahwa mereka telah memahami aturan-aturan logis yang mendasarinya dan dapat membedakan dengan jelas antara berbagai jenis oposisi dan bentuk konversi yang sah. Pemahaman ini akan meningkatkan kemampuan untuk menyusun argumen yang valid dan menghindari jebakan logika yang umum terjadi (Puling et al., 2024).

**Penerapan Oposisi dan Konversi dalam Kehidupan Sehari-hari**

Teknik penyimpulan langsung melalui oposisi dan konversi memiliki banyak aplikasi yang berguna di luar konteks akademis atau debat formal, dan dapat diterapkan dalam kehidupan sehari-hari untuk meningkatkan kemampuan berpikir kritis. Misalnya, di media sosial atau dalam diskusi publik, kemampuan untuk mengenali oposisi yang jelas antara proposisi dapat membantu seseorang untuk mengidentifikasi argumen yang lemah atau tidak valid. Dengan menguasai teknik oposisi, kita dapat dengan mudah menemukan proposisi yang saling bertentangan dalam argumen dan menilai mana yang lebih logis atau sah. Teknik ini juga memungkinkan untuk membongkar dan menganalisis asumsi yang mendasari berbagai pernyataan, yang sangat berguna dalam diskusi sehari-hari, khususnya di dunia yang penuh informasi seperti sekarang (Walenta et al., 2024).

Selain itu, teknik konversi dapat memperkaya cara berpikir dan membangun argumen yang lebih kompleks dengan mengubah perspektif atau sudut pandang. Misalnya, konversi dapat membantu seseorang untuk memperjelas hubungan antara dua ide atau konsep yang tampaknya serupa namun memiliki implikasi yang berbeda. Dengan kemampuan untuk mengonversi proposisi secara tepat, seseorang dapat melihat suatu masalah dari berbagai sisi, yang membantu membangun argumen yang lebih kuat dan lebih terstruktur. Ini sangat berguna dalam berbagai situasi, baik dalam percakapan pribadi, pengambilan keputusan, maupun dalam penyusunan kebijakan yang membutuhkan analisis logis (Ismaimuza, 2025).

Contoh penerapan teknik ini bisa dilihat dalam diskusi mengenai kebijakan publik, seperti pajak kendaraan pribadi. Misalnya, jika suatu kebijakan menyatakan "semua kendaraan pribadi harus membayar pajak lebih tinggi," konversi dari proposisi ini akan menghasilkan pernyataan baru, seperti "semua pembayar pajak yang lebih tinggi adalah pemilik kendaraan pribadi." Dengan mengonversi proposisi tersebut, kita bisa menggali lebih dalam implikasi dari kebijakan tersebut dan mengeksplorasi apakah kebijakan itu benar-benar adil atau perlu ada pertimbangan lebih lanjut. Teknik ini memungkinkan analisis yang lebih tajam dan pemikiran yang lebih kritis terhadap isu-isu yang lebih kompleks, sehingga meningkatkan kualitas argumen yang diajukan dalam perdebatan publik atau pengambilan keputusan pribadi (Adiputra & Hidayah, 2025).

## KESIMPULAN

Penyimpulan langsung melalui oposisi dan konversi adalah teknik logika yang penting untuk membangun argumen yang sah. Oposisi membantu kita mengidentifikasi proposisi yang bertentangan, sedangkan konversi mengubah posisi subjek dan predikat untuk menghasilkan proposisi ekuivalen. Kedua teknik ini memperkuat kemampuan berpikir kritis dan analitis. Namun, penerapan yang keliru, seperti salah menilai jenis oposisi atau konversi, dapat merusak validitas argumen dan menyebabkan kesimpulan yang salah. Oleh karena itu, pemahaman mendalam tentang prinsip dasar logika sangat diperlukan agar teknik ini diterapkan dengan tepat.

Teknik oposisi dan konversi tidak hanya berguna dalam konteks akademis, tetapi juga dalam kehidupan sehari-hari, seperti dalam diskusi atau pengambilan keputusan. Dengan menguasai teknik ini, kita dapat membangun argumen yang lebih kuat, mengidentifikasi kesalahan dalam argumen lawan, dan memperjelas hubungan antara ide yang berbeda. Hal ini memungkinkan analisis yang lebih tajam terhadap berbagai isu dan meningkatkan kualitas berpikir kritis. Oleh karena itu, penguasaan teknik ini penting dalam meningkatkan kemampuan berargumentasi dan berpikir secara logis, baik dalam kehidupan pribadi maupun profesional.

Pentingnya berpikir kritis di dunia yang penuh informasi ini tak dapat diabaikan. Oposisi dan konversi adalah alat yang efektif untuk meningkatkan kualitas berpikir dan analisis. Dengan melatih kemampuan mengenali oposisi dan melakukan konversi dengan tepat, kita dapat meningkatkan kualitas argumen yang diajukan serta membuat keputusan yang lebih bijak. Oleh karena itu, mari mulai melatih diri untuk mengidentifikasi argumen yang lemah dan membangun argumen yang kuat menggunakan teknik-teknik logika ini, baik dalam diskusi sehari-hari maupun dalam konteks profesional. Dengan latihan terus-menerus, kemampuan berpikir kritis kita akan semakin tajam.

## DAFTAR PUSTAKA

Adiputra, D. K., & Hidayah, N. (2025). *Transformasi Pembelajaran Abad 21*. Goresan Pena.

Aditya, Z. (2022). *Pengembangan Lembar Kerja Peserta Didik Berbasis Problem Based Learning Pada Materi Limit Fungsi Di SMA Swasta Budisatrya Medan*. Fakultas Keguruan & Ilmu Pendidikan, Universitas Islam Sumatera Utara.

Agustian, R., Husein, M., & Saksitha, D. A. (2025). Memahami Proposisi Dan Oposisi Dalam Berpikir Kritis. *Al-Mizan*, *1*(2), 44–50.

Aizid, R. (2024). *Logika Keilmuan: Ilmu Silogisme dan Induksi Untuk Membangun Argumen-argumen*. IRCISOD.

Astanto, S., & Andiani, S. (2024). *Dasar-Dasar Logika*. Bumi Aksara.

Fakih, M. A. (2024). *Kupas Tuntas Cacat Logika dan Sesat Pikir: Sebuah Pengantar Komprehensif untuk Pemula dan Umum*. IRCISOD.

Ismaimuza, D. (2025). *Konflik Kognitif, Berpikir Kritis dan Kreatif dalam Pembelajaran Matematika*. CV. Ruang Tentor.

Mesah, W., Darma, F. E., & Lawalata, M. (2024). Memahami Logika Berpikir Sebagai Landasan Membangun Argumentasi Yang Kuat.

*Jurnal Teologi Injili Dan Pendidikan Agama*, *2*(3), 173–185.

Nadawina, N., Jaya, A., Ramadhanti, D., Imronudin, I., Fatchiatuzahro, F., Halim, A., & Jati, G. P. R. S. (2025). *Penerapan Pembelajaran Deep Learning dalam Pendidikan di Indonesia*. Star Digital Publishing.

Pratikno, H., Wulansari, A., & Purwanto, K. (2024). Relevansi Intuisi Kebahasaan Penutur terhadap Kemampuan Berpikir Logis dan Kritis dalam Penyampaian Argumentasi. *ALFABETA: Jurnal Bahasa, Sastra, Dan Pembelajarannya*, *7*(1), 142–151.

Puling, H., Manilang, E., & Lawalata, M. (2024). Logika dan Berpikir Kritis: Hubungan dan Dampak Dalam Pengambilan Keputusan. *Sinar Kasih: Jurnal Pendidikan Agama Dan Filsafat*, *2*(2), 164–173.

Saleh, I. (2019). Penalaran Profetik Perspektif Ibnu Taimiyyah (Kritik Ibnu Taimiyyah Terhadap Silogisme Yunani). *TSAQAFAH*, *15*(2), 233–246.

Tjahyadi, I. (2024). *Buku ajar metodologi penelitian (teori dan praktik)*. CV Saba Jaya Publisher.

Walenta, A. S., Nofirman, N., Rukhmana, T., Sitepu, E., Ramadhani, R., & Sitopu, J. W. (2024). Pengaruh Metode Debat dalam Meningkatkan Kemampuan Berpikir Kritis dan Argumentatif pada Mahasiswa. *Indonesian Research Journal on Education*, *4*(4), 1149–1154.

Wibowo, A. (2024). Kemampuan berpikir kritis. *Penerbit Yayasan Prima Agus Teknik*, 1–473.

# JANTUNG LOGIKA DEDUKTIF MEMBANGUN ARGUMEN YANG RUNTUT DENGAN SILOGISME KATEGORIS

*Oleh : Lailatul Komariya*

## PENDAHULUAN

Dalam sebuah forum debat politik yang disiarkan secara nasional, dua tokoh publik tengah memperdebatkan kebijakan subsidi bahan bakar. Seorang ekonom muda berupaya memaparkan argumen berbasis data mengenai potensi beban fiskal yang ditimbulkan oleh kebijakan tersebut (Langoday, 2024). Namun, sebelum ia menyelesaikan penjelasannya, lawan debatnya seorang politikus senior menyela dengan komentar bernada personal, "Anda berbicara seolah-olah paling paham, padahal pengalaman Anda masih terbatas." Seketika suasana diskusi berubah, tawa penonton menggema, moderator tampak kikuk, dan perdebatan yang semula berorientasi pada substansi argumen beralih menjadi serangan terhadap karakter. Pertukaran ide yang seharusnya bersifat intelektual pun tereduksi menjadi adu sindiran yang dangkal.

Fenomena serupa dapat diamati dalam ruang publik digital, terutama di media sosial. Diskusi yang awalnya membahas persoalan kebijakan publik atau isu sosial kerap berubah menjadi ajang saling serang antarpribadi. Alih-alih memeriksa validitas argumen, partisipan lebih sering menyerang latar belakang, afiliasi, atau kehidupan pribadi lawan diskusinya (Mirza Ronda, n.d.). Akibatnya, forum yang seharusnya menjadi ruang rasionalitas dan pertukaran gagasan berubah menjadi arena dominasi emosi dan ego. Kecenderungan ini mencerminkan munculnya "jalan pintas" berpikir yang berbahaya. Dengan menyerang pribadi lawan, seseorang dapat menghindari tanggung jawab intelektual untuk mematahkan argumen secara logis. Strategi ini efektif karena memanfaatkan emosi audiens isu personal lebih mudah memancing simpati dan perhatian dibandingkan argumentasi berbasis logika. Dalam konteks masyarakat digital yang sarat polarisasi ideologis dan fragmentasi informasi, taktik ini sering digunakan untuk mendelegitimasi pandangan yang berbeda, sekaligus mengaburkan batas antara kebenaran rasional dan opini emosional.

Dalam kajian logika klasik, bentuk kesesatan berpikir ini dikenal dengan istilah Argumentum ad Hominem. Secara terminologis, ad hominem diartikan sebagai kekeliruan penalaran yang terjadi ketika seseorang menyerang karakter, motif, atau atribut pribadi pihak yang berargumen alih-alih menilai kebenaran atau validitas logis dari argumen tersebut (Yulianto, 2024). Pergeseran fokus dari "apakah argumennya benar?" menjadi "siapa yang mengatakannya?" menandai distorsi mendasar dalam logika deduktif, di mana kebenaran seharusnya ditentukan oleh hubungan inferensial antara premis dan kesimpulan, bukan oleh reputasi penuturnya.

Pada bab ini bertujuan untuk mengulas secara mendalam konsep ad hominem. Pembahasan meliputi definisi dan karakteristiknya, ragam variasi yang umum ditemukan dalam praktik argumentatif, serta dampak destruktifnya terhadap kualitas penalaran dan budaya diskursif (Iqbal, 2024). Selain itu, bab ini juga akan menawarkan strategi kritis dan etis dalam menghadapi serta menanggapi serangan ad hominem. Dengan demikian, pembaca diharapkan mampu menjaga konsistensi logika deduktif, berpikir rasional, dan memusatkan debat pada substansi gagasan.

## PEMBAHASAN

### Argumentum ad Hominem sebagai Gangguan terhadap Jantung Logika Deduktif

Istilah Argumentum ad Hominem berasal dari bahasa Latin yang secara harfiah berarti "argumen yang diarahkan kepada orangnya (Amalia et al., 2025). Dalam tradisi logika deduktif, istilah ini merujuk pada bentuk kesesatan penalaran yang menyerang pribadi pembicara alih-alih menguji validitas atau koherensi argumennya. Kesesatan ini merepresentasikan gangguan langsung terhadap struktur penalaran deduktif karena memutus hubungan rasional antara premis dan kesimpulan yang menjadi inti validitas inferensi logis. Dalam kerangka deduktif, validitas suatu argumen bergantung pada keterkaitan yang sah antara premis-premis dan kesimpulan yang dihasilkannya. Jika hubungan inferensial ini diganggu, argumen kehilangan kekuatan logisnya (Imelda et al., 2024). Dalam ad hominem, perhatian dialihkan dari isi proposisi ke karakter pembicara. Misalnya, ketika seseorang berargumen bahwa "polusi udara berbahaya bagi kesehatan, kemudian ditolak dengan pernyataan "anda perokok, jadi pendapat anda tidak layak dipercaya," maka telah terjadi kekeliruan logika. Validitas proposisi mengenai bahaya polusi tidak berubah meskipun pembicara memiliki perilaku yang tidak konsisten dengan klaimnya. Dengan demikian, serangan pribadi tidak memiliki relevansi terhadap kebenaran logis suatu pernyataan.

Secara psikologis, kekeliruan ini tampak persuasif karena bekerja melalui jalur emosional, bukan rasional. Kecenderungan manusia untuk menilai kredibilitas argumen berdasarkan reputasi pembicara bukan pada struktur logikanya memunculkan bias kognitif seperti confirmation bias dan affective reasoning (Wibowo, 2024). Dalam konteks ini, ad hominem menjadi sarana manipulatif yang efektif untuk mengalihkan perhatian audiens dari substansi gagasan menuju penilaian personal. Dalam perspektif logika deduktif, ad hominem merupakan indikasi disfungsi silogistik. Ia menggeser fokus penalaran dari premis yang dapat diuji secara logis menuju pada atribut pribadi yang bersifat emosional (Suhendra & van Eymeren, 2020). Oleh karena itu, kesesatan ini dapat disebut sebagai bentuk "gangguan irama" pada jantung logika deduktif, sebab ia menyingkirkan prinsip validitas inferensial dan menggantikannya dengan subjektivitas.

Kesadaran akan mekanisme kekeliruan ini menjadi langkah fundamental untuk menjaga integritas penalaran deduktif (Wibowo, 2022). Seorang pemikir rasional harus mampu memisahkan antara dimensi personal dan logis, sehingga alur berpikir tetap konsisten dan berstruktur. Pemahaman terhadap Argumentum ad Hominem bukan sekadar mengenali kesalahan berpikir, melainkan juga menjaga agar silogisme tetap berfungsi sebagai mekanisme utama dalam pencarian kebenaran rasional.

**Distorsi Silogisme Ragam Bentuk dan Wajah Argumentum ad Hominem**

Dalam kerangka logika deduktif, silogisme kategoris berfungsi untuk menurunkan kesimpulan yang sah dari dua premis yang saling berhubungan secara logis (Khanifah et al., 2024). Namun dalam praktik komunikasi publik maupun akademik, pola berpikir ini sering mengalami distorsi melalui penggunaan Argumentum ad Hominem. Bentuk kesesatan ini, meskipun tampak retoris, sejatinya merupakan penyimpangan terhadap struktur inferensi deduktif. Empat bentuk utama *ad hominem* berikut menunjukkan bagaimana kesalahan ini menggantikan prinsip silogistik dengan pertimbangan emosional atau sosial.

**Ad Hominem Abusive (Serangan Langsung)**

Bentuk ini merupakan varian paling eksplisit dari *ad hominem*, di mana lawan bicara diserang melalui hinaan atau penilaian negatif terhadap kepribadian, penampilan, atau kecerdasannya. Dalam kerangka logika deduktif, hal ini tidak relevan karena karakter seseorang tidak menentukan validitas premis maupun Kesimpulan (Melkisedek et al., 2024).

Contoh dalam ranah politik: "Tidak perlu dengarkan pendapatnya tentang ekonomi; dia bahkan tidak mampu mengelola bisnisnya sendiri." Pernyataan semacam ini mengalihkan fokus dari evaluasi substansi ekonomi ke reputasi pribadi. Dalam konteks akademik, bentuknya dapat berupa "Pandangan etisnya tidak layak dipertimbangkan karena ia pernah melanggar kode etik penelitian." Meskipun pelanggaran tersebut benar, argumen tetap harus diuji berdasarkan struktur logikanya, bukan latar personal penuturnya. Dalam interaksi sosial, bentuk serupa muncul dalam kalimat "Kamu tidak berhak berbicara soal kejujuran; kamu sendiri sering berbohong. Kekeliruan jenis ini memutus hubungan inferensial antara proposisi dan kesimpulan, menggantikan penalaran dengan serangan emosional.

**Ad Hominem Circumstantial (Sirkumstansial)**

Jenis ini bersifat lebih subtil. Serangan diarahkan pada kondisi atau kepentingan pembicara, bukan pada isi argument (Wimala et al., 2021). Tujuannya adalah menolak argumen dengan mengasumsikan bahwa pembicara termotivasi oleh keuntungan pribadi. Misalnya "Ia menolak proyek tambang karena bekerja di LSM lingkungan." Dalam pernyataan ini, fokus berpindah dari premis logis ke dugaan motif. Dalam konteks akademik, pernyataan seperti "Ia mendukung teori tersebut karena didanai oleh lembaga tertentu" sering muncul. Meskipun potensi konflik kepentingan dapat diperiksa secara etis, hal tersebut tidak mengubah validitas logis dari argumen yang diajukan (Wibowo, 2025).

Dalam perspektif silogisme kategoris, ad hominem circumstantial mengaburkan batas antara "motivasi subjektif" dan "hubungan objektif antarproposisi." Akibatnya, proses deduksi kehilangan fondasi logisnya.

**Tu Quoque (Kamu Juga)**

Jenis ad hominem ini menyerang dengan menuduh lawan bicara tidak konsisten atau munafik terhadap pernyataannya (Kami & Nesi, 2023). Secara psikologis, bentuk ini tampak kuat karena menimbulkan kesan moral, tetapi secara logika ia tidak sah. Ketidakkonsistenan pribadi tidak membuktikan kesalahan argument (Muhtar, 2024).

Contoh dalam perdebatan publik: "Jangan dengarkan sarannya tentang korupsi dia sendiri pernah menerima hadiah." Atau dalam kehidupan akademik "Ia bicara soal etika penelitian, tetapi artikelnya penuh kesalahan" Dalam silogisme, bentuk ini tergolong fallacy of relevance menyisipkan premis yang tidak berhubungan dengan kebenaran proposisi utama.

**Guilt by Association (Kekeliruan karena Asosiasi)**

Bentuk ini menolak argumen karena diasosiasikan dengan individu atau kelompok tertentu yang dianggap negatif. Misalnya "Gagasannya tentang reformasi tidak layak karena mirip dengan ide kelompok ekstrem (Putra, 2024)." Dalam akademik "Peneliti itu mengutip tokoh kontroversial, maka teorinya pasti keliru."

Dalam konteks silogisme kategoris, asosiasi sosial bukanlah unsur premis yang menentukan validitas argumen. Kebenaran proposisi bersifat impersonal dan harus diturunkan dari hubungan logis antaride, bukan dari asosiasi personal (Penyusun et al., n.d.). Keempat bentuk di atas menunjukkan bahwa ad hominem merupakan bentuk distorsi terhadap struktur silogistik. Dalam setiap kasus, kesalahan berpikir muncul karena premis personal menggantikan premis rasional. Alih-alih menilai hubungan "jika A maka B," penyerang mengandalkan asumsi "karena dia C, maka argumennya salah. Pemahaman terhadap keempat variasi ini penting agar penalar mampu menjaga konsistensi deduktif dan menghindari bias emosional dalam berpikir (Yulianti et al., 2024).

**Kematian Rasionalitas Dampak Argumentum ad Hominem terhadap Penalaran Deduktif dan Diskursus Publik**

Kesesatan Argumentum ad Hominem membawa konsekuensi serius bagi rasionalitas individu dan kehidupan intelektual kolektif (Hidayat, 2018). Ketika serangan personal menggantikan argumentasi logis, proses deduksi kehilangan fungsinya sebagai alat evaluasi kebenaran.

Pertama, ad hominem mengikis integritas diskusi rasional. Ia mengubah perdebatan dari pertukaran ide menjadi pertarungan citra diri. Dalam kondisi demikian, analisis logis menjadi tidak relevan karena perhatian bergeser dari proposisi ke identitas.

Kedua, ad hominem menghambat kemajuan intelektual. Banyak gagasan bernilai gagal diuji karena pembawanya diserang secara personal. Dalam masyarakat yang sehat secara epistemik, penilaian terhadap argumen seharusnya didasarkan pada struktur deduktif dan bukti empiris, bukan pada siapa yang mengemukakannya.

Ketiga, ad hominem memperkuat polarisasi sosial. Di era digital, kesesatan ini sering digunakan untuk menegaskan batas kelompok dan memperkuat echo chamber. Akibatnya, kebenaran menjadi relatif terhadap identitas, bukan terhadap logika.

Dampak kumulatif dari pola berpikir ini adalah "kematian rasionalitas": masyarakat kehilangan kemampuan membedakan antara serangan emosional dan analisis logis. Upaya menghidupkan kembali logika deduktif karenanya menjadi keharusan moral dan intelektual, bukan sekadar agenda akademik (Ashari et al., 2025).

**Menjaga Keutuhan Silogisme Strategi Deduktif Menghadapi Argumentum ad Hominem**

Menghadapi Argumentum ad Hominem menuntut kemampuan menjaga konsistensi logika dan ketenangan berpikir. Seorang penalar deduktif harus mempertahankan struktur silogisme agar argumennya tidak terdistorsi oleh serangan emosional (Wibowo, 2022).

Pertama, penting untuk mengenali dan menamai bentuk kesesatan yang terjadi. Pernyataan seperti "Argumen Anda menyerang pribadi saya, bukan gagasan saya" berfungsi mengembalikan fokus perdebatan pada substansi logis.

Kedua, sikap rasional menuntut ketenangan. Serangan pribadi hendaknya diabaikan, dan diskusi diarahkan kembali pada premis dan kesimpulan. Kalimat seperti "Terlepas dari siapa yang berbicara, bagaimana Anda menanggapi data yang saya sampaikan?" mencerminkan kendali deduktif yang baik.

Ketiga, penting untuk menunjukkan ketidakrelevanan logis dari serangan personal. Prinsip dasar logika deduktif menegaskan bahwa kebenaran kesimpulan hanya bergantung pada hubungan yang sah antara premis, bukan pada atribut penuturnya.

Melalui penerapan ketiga strategi ini, seorang pemikir dapat mempertahankan keutuhan silogisme dan sekaligus memperlihatkan kematangan intelektualnya. Dengan demikian, Argumentum ad Hominem tidak lagi menjadi ancaman, melainkan alat untuk menguji sejauh mana seseorang benar-benar memahami dan menghidupkan jantung logika deduktif dalam praktik berpikir sehari-hari (Muhammad Arbani & Kn, 2025).

## KESIMPULAN

Argumentum ad Hominem merupakan bentuk kekeliruan penalaran yang secara mendasar mengancam esensi logika deduktif. Dalam kerangka berpikir rasional, validitas suatu argumen ditentukan oleh keterkaitan logis antara premis dan kesimpulan. Namun, dalam ad hominem, penalaran menyimpang karena fokus berpindah dari isi argumentasi menuju pribadi penuturnya. Dengan demikian, hubungan inferensial yang menjadi jantung dari silogisme kategoris terputus dan digantikan oleh penilaian emosional yang tidak relevan dengan kebenaran proposisional.

Kekeliruan ini muncul dalam berbagai bentuk yang masing-masing menunjukkan distorsi terhadap struktur silogistik. Pertama, ad hominem abusive, yang menolak argumen melalui serangan terhadap karakter individu. Kedua, ad hominem circumstantial, yang berupaya melemahkan argumen dengan menuduh adanya kepentingan pribadi. Ketiga, tu quoque, yang menyerang dengan menunjukkan ketidakkonsistenan antara ucapan dan tindakan. Keempat, guilt by association, yang menolak gagasan karena diasosiasikan dengan kelompok atau individu yang berkonotasi negatif. Semua bentuk tersebut menggantikan evaluasi logis dengan penilaian personal, sehingga menggeser dasar penalaran dari hubungan "premis kesimpulan" menuju hubungan "individu emosi."

Dampak dari Argumentum ad Hominem sangat signifikan terhadap rasionalitas publik dan kebudayaan intelektual. Ia melemahkan iklim diskusi ilmiah, menurunkan kualitas dialog publik, serta mendorong polarisasi sosial yang tajam. Dalam masyarakat yang terpengaruh oleh bias emosional semacam ini, argumentasi yang sahih sering diabaikan karena identitas pembicara lebih diperhatikan daripada validitas logika yang ia kemukakan. Akibatnya, kemampuan berpikir kritis mengalami degradasi, dan budaya penalaran yang objektif tergantikan oleh kecenderungan retoris yang manipulatif.

Untuk itu, diperlukan disiplin intelektual dalam mempertahankan keutuhan berpikir deduktif. Seorang penalar rasional harus mampu memisahkan antara kebenaran argumen dan atribut pribadi penuturnya. Menilai gagasan berdasarkan kekuatan premisnya merupakan bentuk tanggung jawab intelektual sekaligus praktik etika berpikir yang mendasar. Kesadaran ini tidak hanya menjadi tuntutan akademik, melainkan juga prasyarat moral bagi keberlangsungan budaya berpikir rasional. Dengan demikian, menolak Argumentum ad Hominem berarti menjaga vitalitas logika deduktif sebagai instrumen pencarian kebenaran yang objektif, runtut, dan berlandaskan nalar.

## DAFTAR PUSTAKA

Amalia, R., Marlis, N. P., & Saksitha, D. A. (2025). Kesalahan Logika Dalam Silogisme: Identifikasi Dan Implikasinya Dalam Argumentasi. *Al-Mizan, 1*(2), 22–27.

Ashari, S. P., Latip, A., Rahman, A., Pd, S., Waluyanti, E., & Esti Kusminingsih, S. S. (2025). *Pendidikan Agama Islam dalam Lensa Filsafat Ilmu*. Uwais Inspirasi Indonesia.

Hidayat, A. R. (2018). *Filsafat Berpikir Teknik-Teknik Berpikir Logis Kontra Kesesatan Berpikir*. Duta Media Publishing.

Imelda, C., Ma'arij, A., Mangar, I., Hazmi, R. M., Sukmareni, S., Abidin, M. A., Indrayati, R., & Hidayah, A. (2024). *Logika dan Argumen Dalam Penalaran Hukum*. CV. Gita Lentera.

Iqbal, M. M. (2024). *Anatomi Pemikiran Kontemporer: Dari Foucault, Derrida, Bourdieu, & Perkembangannya*. Anak Hebat Indonesia.

Kami, K., & Nesi, A. (2023). Wujud Argumen Ad hominem sebagai Strategi Komunikasi para Advokat dalam Program Kontroversi Metro TV: Sebuah Kajian Kritis. *JURNAL SIMBOLIKA Research and Learning in Communication Study*, *9*(1), 24–35.

Khanifah, N., Kamilah, I. F., & Faizin, M. (2024). Teknik Berpikir Tingkat Tinggi Melalui Logika Induktif Dan Deduktif Perspektif Aristoteles. *Jurnal Genta Mulia, 15*(1), 131–145.

Langoday, T. O. (2024). *Filosofi Dasar Ekonomi Makro: Berpikir Besar dan Bertindak Besar di Era Digital*. PT. Sonpedia Publishing Indonesia.

Melkisedek, M., Lestari, N., Dedi, D., & Lawalata, M. (2024). Tinjauan mendalam terhadap peran logika dalam pemikiran dan penalaran manusia. *Sinar Kasih: Jurnal Pendidikan Agama Dan Filsafat*, *2*(2), 1–17.

Mirza Ronda, M. (n.d.). *Buku Referensi Komunikasi Sosial*.

Muhammad Arbani, S. H., & Kn, M. (2025). *Dasar-Dasar Argumentasi Hukum Dan Negosiasi Dalam Praktik Sehari Hari*. Nas Media Pustaka.

Muhtar, M. K. (2024). Interelasi Argumen-Argumen dan Kritik Tentang

Eksistensi Tuhan dengan Religiositas Manusia. *Divinitas Jurnal Filsafat Dan Teologi Kontekstual*, *2*(2 July), 261–282.

Penyusun, T., Solihat, A., Laksmono, B. S., Handayani, E., Hadinata, F., Meliono, I., Setiyanto, P., & Dewi, R. I. (n.d.). *BUKU AJAR MPKT A*.

Putra, O. E. (2024). *Dinamika & Deviasi Politik era Reformasi*.

Suhendra, H. J., & van Eymeren, M. (2020). *Logika Praktis untuk Komunikasi: Penalaran Kritis di Era Informasi*. Hegel Pustaka.

Wibowo, A. (2022). Ketrampilan Penalaran Deduktif (Deductive reasoning skills). *Penerbit Yayasan Prima Agus Teknik*, 1–176.

Wibowo, A. (2024). Kemampuan berpikir kritis. *Penerbit Yayasan Prima Agus Teknik*, 1–473.

Wibowo, A. (2025). ARGUMEN HUKUM. *Penerbit Yayasan Prima Agus Teknik*.

Wimala, E. Y., Srimulyani, I. N., & Saskiaputri, A. (2021). *Debat: Sebuah Keterampilan dan Seni Berbicara*. Guepedia.

Yulianti, Y., Mutya, A., Selhita, E., & Putri, R. S. D. (2024). Logika Dan Penalaran Dalam Perspektif Ilmu Pengetahuan. *Consilium: Education and Counseling Journal*, *5*(1), 201–207.

Yulianto, H. B. (2024). Strategi Komunikasi Debat dalam Dakwah: Studi Pola Respons terhadap Abusive Ad Hominem Attacks. *INTELEKSIA: Jurnal Pengembangan Ilmu Dakwah*, *6*(1), 87–107.

# ARGUMEN DILEMA: SENI MEMAKSA LAWAN BICARA MEMILIH KEHANCURAN LOGISNYA SENDIRI

*Oleh : Miradatul Lailiyah*

## PENDAHULUAN

Dalam dunia debat dan retorika, argumen dilema menempati posisi yang sangat unik dan berbahaya. Jenis argumen ini bekerja dengan cara memaksa lawan bicara untuk memilih di antara dua opsi yang sama-sama merugikan. Siapa pun yang terjebak di dalamnya seolah hanya diberi pilihan antara mengakui kelemahan logikanya atau menerima konsekuensi yang tidak diinginkan. Di tangan seorang penguasa kata yang terampil, argumen dilema bisa berubah menjadi alat yang tajam dan sulit dihindari. Ia tidak hanya menekan isi pikiran lawan bicara, tetapi juga menggoyahkan rasa percaya dirinya terhadap nalar sendiri. Karena itu, memahami bagaimana dilema disusun dan digunakan adalah langkah penting bagi siapa pun yang ingin berpikir secara kritis(Wulan et al., 2024). Tanpa pemahaman ini, kita mudah terkecoh oleh bingkai pilihan yang tampak rasional namun sebenarnya timpang. Kita bisa saja merasa sedang berdialog secara logis, padahal sebenarnya sedang digiring menuju kebuntuan yang sudah direncanakan. Pendahuluan ini akan mengupas seni di balik argumen dilema sebagai strategi untuk meruntuhkan lawan secara logis, sekaligus mengajak pembaca melihat bagaimana cara melindungi diri dari jebakan pilihan yang dibuat-buat.

Secara sederhana, argumen dilema memaksa seseorang menerima salah satu dari dua pernyataan yang keduanya mengarah pada kesimpulan yang mendukung pihak penyerang. Di permukaan, bentuknya tampak sangat rasional karena dikemas dalam struktur "jika tidak A, maka B" yang terlihat tegas dan sistematis. namun di balik kerapihannya, sering tersembunyi penyederhanaan berlebihan terhadap kenyataan yang jauh lebih kompleks. Pilihan-pilihan yang disajikan kerap kali bukanlah satu-satunya kemungkinan yang ada dalam situasi nyata. Di titik inilah letak "seni memaksa" itu bekerja, yaitu ketika orang dibuat percaya bahwa hanya ada dua jalan, padahal masih banyak rute lain yang mungkin terbuka. Dengan kata lain, kekuatan argumen dilema justru sering bersandar pada kelemahan pemahaman lawan bicara terhadap ruang kemungkinan. Mereka yang tidak terbiasa mempertanyakan struktur suatu argumen akan mudah terperangkap di dalamnya. Tanpa disadari, mereka menyetujui kerangka permainan yang sesungguhnya sejak awal sudah diatur agar merugikan mereka. Akibatnya, kekalahan logis pun tampak seperti konsekuensi alamiah dari pilihan yang "mereka buat sendiri", padahal sejak awal panggung sudah dirancang untuk menjatuhkan mereka secara halus.

Dalam banyak konteks, argumen dilema muncul bukan hanya sebagai alat intelektual, melainkan juga sebagai senjata psikologis. Ketika seseorang dipaksa untuk memilih salah satu dari dua kemungkinan buruk, ia bukan hanya diuji logikanya, tetapi juga ditekan emosinya. Rasa takut terlihat bodoh, takut dianggap tidak konsisten, atau takut dicap tidak rasional membuat orang cenderung tergesa-gesa menjawab. Ketergesa-gesaan inilah yang sering menjadi celah bagi pengguna dilema untuk mengunci lawan dalam posisi yang lemah. Begitu sebuah pengakuan kecil keluar dari mulut lawan bicara, rangkaian konsekuensi logis berikutnya akan digelar tanpa ampun(Wibowo, 2025). Di hadapan pendengar atau audiens, proses itu tampak seperti kekalahan telak yang tidak terbantahkan. Hal inilah yang menjadikan argumen dilema begitu menarik bagi mereka yang ingin menang bukan hanya secara intelektual, tetapi juga secara simbolik. Kemenangan semacam ini tidak sekadar soal benar atau salah, melainkan soal siapa yang tampak lebih kuat di mata orang lain. Dengan demikian, seni memaksa lawan memilih kehancuran logisnya sendiri kerap berkaitan erat dengan permainan citra dan wibawa, sehingga debat berubah dari upaya mencari kebenaran menjadi panggung demonstrasi kekuasaan logika(Wulan et al., 2024).

Meski demikian, tidak semua argumen dilema harus dipandang sebagai trik kotor yang sepenuhnya negatif. Dalam filsafat, hukum, dan etika, dilema sering dipakai untuk menguji konsistensi prinsip atau posisi moral seseorang. Dengan menyusun dua konsekuensi yang tampak tak terelakkan, seorang pemikir dapat menunjukkan bahwa suatu pandangan mengandung kontradiksi internal. Dalam konteks seperti ini, argumen dilema menjadi alat diagnosis, bukan semata-mata instrumen untuk mempermalukan lawan. Ia membantu mengungkap titik lemah dalam sistem kepercayaan yang tampak kokoh di permukaan(Nurman et al., 2025). Sebagai contoh, banyak perdebatan mengenai keadilan, kebebasan, atau tanggung jawab moral yang menggunakan skema dilema untuk menguji keutuhan teori. Di tangan yang bertanggung jawab, dilema justru dapat mengantar seseorang pada perenungan yang lebih jujur dan mendalam. Orang dipaksa melihat bahwa tidak semua prinsip yang ia pegang dapat dipertahankan secara konsisten dalam semua situasi.. Dari sana, lahir kebutuhan untuk merevisi, memperhalus, atau bahkan meninggalkan keyakinan yang selama ini dianggap tak tergoyahkan, sehingga seni menyusun dilema juga dapat berperan sebagai jalan menuju pematangan berpikir(Mali et al., 2024).

Namun masalah muncul ketika argumen dilema dipakai tanpa kejujuran intelektual dan tanpa itikad baik. Alih-alih membantu memperjelas persoalan, ia justru dipakai untuk mengaburkan kompleksitas dan memanipulasi kesan. Lawan bicara tidak diberi kesempatan untuk mempertanyakan apakah dua pilihan yang ditawarkan itu memang satu-satunya kemungkinan yang relevan. Pertanyaan tentang "apakah ada opsi ketiga" sengaja dihindari atau ditertawakan sebagai bentuk pengelakan. Dalam suasana debat yang panas atau sarat gengsi, keberanian untuk menolak kerangka dilema sering kali dianggap sebagai kelemahan. Padahal, justru di situlah salah satu kunci untuk keluar dari jerat logika semu tersebut. Dengan menolak menerima begitu saja dua pilihan yang disodorkan, seseorang sesungguhnya sedang merebut kembali kebebasan berpikirnya. Ia menunjukkan bahwa ia tidak mudah dikurung di dalam kerangka yang dibuat orang lain. Sikap kritis semacam ini merupakan prasyarat agar dialog tidak berubah menjadi permainan perangkap retoris semata. Karena itu, mengenali dan mengoreksi penyalahgunaan argumen dilema menjadi bagian penting dari literasi logika(Marzuki et al., 2025).

Dalam konteks kehidupan sehari-hari, bentuk-bentuk dilema semu ini muncul lebih sering daripada yang kita kira. Orang tua yang berkata, "Kalau kamu tidak menurut, berarti kamu tidak sayang keluarga," sedang menyusun sebuah skema pilihan yang menekan. Atasan yang menyatakan, "Kalau kamu menolak lembur, berarti kamu tidak loyal," juga sedang memaksa bawahan menerima label negatif. Di media sosial, ungkapan seperti "kalau bukan bersama kami, berarti kamu memihak pihak lawan" menjadi contoh klasik polarisasi berbasis dilema palsu. Setiap kalimat semacam ini menyempitkan ruang dialog yang sehat dan menutup peluang untuk posisi yang lebih bernuansa. Padahal, kenyataan sosial hampir selalu lebih rumit daripada sekadar hitam dan putih. Menerima begitu saja pola pikir dua pilihan ini membuat masyarakat mudah terpecah dan saling curiga. Orang lebih sibuk membela kubu daripada mencari kebenaran atau solusi yang adil bagi semua pihak. Dalam suasana seperti ini, seni memaksa orang memilih kehancuran logisnya sendiri menjadi bagian dari budaya komunikasi yang toksik. Karena itu, penting bagi kita untuk belajar mengenali pola-pola tersebut sedini mungkin.

Pendahuluan ini bertujuan membuka mata pembaca terhadap dua wajah argumen dilema yang saling bertentangan. Di satu sisi, ia dapat menjadi instrumen analitis yang kuat untuk menguji konsistensi gagasan dan prinsip. Di sisi lain, ia bisa berubah menjadi senjata manipulatif yang merampas kebebasan berpikir lawan bicara secara halus. Memahami perbedaan antara penggunaan yang jujur dan yang curang merupakan langkah awal untuk bersikap dewasa secara intelektual. Dengan bekal itu, kita dapat mengapresiasi kecanggihan struktur dilema tanpa terjebak dalam permainannya yang menyesatkan. Kita belajar kapan harus menerima tantangan dilema sebagai ujian bagi pandangan kita sendiri, dan kapan justru perlu menolak kerangka yang ditawarkan karena ia berdiri di atas asumsi yang keliru atau tidak lengkap. Melalui pembahasan yang lebih rinci di bagian-bagian selanjutnya, konsep-konsep ini akan dijabarkan dengan contoh dan analisis yang lebih konkret. Harapannya, pembaca tidak hanya memahami teknik argumen dilema secara teoritis, tetapi juga terampil mengidentifikasinya dalam praktik. Dengan begitu, seni memaksa lawan bicara memilih kehancuran logisnya sendiri dapat diubah menjadi seni membebaskan nalar dari jebakan semu.

## PEMBAHASAN

### Hakikat Argumen Dilema: Antara Logika dan Perangkap

Argumen dilema pada dasarnya tampak seperti sebuah bangunan logika yang kokoh: terstruktur, sistematis, dan tersusun dari pilihan-pilihan yang jelas. Dalam bentuk yang paling sederhana, ia hadir sebagai pernyataan, "Jika tidak A, maka B," sehingga seolah-olah hanya tersedia dua kemungkinan yang saling meniadakan. Di satu sisi, struktur ini memudahkan orang memahami alur pikir yang ditawarkan, karena membagi dunia ke dalam dua kotak yang tegas. Namun di sisi lain, justru di situlah letak bahayanya: realitas yang rumit dipaksa masuk ke dalam kategori yang terlalu sempit. Daya tarik argumen dilema sering kali datang dari rasa "kepastian" yang diberikannya, padahal kepastian itu diperoleh dengan mengorbankan banyak nuansa.

Secara teoritis, dilema adalah bagian dari tradisi logika klasik yang bertujuan menguji konsistensi sebuah pernyataan atau sistem gagasan. Dalam logika formal, dilema bisa dirumuskan dengan rapi dan dipakai untuk menunjukkan bahwa suatu posisi membawa konsekuensi yang tak dapat diterima, apa pun cabang kemungkinan yang dipilih. Akan tetapi, ketika dilema dibawa dari ranah abstrak ke ranah kehidupan nyata, terjadi penyederhanaan besar-besaran. Situasi sosial, moral, dan psikologis yang kompleks direduksi menjadi dua pilihan ekstrem: mendukung atau menolak, baik atau jahat, rasional atau bodoh. Pada titik ini, dilema tidak lagi sekadar alat analisis, tetapi berpotensi berubah menjadi jebakan.

Hakikat problematis argumen dilema terletak pada cara ia menyembunyikan pilihan-pilihan yang lain. Orang yang tidak kritis akan mengira bahwa dua opsi yang disodorkan memang mencakup seluruh kemungkinan. Padahal, sering kali masih ada ruang abu-abu, bentuk kompromi, atau sudut pandang yang berbeda yang bisa mengubah peta persoalan. Ketika ruang kemungkinan itu sengaja dihapus, dilema menjelma menjadi alat penaklukan. Orang tidak dikalahkan karena logikanya benar-benar runtuh, melainkan karena ia menerima kerangka permainan yang sudah dirancang untuk membuatnya kalah. Di sinilah argumen dilema berdiri di antara dua wajah: satu sebagai wujud logika yang sah, dan satu lagi sebagai perangkap yang membungkus manipulasi dalam pakaian rasionalitas.

**Mekanisme Memaksa: Bagaimana Dilema Mengurung Pilihan**

Salah satu kekuatan terbesar argumen dilema adalah kemampuannya menyempitkan ruang pilihan lawan bicara secara halus namun efektif. Proses ini sering kali dimulai dari cara merumuskan pertanyaan. Alih-alih bertanya secara terbuka, pengguna dilema akan menyusun kalimat dengan format "Apakah kamu memilih A atau B?" seolah-olah hanya ada dua jalan yang mungkin diambil. Kata-kata seperti "hanya," "satu-satunya," atau "tidak ada pilihan lain" digunakan untuk memperkuat kesan bahwa realitas memang sesempit yang ia gambarkan. Di titik ini, lawan bicara sering kali sudah setengah kalah tanpa menyadari, karena ia mengiyakan bahwa permainan memang hanya punya dua kotak jawaban.

Mekanisme memaksa ini bekerja bukan hanya melalui logika, tetapi juga melalui tekanan psikologis. Ketika dihadapkan pada dilema, seseorang menikmati ilusi bahwa ia masih memiliki kebebasan memilih, padahal kedua opsi yang ditawarkan sama-sama merugikan. Ia diberi kesempatan berkata "Aku pilih A" atau "Aku pilih B", tetapi tidak diberi ruang untuk mengatakan, "Aku menolak cara kamu membagi pilihan." Dalam suasana diskusi yang tegang, apalagi jika disaksikan orang lain, kecepatan menjawab menjadi faktor besar. Rasa cemas dianggap lamban, bodoh, atau mengelak mendorong seseorang untuk segera memilih salah satu opsi tanpa berhenti merenungkan struktur pertanyaannya(Khu & Abdilah, 2025).

Selain itu, penggunaan bahasa yang kuat dan penuh penilaian moral ikut memperkuat efek pemaksaan. Pilihan pertama mungkin dibingkai sebagai "rasional, tapi kejam", sementara pilihan kedua "baik hati, tapi bodoh". Dengan merangkai label yang emosional pada tiap opsi, pengguna dilema menambahkan lapisan tekanan baru. Lawan bicara tidak lagi sekadar dihadapkan pada konsekuensi logis, tetapi juga ancaman kehilangan muka, reputasi, atau citra diri. Pada akhirnya, mekanisme ini membuat seseorang merasa seolah-olah ia sendiri yang memilih jalan kehancuran logisnya, padahal sebenarnya ia hanya bergerak dalam labirin sempit yang telah dirancang orang lain.

**Dilema sebagai Senjata Retorika: Pertarungan Wibawa di Ruang Publik**

Di ruang publik seperti panggung debat politik, diskusi televisi, ruang kelas, atau kolom komentar media sosial argumen dilema sering kali dipakai bukan untuk mencari kebenaran, melainkan untuk mempertontonkan keunggulan(Angga et al., 2023). Seorang pembicara yang lihai akan menggunakan dilema sebagai alat dramatisasi: ia menyudutkan lawannya di hadapan audiens dengan pertanyaan yang terlihat sederhana namun mematikan. "Jadi, apakah Anda mengakui bahwa kebijakan Anda kejam, atau bahwa Anda tidak mengerti dampak kebijakan tersebut?" Pertanyaan seperti ini dirancang agar apa pun jawabannya, lawan tetap tampak buruk di mata penonton. Di sini, dilema berubah menjadi senjata yang memotong wibawa, bukan instrumen yang memperdalam pemahaman.

Efek teatrikal dilema semakin kuat ketika audiens tidak terbiasa berpikir kritis. Bagi penonton yang hanya menyimak hasil, bukan proses, jawaban lawan bicara sering kali tampak sebagai kekalahan telak. Mereka tidak menyadari bahwa sejak awal, struktur pertanyaan sudah timpang(Oktaviana, 2024). Penggunaan intonasi yang meyakinkan, gestur tubuh yang dominan, dan kata-kata yang tegas memperkuat kesan bahwa penyerang berada di pihak "logika" sementara lawannya berada di pihak "ketidakjelasan". Dalam konteks ini, argumen dilema menjadi bagian dari seni panggung: seni mengemas lawan sebagai pihak yang kalah secara terang-benderang.

Di dunia media sosial, senjata yang sama dipakai dalam bentuk yang lebih singkat dan kasar. Argumen dilema disederhanakan menjadi slogan-slogan tajam: "Kalau kamu diam, berarti kamu setuju", "Kalau kamu tidak di pihak kami, berarti kamu memihak musuh." Bentuk-bentuk ini mudah viral karena sederhana dan emosional, sekaligus berbahaya karena memaksa orang menerima dikotomi palsu. Wibawa seseorang, reputasi, bahkan identitasnya dipertaruhkan di hadapan massa digital yang siap menghakimi. Dalam suasana seperti itu, banyak orang akhirnya memilih salah satu kubu bukan karena benar-benar sepakat, melainkan karena takut dilabeli pengecut, pengkhianat, atau tidak bermoral. Dengan demikian, dilema menjadi senjata retorika yang mengendalikan perilaku, bukan sekadar cara untuk menguji gagasan(Eko Wahyuanto, 2025).

**Dilema Sejati vs Dilema Palsu: Membedakan Ujian Logis dan Manipulasi**

Tidak semua dilema layak dicurigai sebagai perangkap. Dalam tradisi filsafat dan etika, dilema sejati justru sengaja disusun untuk menguji sejauh mana sebuah prinsip dapat berdiri tegak di hadapan konsekuensi-konsekuensinya. Misalnya, ketika seseorang memegang prinsip kebebasan absolut, ia dapat diuji dengan situasi-situasi ekstrem: "Jika kebebasan mutlak benar, apakah kamu juga membenarkan kebebasan merugikan orang lain?" Dilema seperti ini membantu menunjukkan bahwa suatu prinsip, bila diterapkan tanpa batas, bisa menabrak nilai-nilai lain yang juga penting. Di sini, dilema bekerja seperti cermin: ia memantulkan kembali wajah keyakinan kita dengan segala kelemahannya.

Sebaliknya, dilema palsu adalah dilema yang sengaja atau tidak sengaja dibangun di atas pemangkasan realitas. Ia mengandaikan bahwa hanya ada dua opsi, padahal sebenarnya ada alternatif lain yang sama-sama relevan. Ciri utama dilema palsu adalah adanya opsi ketiga (atau lebih) yang sengaja diabaikan atau disembunyikan(Annisa, 2022). Misalnya, pernyataan "Jika kamu menolak kebijakan ini, berarti kamu tidak peduli pada rakyat" menghapus kemungkinan bahwa seseorang bisa peduli, tetapi tidak setuju dengan cara yang ditempuh. Dilema palsu juga sering memuat penyamaan yang terlalu cepat: menolak satu tindakan langsung disamakan dengan menolak seluruh nilai yang diklaim tindakan itu wakili.

Kemampuan membedakan dilema sejati dan dilema palsu merupakan langkah penting dalam menjaga integritas berpikir. Dilema sejati mengundang kita untuk jujur: jika kita konsisten, kita harus berani menerima konsekuensi prinsip yang kita pegang, atau bersedia mengkaji ulang prinsip itu. Dilema palsu, sebaliknya, memaksa kita menyerah pada kerangka yang tidak adil(Nuradhawati & Rahmandika, 2025). Menyadari perbedaan keduanya membantu kita bersikap tepat: menerima dilema ketika ia memang menguji konsistensi, dan menolak dilema ketika ia hanya mengunci kita dalam bingkai sempit yang menyesatkan. Dengan begitu, kita tidak anti-dilema, tetapi juga tidak naif di hadapan penggunaannya yang manipulatif(Supriatno, 2025).

**Strategi Keluar dari Jerat Dilema: Menemukan "Jalan Ketiga"**

Salah satu kesalahan paling umum ketika menghadapi argumen dilema adalah langsung memilih salah satu opsi yang ditawarkan(Dimisyqiyani, 2025). Padahal, strategi utama untuk keluar dari jerat dilema justru dimulai dengan menolak menerima bingkai pilihan yang diberikan(ZTF, 2025). Langkah pertama adalah berhenti sejenak dan bertanya: "Apakah benar hanya ada dua kemungkinan?" Pertanyaan sederhana ini memaksa kita memeriksa kembali struktur argumen lawan, bukan hanya isinya. Dengan demikian, fokus berpindah dari "memilih A atau B" menjadi "menilai apakah cara membagi kenyataan menjadi A dan B itu sendiri sudah tepat."

Langkah kedua adalah mengidentifikasi premis tersembunyi yang menopang dilema tersebut. Sering kali, di balik pernyataan "Jika tidak A, maka B" terdapat asumsi lain, misalnya: bahwa A dan B saling meniadakan, bahwa tidak ada kombinasi di antara keduanya, atau bahwa semua opsi di luar A dan B tidak layak dipertimbangkan. Dengan mengungkap dan mempertanyakan asumsi-asumsi itu, kita membuka kemungkinan untuk menyusun "jalan ketiga" yang selama ini disembunyikan. Jalan ketiga ini bisa berupa posisi yang menggabungkan sebagian nilai dari A dan B, atau bahkan perspektif baru yang membuat kedua opsi awal tampak usang.

Strategi berikutnya adalah mengubah bentuk pertanyaan. Alih-alih menjawab "Saya pilih A atau B", kita bisa membalik dilema dengan bertanya kembali, "Mengapa kamu membatasi persoalan hanya pada dua pilihan ini?"

atau "Apakah kamu bersedia mempertimbangkan kemungkinan lain di luar dua opsi ini?" Dengan menggeser fokus ke kerangka, kita memaksa lawan bicara menjelaskan dan mempertanggungjawabkan cara ia menyusun dilema. Dalam banyak kasus, ketika kerangka tersebut dipertanyakan secara terbuka, audiens akan melihat bahwa dilema itu tidak sekuat yang tampak semula. Di momen inilah, jebakan yang tadinya terlihat rapi mulai retak.

**Dilema dalam Kehidupan Sehari-hari: Dari Rumah, Kantor, hingga Media Sosial**

Dilema bukan hanya milik ruang debat formal; ia hadir dalam percakapan paling akrab di sekitar kita(Umar Al Faruq & Arifa, 2024). Di lingkungan keluarga, misalnya, orang tua bisa berkata, "Kalau kamu benar-benar sayang keluarga, kamu harus nurut." Kalimat ini sekilas terdengar seperti ajakan pada kesetiaan, tetapi sebenarnya mengandung dilema semu: seolah-olah satu-satunya cara menunjukkan kasih sayang adalah dengan patuh tanpa bertanya. Padahal, seseorang bisa saja sangat mencintai keluarganya, namun tetap kritis terhadap keputusan tertentu. Dengan kerangka seperti ini, anak dipaksa memilih antara citra sebagai anak yang berbakti atau "pengkhianat", bukan antara argumen yang masuk akal dan yang tidak.

Di tempat kerja, pola serupa muncul dalam bentuk yang lebih profesional, tetapi tidak kalah menekan. Atasan mungkin berkata, "Kalau kamu menolak lembur, berarti kamu tidak loyal pada perusahaan." Di sini, lojalitas dipersempit menjadi kesediaan mengorbankan waktu pribadi tanpa batas. Karyawan yang berusaha menjaga keseimbangan hidup pun terjebak: jika ia menolak, ia bisa dicap tidak berkomitmen; jika ia menerima, ia menerima standar yang mungkin merugikan dirinya. Padahal, loyalitas bisa ditunjukkan dengan banyak cara: bekerja efektif di jam kerja, memberikan ide kreatif, atau menjaga integritas(Shaleha, 2023). Penyempitan makna loyalitas menjadi "lembur tanpa protes" adalah contoh jelas dilema palsu di dunia kerja.

Sementara itu, di media sosial, dilema muncul dalam bentuk slogan-slogan polarisasi yang menular cepat. Ungkapan seperti "Kalau kamu tidak lantang mengecam X, berarti kamu mendukung X" memaksa orang memilih kubu dalam konflik yang mungkin tidak mereka pahami sepenuhnya. Ruang untuk bersikap hati-hati, menunda penilaian, atau mengambil posisi yang lebih nuansa menjadi semakin sempit(Utami et al., 2025). Orang yang mencoba bersikap moderat sering kali diserang oleh kedua belah pihak dan dilabeli plin-plan atau pengecut. Akibatnya, masyarakat terpecah dalam kubu-kubu yang saling menuduh, sementara percakapan yang rasional dan tenang justru semakin hilang. dilema-dilema semu ini ikut menyumbang pada memburuknya kualitas komunikasi publik.

**Membangun Imunitas Logis: Literasi Berpikir Kritis terhadap Argumen Dilema**

Jika argumen dilema begitu sering muncul dan begitu kuat daya tekanannya, pertanyaannya adalah: bagaimana kita bisa melindungi diri? Jawabannya terletak pada pembangunan "imunitas logis", yaitu kemampuan untuk secara otomatis memeriksa struktur argumen sebelum menerima kesimpulannya. Imunitas ini tidak lahir dalam semalam; ia terbentuk dari kebiasaan kecil seperti bertanya, "Apa saja kemungkinan lain?" atau "Apakah pembagian ini adil?" setiap kali kita dihadapkan pada pilihan-pilihan yang tampak mutlak. dengan membiasakan diri bersikap curiga pada dikotomi yang terlalu sederhana, kita perlahan-lahan memperkuat daya tahan nalar.

Literasi berpikir kritis juga berarti memahami konsep dasar kesesatan berpikir (fallacy), salah satunya adalah false dilemma atau dilema palsu. Menyadari bahwa ada nama dan konsep untuk kesalahan semacam ini membantu kita mengenalinya lebih cepat(Indasah, 2023). Kita belajar bahwa tidak semua pernyataan yang terdengar tegas dan hitam-putih itu benar; sebaliknya, pernyataan yang mengakui kerumitan justru sering lebih dekat pada kenyataan. Selain itu, latihan berdiskusi dalam suasana yang aman misalnya dengan teman yang mau saling mengoreksi tanpa menjatuhkan membantu kita menguji dan memperkuat kemampuan membongkar dilema tanpa takut dipermalukan(Indasah, 2023).

Pada akhirnya, tujuan dari mempelajari argumen dilema bukanlah agar kita bisa lebih lihai menjebak orang lain, tetapi agar kita tidak mudah dijebak dan tidak tergoda untuk memanipulasi. Seni memaksa lawan bicara memilih kehancuran logisnya sendiri, jika dilakukan tanpa etika, hanya akan melahirkan budaya diskusi yang penuh curiga dan permusuhan(Wimala et al., 2021). Sebaliknya, dengan imunitas logis yang kuat, kita dapat mengubah dilema menjadi alat refleksi: bukan untuk menghancurkan lawan, melainkan untuk menguji seberapa jujur dan konsisten kita sendiri. Dari sini, lahir harapan bahwa perdebatan bukan lagi perang perangkap, tetapi ruang bersama untuk menyusun pemahaman yang lebih matang dan manusiawi(Emha, 2020).

**KESIMPULAN**

Argumen dilema, sebagaimana telah dibahas, bukan sekadar permainan dua pilihan sederhana, melainkan sebuah seni membingkai realitas supaya tampak sempit dan tak terelakkan. Di permukaannya, ia hadir sebagai bentuk logika yang rapi dan tegas: "jika tidak A, maka B", seolah seluruh kemungkinan di dunia ini bisa dimasukkan ke dalam dua kotak yang saling meniadakan. Kerapihan struktur ini membuat banyak orang merasa bahwa mereka sedang berhadapan dengan nalar murni yang tak terbantahkan, padahal di baliknya bisa tersembunyi berbagai asumsi yang tidak pernah diperiksa. Fakta-fakta yang tidak mendukung sering diabaikan, alternatif yang tidak menguntungkan sengaja disingkirkan, dan keanekaragaman sudut pandang dikompresi menjadi satu garis lurus yang memaksa. Pada titik ini, argumen dilema berubah dari sekadar alat penalaran menjadi perangkat penaklukan: ia memaksa lawan bicara berjalan di atas jalur yang sudah dipasang ranjau, sehingga apa pun langkah yang diambil tetap mengarah pada kehancuran logis. Dengan kata lain, kekalahan seolah lahir dari pilihan yang dibuat lawan sendiri, padahal panggungnya sejak awal telah disusun untuk menggiringnya ke ujung kekalahan itu.

Namun demikian, tidak adil jika kita hanya melihat argumen dilema sebagai alat manipulasi yang sepenuhnya jahat dan harus dibuang sama sekali. Dalam ranah filsafat, etika, dan teori sosial, dilema sejati justru berfungsi sebagai cermin yang memaksa kita menghadapi konsekuensi paling tajam dari prinsip yang kita pegang. Ia memaksa kita jujur menjawab: apakah kita sungguh siap menerima semua implikasi dari keyakinan kita, atau selama ini kita hanya memegang prinsip secara setengah hati. Ketika seorang pemikir menyusun dilema untuk menunjukkan bahwa suatu pandangan tak dapat konsisten di semua situasi, ia sebenarnya sedang membuka jalan bagi perbaikan, bukan sekadar mencari kemenangan. Di tangan pemikir yang jujur dan bertanggung jawab, dilema menjadi instrumen diagnostik yang membantu merevisi, memperhalus, bahkan mengganti keyakinan yang lemah atau kontradiktif. Dengan cara ini, argumen dilema justru menjadi jalan menuju kedewasaan intelektual: ia memaksa kita keluar dari zona nyaman, menghadapi kontradiksi, dan menyadari bahwa tidak semua jawaban bisa dipertahankan tanpa koreksi. Jadi, persoalannya bukan terletak pada bentuk dilema itu sendiri, melainkan pada niat dan cara penggunaannya: apakah ia dipakai untuk menerangi atau sekadar menjatuhkan.

Pada akhirnya, kunci sikap kita terhadap argumen dilema adalah literasi logis dan keberanian bersikap kritis di tengah tekanan sosial maupun emosional. Kita perlu waspada ketika dihadapkan pada pilihan yang terlalu hitam-putih, dan tidak ragu bertanya apakah benar hanya ada dua jalan yang tersedia. Kebiasaan kecil seperti mempertanyakan asumsi, mencari opsi ketiga, atau menolak kerangka pertanyaan yang tidak adil merupakan fondasi dari "imunitas berpikir" yang akan melindungi kita dari jebakan pilihan palsu. Di saat yang sama, kita juga perlu menahan diri untuk tidak tergoda menggunakan dilema sebagai senjata untuk mempermalukan orang lain, betapa pun menggoda dan efektifnya strategi tersebut di mata audiens. Seni memaksa lawan bicara memilih kehancuran logisnya sendiri hanya akan subur di ruang dialog yang miskin empati dan haus kemenangan simbolik. Sebaliknya, ketika logika dipakai sebagai sarana untuk saling menerangi dan bukan saling menjerat, argumen dilema bisa kembali ke fungsi terbaiknya: bukan sebagai jerat yang memenjarakan nalar, melainkan sebagai alat untuk menyingkap batas-batas pemikiran kita dan mendorong semua pihak mencari kebenaran dengan lebih rendah hati, lebih matang, dan lebih manusiawi.

**DAFTAR PUSTAKA**

Angga, S., Poa, A. A., & Rikardus, F. (2023). Etika Komunikasi Netizen Indonesia di Media Sosial sebagai Ruang Demokrasi dalam Telaah Ruang Publik Jurgen Habermas. *Jurnal Filsafat Indonesia*, *6*(3), 384–393.

Annisa, N. (2022). *Analisis Dilema Penggunaan Media Sosial Dalam Film Dokumenter The Social Dilemma*. IAIN Parepare.

Dimisyqiyani, E. (2025). *Pengantar Teknik Negosiasi*. Airlangga University Press.

Eko Wahyuanto, M. M. (2025). *Manajemen Komunikasi Digital*. CV. Mitra Edukasi Negeri.

Emha, A. J. (2020). *Buku Sakti Berdebat: Membongkar Strategi Dahsyat Memenangkan Perdebatan Secara Cerdas di Setiap Situasi*. Anak Hebat Indonesia.

Indasah, S. N. (2023). *The Logical Fallacies: Kesalahan Berlogika Yang Dianggap Berpikir Kritis*. Anak Hebat Indonesia.

Khu, S., & Abdilah, Y. A. (2025). *Scroll, Like, Rusak Ketika Jempol Mengalahkan Akal*. Cahya Ghani Recovery.

Mali, M., Kristanto, H. D., & Sukristiono, D. (2024). *Etika & Hidup Bersama: Refleksi Kehidupan Bersama dengan Lensa Etika*. Sanata Dharma University Press.

Marzuki, M., Hadad, A., & Ratulangi, D. (2025). RETORIKA DAN TEKNIK DEBAT POLITIK. *Jurnal Multidisiplin Ilmu Akademik*, *2*(4), 560–574.

Nuradhawati, R., & Rahmandika, M. A. (2025). *Etika Kepemimpinan Dalam Pemerintahan: Membangun Integritas dan Kepercayaan Publik*. PT. Sonpedia Publishing Indonesia.

Nurman, H., Sos, S., & Hamsal, S. E. (2025). *Ekonomi dan Etika: Sebuah Pendekatan Filsafat Moral*. PT Indonesia Delapan Kreasi Nusa.

Oktaviana, V. (2024). *Pertunjukan Teater "Panggung Terakhir" Terinspirasi Dari Kasus Krisis Identitas Pada Seorang Aktor*. ISI Yogyakarta.

Shaleha, W. M. (2023). *Workplace Sprituality dalam Meningkatkan Kualitas Layanan Karyawan Perbankan Syariah*. Penerbit NEM.

Supriatno, E. (2025). *Politik Matahari Kembar*. Takaza Innovatix Labs.

Umar Al Faruq, M. P. I., & Arifa, Z. (2024). *HOW TO BE THE BEST DEBATER: Teknik Jitu Menjadi Debater Ulung*. Pustaka Peradaban.

Utami, P., Rustiyana, R., Ramadhanti, D., Mardiah, M., Fajaryati, N., Rinawan, R. B., & Anggraini, Y. (2025). *Komunikasi Non Verbal*

*Smart Classroom: Kajian Emosi dalam Pembelajaran Era AI*. Star Digital Publishing.

Wibowo, A. (2025). ARGUMEN HUKUM. *Penerbit Yayasan Prima Agus Teknik*.

Wimala, E. Y., Srimulyani, I. N., & Saskiaputri, A. (2021). *Debat: Sebuah Keterampilan dan Seni Berbicara*. Guepedia.

Wulan, E. P. S., Pattiasina, P. J., Putra, B. A., Arianto, T., Saragih, R. B., Mardiana, M., Sitepu, E. P., Alvira, I., & Aziz, B. (2024). *Retorika dan Dialektika Komunikasi Publik*. CV. Gita Lentera.

ZTF, P. B. (2025). *Isu-Isu Dalam Fiqih Kontemporer*. UMMPress.

# BAGIAN 3

# BENTENG MELAWAN KESESATAN BERPIKIR

## MENYERANG ORANGNYA,BUKAN ARGUMENNYA: MENGENALI SESAT PIKIR *ARGUMENTUM AD HOMINEM*

*Oleh : Milla Karimah*

### PENDAHULUAN

Di era digital saat ini, perdebatan dan diskusi di ruang publik semakin intensif, terutama dalam platform media sosial. Berbagai topik yang menyangkut politik, ekonomi, sosial, dan budaya sering kali menjadi bahan perdebatan sengit. Sayangnya, dalam banyak kasus, debat yang semula bertujuan untuk membahas ide atau gagasan malah berubah menjadi serangan pribadi terhadap individu yang mengungkapkan pendapat. Salah satu bentuk serangan ini adalah argumentum ad hominem, yaitu kesesatan berpikir yang terjadi ketika argumen seseorang diserang bukan berdasarkan isi atau validitas argumennya, tetapi melalui penyerangan terhadap karakter, latar belakang, atau atribut pribadi orang tersebut(Wimala et al., 2021). Fenomena ini tidak hanya terjadi dalam diskusi politik, tetapi juga dalam berbagai bidang kehidupan, seperti akademik, bisnis, dan kehidupan sosial. Proses serangan pribadi ini sering kali menggantikan argumen rasional yang lebih substansial, yang seharusnya menjadi fokus utama dalam diskusi atau debat. Dalam beberapa kasus, serangan ini bahkan berujung pada ketidakmampuan untuk membedakan antara kualitas ide dan kualitas orang yang menyampaikan ide tersebut. Sebagai dampaknya, diskusi yang produktif dan berkembang justru terkendala oleh perasaan pribadi dan bias yang mempengaruhi penilaian terhadap argumen yang diajukan.

Fenomena argumentum ad hominem sering kali terjadi ketika pihak yang tidak dapat membantah atau menyanggah argumen yang diajukan, memilih untuk menyerang pribadi lawan bicara(Anam et al., 2019). Taktik ini terbukti efektif dalam mendelegitimasi pandangan orang lain tanpa harus memikirkan substansi argumennya. Hal ini menjadi semakin sering ditemui dalam berbagai bentuk media, baik media sosial maupun media massa, di mana opini pribadi sering kali lebih didengarkan daripada argumen yang berbasis pada data dan fakta. Serangan pribadi yang dipilih untuk menggantikan penolakan atas argumen, sering kali lebih mudah diterima oleh audiens yang tidak mendalami substansi perdebatan. Dalam dunia yang semakin terhubung ini, polarisasi sosial pun semakin tajam, di mana masing-masing kelompok lebih mudah mempercayai informasi yang sesuai dengan pandangan mereka sendiri. Keadaan ini memperburuk kualitas komunikasi dan pemahaman antar individu, karena komunikasi yang produktif justru terganggu oleh pertikaian yang berbasis pada penyerangan pribadi daripada pencarian solusi yang konstruktif.

Sebagai seorang akademisi yang mengkhususkan diri dalam pengembangan pemikiran kritis, penting untuk menyoroti bahaya dari praktik berargumen yang tidak sehat ini(Jazeri & Sukarsono, 2019). Argumentum ad hominem merusak tujuan dari diskusi yang seharusnya menjadi ruang untuk menemukan solusi, memperkaya pemahaman, dan mengembangkan ide. Dalam bidang akademik, misalnya, serangan terhadap individu sering kali menggantikan evaluasi atas kualitas ide, yang justru dapat menghentikan kemajuan intelektual. Dalam banyak kasus, ide yang sebenarnya inovatif dan bermanfaat sering kali terabaikan hanya karena pembawa ide tersebut tidak populer atau dianggap berasal dari kelompok tertentu yang tidak disukai. Inilah yang membuat pentingnya penerapan logika dan berpikir kritis dalam setiap aspek kehidupan, untuk memastikan bahwa kita tetap fokus pada substansi pembicaraan dan tidak terjebak dalam serangan yang tidak relevan. Kesadaran akan bahaya ini menjadi penting agar kita bisa lebih bijak dalam menyaring informasi dan membedakan mana yang benar-benar berbasis pada argumen logis dan mana yang hanya serangan pribadi yang tidak berdasar(Yulianto, 2024).

Perdebatan yang baik adalah perdebatan yang mengutamakan penalaran logis dan menghargai substansi argumen daripada menyerang pribadi seseorang(Intihani, 2021). Oleh karena itu, penting bagi kita untuk mengenali dan memahami berbagai jenis sesat pikir, termasuk argumentum ad hominem, agar kita dapat lebih bijak dalam berpartisipasi dalam diskusi. Memahami bagaimana argumentum ad hominem bekerja memungkinkan kita untuk mengidentifikasi kapan sebuah diskusi mulai tergelincir menjadi ajang perkelahian pribadi yang tidak relevan dengan topik yang dibahas. Dalam konteks ini, penerapan logika yang sistematis dalam berpikir sangat penting untuk mempertahankan diskusi yang sehat dan produktif(Marbun, 2018). Dengan demikian, kita tidak hanya bisa menjadi peserta dalam debat, tetapi juga menjadi fasilitator yang dapat mengarahkan diskusi ke jalur yang lebih konstruktif, di mana ide dan argumen yang rasional menjadi fokus utama. Ini juga berperan dalam menciptakan budaya diskusi yang lebih etis, di mana perbedaan pendapat dihargai dan diperdebatkan dengan cara yang penuh rasa hormat, bukan dengan serangan pribadi yang hanya menambah polarisasi.

Selain itu, penting untuk memahami bahwa fenomena argumentum ad hominem tidak hanya berdampak pada diskursus akademik, tetapi juga pada kehidupan sosial sehari-hari. Serangan pribadi yang sering kali terjadi dalam perdebatan politik, misalnya, bisa berujung pada polarisasi masyarakat yang semakin tajam(In & Study, 2023). Dalam dunia yang dipenuhi dengan informasi yang datang dari berbagai sumber, termasuk media sosial, kita sering kali melihat bagaimana kelompok-kelompok tertentu menggunakan serangan pribadi untuk memenangkan perdebatan tanpa memberikan argumen yang kuat. Pola ini semakin berkembang di berbagai platform, di mana setiap individu atau kelompok yang tidak sepakat dengan pandangan mayoritas akan mudah diserang secara pribadi, bukan diperdebatkan secara rasional. Akibatnya, diskusi yang seharusnya menjadi sarana untuk saling memahami, berkembang, dan menemukan solusi justru menjadi ajang perseteruan yang berlarut-larut tanpa hasil. Oleh karena itu, sangat penting bagi setiap individu untuk mampu mengenali dan menghadapi serangan ad hominem dengan cara yang tepat, agar diskusi tetap fokus pada isu yang sedang dibahas.

Penulis akan menjelaskan lebih lanjut tentang bagaimana argumentum ad hominem bekerja sebagai sebuah kesesatan berpikir, memberikan contoh-contoh nyata dari kehidupan sehari-hari, serta membahas dampaknya terhadap kualitas diskusi dan pengambilan keputusan. Proses pembahasan ini akan membedah jenis-jenis argumentum ad hominem yang sering muncul, termasuk ad hominem abusive, circumstantial, tu quoque, dan guilt by association(Imelda et al., 2024). Setiap jenis kesesatan berpikir ini memiliki karakteristik dan cara penerapannya yang berbeda dalam berbagai konteks, baik itu dalam debat politik, diskusi akademik, atau bahkan interaksi sosial sehari-hari. Pengetahuan mengenai hal ini sangat penting agar kita dapat lebih waspada dan kritis terhadap argumen yang disampaikan, serta dapat mengidentifikasi kapan serangan pribadi mulai menggantikan argumen yang lebih substansial. Dengan memahami dan mengenali cara-cara serangan pribadi ini, kita dapat lebih siap untuk mempertahankan posisi kita dengan argumen yang rasional dan berbasis pada bukti yang valid.

Penting untuk dicatat bahwa pembahasan ini tidak hanya berkontribusi pada perkembangan ilmu pengetahuan dalam ranah logika dan berpikir kritis, tetapi juga memberikan kontribusi terhadap peningkatan kualitas debat dan diskusi di masyarakat, baik di tingkat nasional maupun internasional. Dengan memahami dan mempraktikkan cara-cara mengidentifikasi dan mengatasi argumentum ad hominem, kita dapat menciptakan lingkungan yang lebih kondusif untuk pertukaran ide yang sehat dan bermanfaat bagi kemajuan bersama. Diharapkan, dengan pengetahuan ini, pembaca akan lebih siap menghadapi berbagai bentuk perdebatan yang berpotensi merusak kualitas diskursus dan dapat lebih aktif berkontribusi dalam menciptakan budaya diskusi yang rasional, objektif, dan produktif, baik dalam lingkungan akademik maupun dalam kehidupan sosial secara umum.

## PEMBAHASAN

### Definisi dan Karakteristik Argumentum Ad Hominem

Argumentum ad hominem adalah kesesatan berpikir yang sering ditemukan dalam diskusi dan debat(Ulfah et al., 2025). Dalam pola pikir ini, kualitas argumen seseorang tidak dievaluasi berdasarkan kebenaran atau logika, tetapi berdasarkan karakter atau atribut pribadi orang yang menyampaikannya. Biasanya, argumentum ad hominem muncul ketika pihak yang tidak mampu membantah atau menanggapi argumen yang diajukan memilih untuk menyerang pribadi lawan bicara. Serangan pribadi ini bukan hanya tidak relevan dengan substansi argumen yang dibahas, tetapi sering digunakan untuk mendiskreditkan pihak lawan dan mengalihkan perhatian audiens dari topik utama yang sedang diperbincangkan. Dalam banyak kasus, strategi ini lebih mudah diterima audiens yang tidak terbiasa menganalisis argumen secara kritis, karena serangan pribadi memanfaatkan faktor emosional yang lebih mudah memengaruhi persepsi seseorang daripada analisis rasional terhadap ide yang diajukan.

### Dampak Argumentum Ad Hominem dalam Diskusi dan Debat

Serangan ad hominem merupakan salah satu jenis fallacy (kesalahan logika) yang sering ditemui dalam debat publik maupun diskusi. Fallacy ini terjadi ketika seseorang menyerang karakter, integritas, atau atribut pribadi lawan debatnya sebagai pengganti membahas argumen yang diajukan. Dalam bentuk yang paling umum, serangan ini muncul ketika individu diserang secara personal, baik berdasarkan latar belakang, pengalaman, maupun status sosialnya, alih-alih berfokus pada substansi atau kualitas argumen yang dikemukakan.

Dalam diskusi mengenai kebijakan publik, sering kali seseorang yang mengemukakan pendapat tentang suatu kebijakan diserang dengan argumen yang meragukan relevansinya, seperti dengan menyatakan bahwa orang tersebut tidak memiliki pengalaman di bidang yang dibahas. Padahal, relevansi atau kebenaran sebuah pendapat seharusnya dinilai berdasarkan kualitas dan dasar argumen yang diajukan, bukan pada siapa yang mengemukakannya atau dari latar belakang apa dia berasal. Pengalaman pribadi memang dapat memperkaya perspektif seseorang, tetapi itu bukanlah satu-satunya tolok ukur untuk menilai nilai dari suatu ide atau pendapat. Meskipun tanpa pengalaman khusus, jika argumen yang diajukan didasarkan pada pemikiran yang logis dan dapat dipertanggungjawabkan, maka pendapat tersebut tetap layak dipertimbangkan.

Namun, serangan ad hominem sering kali digunakan sebagai taktik untuk menggiring opini publik atau audiens agar meragukan kredibilitas pembicara tanpa harus menanggapi ide yang diajukan. Tak jarang, serangan ini berhasil menurunkan wibawa atau kepercayaan audiens terhadap individu tersebut, meskipun argumen yang disampaikan belum tentu salah. Fenomena ini kerap kali mengalihkan perhatian audiens dari pokok persoalan dan memusatkan perhatian pada masalah pribadi, yang sebenarnya tidak relevan dengan substansi pembahasan.

Lebih jauh lagi, serangan ad hominem dapat memperburuk dinamika diskusi. Ketika seseorang diserang secara pribadi, respon emosional sering kali muncul, baik dari pihak yang diserang maupun dari audiens. Alih-alih membahas masalah dengan cara rasional dan konstruktif, diskusi bisa berujung pada ketegangan pribadi, permusuhan, dan saling tuding. Proses ini tidak hanya tidak produktif, tetapi juga memperburuk iklim komunikasi di ruang publik, dimana yang seharusnya menjadi ajang berbagi gagasan dan mencari solusi, justru berubah menjadi medan konflik yang tidak sehat.

Di level yang lebih luas, fenomena serangan ad hominem ini dapat berdampak negatif pada kualitas debat publik dan pengambilan keputusan. Ketika pembicaraan lebih banyak berfokus pada menyerang individu, bukan pada ide yang diungkapkan, maka masyarakat akan kehilangan kesempatan untuk mengeksplorasi solusi yang lebih baik dan bijaksana. Sebagai gantinya, waktu dan energi terkuras untuk membahas siapa yang lebih berhak atau tidak berhak berbicara mengenai suatu isu, ketimbang menilai argumen secara objektif dan berdasarkan fakta.

**Mengatasi Argumentum Ad Hominem dalam Perdebatan**

Untuk mencegah efek negatif dari serangan ad hominem, penting bagi kita untuk mengembangkan kesadaran dan kebijakan dalam berkomunikasi. Diskusi yang sehat seharusnya selalu mengedepankan pertukaran ide yang logis, bukan menyerang pribadi. Dalam setiap debat atau diskusi, penting bagi setiap individu untuk tetap fokus pada substansi argumen, menghindari taktik manipulatif yang hanya bertujuan untuk merusak kredibilitas lawan, dan berusaha menjaga suasana tetap profesional dan konstruktif. Hanya dengan demikian, kita dapat menciptakan ruang publik yang produktif, dimana ide-ide dapat berkembang dan diperjuangkan demi kemajuan bersama. Selain serangan terhadap karakter, argumentum ad hominem juga bisa berwujud serangan yang berfokus pada latar belakang pribadi atau afiliasi seseorang(Sony, n.d.). Misalnya, ketika seseorang yang bekerja di lembaga yang dianggap kontroversial mengusulkan suatu kebijakan, dia bisa diserang dengan mengatakan bahwa dia mendukung kebijakan tersebut karena ada kepentingan tertentu. Serangan seperti ini lebih fokus pada hubungan pribadi atau afiliasi individu daripada pada argumen yang diajukan. Padahal, kualitas argumen tidak bergantung pada siapa yang menyampaikannya atau afiliasi apa yang dimilikinya, melainkan pada bukti dan logika yang mendasarinya.

Fenomena argumentum ad hominem menjadi lebih mengkhawatirkan di dunia digital, terutama di media sosial, di mana informasi dapat tersebar dengan sangat cepat. Di platform-platform tersebut, perdebatan sering kali beralih dari perbincangan ide menjadi serangan terhadap pribadi atau latar belakang individu yang mengemukakan pendapat(Lutfiyah, 2018). Hal ini mengarah pada perpecahan sosial yang semakin tajam, di mana kelompok-kelompok dengan pandangan yang berbeda semakin tidak saling mendengarkan. Alih-alih berdiskusi secara produktif, orang lebih cenderung terlibat dalam ejekan dan penghinaan terhadap pihak yang tidak sependapat. Polarisasi semacam ini tidak hanya merusak kualitas diskursus publik, tetapi juga mengancam iklim demokrasi itu sendiri. Diskusi yang seharusnya dapat membuka jalan bagi pemahaman bersama dan pencapaian solusi, justru menjadi ajang permusuhan yang tak berujung, di mana tujuan utama untuk mencapai kesepakatan atau solusi konstruktif tergeser oleh emosi dan kebencian.

Salah satu alasan mengapa argumentum ad hominem sering kali berhasil adalah karena ia memanfaatkan bias kognitif yang ada pada audiens(Mesah et al., 2024). Bias ini menyebabkan audiens lebih mudah menerima informasi yang sesuai dengan pandangan mereka sendiri dan mengabaikan informasi yang bertentangan. Ketika serangan pribadi dilontarkan, audiens cenderung lebih fokus pada aspek pribadi yang diserang daripada pada substansi argumen yang sebenarnya. Oleh karena itu, penting bagi setiap individu untuk mengembangkan keterampilan berpikir kritis agar dapat mengenali kapan sebuah perdebatan telah bergeser dari pembahasan ide menjadi serangan pribadi yang tidak relevan dengan topik yang sedang dibahas. Dengan keterampilan berpikir kritis, seseorang dapat lebih fokus pada logika dan bukti yang mendasari argumen dan menghindari perdebatan emosional yang tidak produktif.

Untuk melawan argumentum ad hominem, strategi yang efektif adalah dengan mengembalikan diskusi pada topik yang sebenarnya dan menegaskan kembali substansi dari argumen yang diajukan(Marzuki et al., 2025). Salah satu cara yang bisa dilakukan adalah dengan mengenali serangan pribadi tersebut dan mengungkapkan bahwa serangan itu tidak relevan dengan kualitas argumen yang diperdebatkan. Misalnya, jika seseorang diserang secara pribadi, individu tersebut bisa mengarahkan kembali perdebatan dengan menyatakan bahwa, terlepas dari siapa dia, mari kembali membahas bukti dan data yang mendasari pernyataan yang dia ajukan. Pendekatan seperti ini tidak hanya mengembalikan perhatian pada substansi yang relevan, tetapi juga mengingatkan semua pihak untuk menjaga diskusi tetap rasional dan konstruktif. Kesadaran akan bahaya argumentum ad hominem dan cara menanggapinya sangat penting untuk menciptakan perdebatan yang sehat dan bermanfaat.

**KESIMPULAN**

Argumentum ad hominem merupakan kesesatan berpikir yang secara signifikan dapat merusak kualitas diskusi dan perdebatan. Alih-alih mempertanyakan ide atau substansi yang diajukan, pendekatan ini menyerang pribadi pembicara, yang tidak relevan dengan isi argumen itu sendiri. Keberhasilan serangan ad hominem terletak pada kemampuannya untuk menggiring audiens agar fokus pada kelemahan pribadi atau atribut pembicara, bukan pada bukti atau logika yang mendasari argumen. Fenomena ini sangat sering ditemui di dunia digital, terutama di media sosial, di mana perdebatan sering kali berkembang menjadi perkelahian pribadi yang merugikan, menggantikan diskusi produktif yang seharusnya terjadi. Oleh karena itu, penting bagi individu untuk memahami bahayanya dan berusaha menghindarinya agar diskusi tetap pada jalurnya dan bisa menghasilkan solusi yang lebih baik.

Salah satu cara untuk mencegah dan melawan argumentum ad hominem adalah dengan mengedepankan pemikiran kritis dalam setiap diskusi. Memisahkan individu dari ide yang diajukan adalah langkah pertama yang harus dilakukan untuk menjaga diskusi tetap sehat dan produktif. Dalam setiap debat, fokuslah pada substansi argumen, bukan pada siapa yang menyampaikan pendapat tersebut. Ketika serangan pribadi mulai muncul, penting untuk segera mengenali dan menegaskan bahwa serangan tersebut tidak relevan dengan kualitas argumen yang diperdebatkan. Dengan demikian, diskusi dapat kembali difokuskan pada topik yang relevan dan tidak terganggu oleh faktor emosional atau perasaan pribadi yang tidak penting dalam mencari solusi yang tepat.

Kesadaran akan fenomena argumentum ad hominem dan kemampuannya untuk merusak kualitas diskusi merupakan langkah penting dalam menciptakan budaya diskusi yang lebih sehat dan rasional, baik dalam lingkungan akademik maupun sosial. Mengembangkan kemampuan berpikir kritis untuk mengenali serangan pribadi dan mengabaikannya adalah kunci untuk menciptakan perdebatan yang konstruktif dan berbasis pada logika yang valid. Selain itu, dengan memahami dampak negatif dari kesesatan berpikir ini, kita bisa lebih siap untuk berpartisipasi dalam diskusi yang produktif, yang memungkinkan pertukaran ide yang sehat dan mengarah pada pemecahan masalah yang lebih baik. Oleh karena itu, penting bagi kita untuk mempromosikan diskusi yang etis dan rasional untuk mencapai tujuan bersama yang lebih bermakna.

## DAFTAR PUSTAKA

Anam, A. K., Triana, R., & Zakaria, A. (2019). Debat Dalam Prespektif Al-Quâ€™ran Studi Tematik Ayat-Ayat Tentang Debat. *ProsA IAT: Prosiding Al Hidayah Ilmu Al-Quran Dan Tafsir*, *1*(1), 1–19.

Imelda, C., Ma'arij, A., Mangar, I., Hazmi, R. M., Sukmareni, S., Abidin, M. A., Indrayati, R., & Hidayah, A. (2024). *Logika dan Argumen Dalam Penalaran Hukum*. CV. Gita Lentera.

In, L., & Study, C. (2023). *Wujud Argumen Ad Hominem sebagai Strategi Komunikasi para Advokat dalam Program Kontroversi Metro TV*. *9*(1).

Intihani, S. N. (2021). Strategi Berargumentasi dalam Menyelesaikan Masalah Hukum. *Jurnal Hukum Jurisdictie*, *3*(2), 111–123.

Jazeri, M., & Sukarsono, E. S. (2019). Argumentum ad Hominem in Presidential Candidate's Debate in Indonesia: Forms and Functions. *SEWORD FRESSH 2019: Proceedings of the 1st Seminar and Workshop on Research Design, for Education, Social Science, Arts, and Humanities, SEWORD FRESSH 2019, April 27 2019, Surakarta, Central Java, Indonesia*, 356.

Lutfiyah, N. U. (2018). *Logical fallacy dan cyberbullying pada media sosial facebook: Studi Analisa wacana pada kasus Demonstrasi 212*. Universitas Islam Negeri Maulana Malik Ibrahim.

Marbun, R. (2018). Fallacy (Sesat Pikir) Argumentum Ad Verecundiam Dalam Motivering Vonnis (Pertimbangan Hukum)/the Argumentum Ad Verecundiam Fallacy in Motivering Vonis (Legal Reasoning). *Jurnal Hukum Dan Peradilan*, *7*(2), 327–352.

Marzuki, M., Hadad, A., & Ratulangi, D. (2025). RETORIKA DAN TEKNIK DEBAT POLITIK. *Jurnal Multidisiplin Ilmu Akademik*, *2*(4), 560–574.

Mesah, W., Darma, F. E., & Lawalata, M. (2024). Memahami Logika Berpikir Sebagai Landasan Membangun Argumentasi Yang Kuat. *Jurnal Teologi Injili Dan Pendidikan Agama*, *2*(3), 173–185.

Sony, E. (n.d.). TEORI DAN KONSEP DASAR ARGUMENTASI HUKUM. *PENGANTAR*,

Ulfah, M., Safitri, S. N., & Jannah, N. W. (2025). Kontribusi Ilmu Mantiq Dalam Membedah Kekeliruan Berfikir (Fallcay) Di Media Sosial. *Menulis: Jurnal Penelitian Nusantara*, *1*(6), 462–470.

Wimala, E. Y., Srimulyani, I. N., & Saskiaputri, A. (2021). *Debat: Sebuah Keterampilan dan Seni Berbicara*. Guepedia.

Yulianto, H. B. (2024). *STRATEGI KOMUNIKASI DEBAT DALAM DAKWAH: STUDI POLA RESPONS TERHADAP*. *6*(1), 87–106. https://doi.org/10.55372/inteleksiajpid.v6i1.307

# KETIKA MAYORITAS TAK SELALU BENAR: MENGUNGKAP LOGIKA ARGUMENTUM AD POPULUM

*Oleh : Sarifah mariyatu kifiyah*

## PENDAHULUAN

Dalam perdebatan yang melibatkan kelompok besar, sering kali kita mendengar klaim yang berbunyi, "Karena banyak orang yang setuju, berarti ini benar" (Emha, 2020). Klaim semacam ini mencerminkan kesalahan logika yang disebut *argumentum ad populum*, yaitu ketika suatu pandangan dianggap benar hanya karena didukung oleh banyak orang. Secara sederhana, logika ini mengabaikan prinsip-prinsip rasionalitas dan bukti ilmiah yang seharusnya menjadi dasar penilaian terhadap sebuah argumen. Pemikiran ini membuktikan bahwa popularitas suatu ide tidak selalu sejalan dengan kebenaran yang objektif. Oleh karena itu, penting untuk membedakan antara keyakinan yang didorong oleh mayoritas dan pemahaman yang dibangun dari analisis yang mendalam (Hardiman, 2023)

Sejarah mencatat berbagai contoh dimana argumen yang diterima oleh mayoritas ternyata keliru. Salah satunya adalah pandangan diskriminatif yang diterima masyarakat di berbagai belahan dunia pada masa lalu. Diskriminasi rasial, misalnya, diterima oleh banyak orang karena dianggap sebagai norma sosial. Padahal, praktik ini tidak berdasar pada keadilan atau moralitas yang universal. Penolakan terhadap diskriminasi semakin berkembang seiring dengan penelitian ilmiah dan pembaharuan sosial yang menantang konsensus yang ada. Kasus ini menunjukkan bahwa kebenaran tidak bisa diukur hanya dengan seberapa banyak orang yang mendukung suatu pandangan (Adrian et al., 2021)

Dalam dunia politik, kita sering mendengar klaim bahwa kebijakan tertentu harus diterima karena mendapatkan dukungan mayoritas. Namun, ini merupakan bentuk logika yang menyesatkan, karena pandangan mayoritas seringkali terbentuk berdasarkan informasi yang tidak lengkap atau bahkan bias. Misalnya, kebijakan yang diterapkan oleh pemerintah dapat dipengaruhi oleh media atau tokoh tertentu yang memiliki kekuasaan untuk membentuk opini publik. Meskipun kebijakan tersebut didukung oleh banyak orang, tidak ada jaminan bahwa kebijakan tersebut benar-benar memberikan manfaat bagi seluruh masyarakat. Oleh karena itu, penting untuk mengevaluasi kebijakan berdasarkan bukti dan dampaknya, bukan sekadar popularitasnya (Sarihati et al., 2022)

Argumentum ad populum juga tampak dalam dunia sosial dan budaya. Banyak orang cenderung mengikuti tren yang sedang populer, meskipun mereka tidak yakin apakah tren tersebut sesuai dengan nilai atau kebutuhan pribadi mereka (Zatrahadi, 2025). Contohnya, dalam dunia fesyen, banyak orang membeli pakaian atau aksesoris tertentu hanya karena itu sedang tren. Mereka merasa tertekan untuk mengikuti arus agar tidak dianggap ketinggalan zaman. Padahal, keputusan untuk mengikuti tren seharusnya didasari pada pertimbangan rasional, bukan hanya popularitas atau tekanan sosial. Dalam hal ini, individu perlu mengembangkan kemampuan berpikir kritis agar tidak terjebak dalam logika yang menyesatkan ini (Halimah, 2025).

Dalam dunia sains, argumentum ad populum juga sering kali muncul ketika orang meragukan teori ilmiah yang sudah diterima secara luas hanya karena teori tersebut belum diterima oleh sebagian orang atau kelompok. Misalnya, meskipun mayoritas ilmuwan setuju bahwa perubahan iklim disebabkan oleh aktivitas manusia, masih ada sebagian kalangan yang menolaknya. Mereka berargumen bahwa karena masih ada beberapa orang yang tidak setuju, maka pandangan mayoritas tidak dapat dianggap sebagai kebenaran mutlak. Hal ini menunjukkan bahwa kebenaran ilmiah tidak ditentukan oleh seberapa banyak orang yang mendukung suatu teori, tetapi oleh bukti yang valid dan proses verifikasi yang ketat (Wibowo, 2025). Dalam konteks ini, penting untuk memahami bahwa kebenaran bukanlah sesuatu yang bisa diputuskan berdasarkan jumlah dukungan atau popularitas. Pembentukan pendapat yang rasional harus didasarkan pada logika yang koheren dan bukti yang valid, bukan sekadar pendapat mayoritas. Pendekatan ini akan membantu kita dalam menganalisis suatu isu atau fenomena dengan lebih mendalam, serta menghindari kesalahan dalam pengambilan keputusan. Argumentum ad populum memperlihatkan betapa kuatnya pengaruh sosial terhadap cara kita berpikir, namun kita tidak boleh membiarkan pengaruh tersebut mendistorsi kebenaran.(Maksum, 2023)

Pada akhirnya, untuk mencapai pemahaman yang lebih baik mengenai dunia ini, kita perlu melatih diri kita untuk berpikir kritis dan independen. Mengikuti mayoritas tanpa pertimbangan rasional hanya akan memperkuat kesalahan kolektif yang bisa berakibat buruk dalam jangka panjang. Oleh karena itu, penting bagi setiap individu untuk mempertanyakan setiap klaim yang diajukan, meskipun klaim tersebut datang dari kelompok mayoritas. Dengan cara ini, kita bisa membentuk pandangan yang lebih matang dan berdasarkan pada prinsip-prinsip kebenaran yang lebih solid. Dalam masyarakat yang berkembang, kemampuan untuk berpikir kritis adalah salah satu kunci untuk mencapai kemajuan yang berkelanjutan (Cynthia & Sihotang, 2023)

Selain itu, dalam dunia media sosial, *argumentum ad populum* sering kali menjadi pendorong utama dalam pembentukan opini publik. Tren dan viralitas di platform seperti Instagram, Twitter, atau TikTok sering kali menjadi alat untuk membentuk apa yang dianggap benar atau populer. Banyak orang mengikuti tren atau menyetujui pendapat hanya karena dilihat oleh banyak orang lain. Misalnya, jika suatu produk atau ide mendapat perhatian luas di media sosial, banyak orang merasa terdorong untuk ikut serta tanpa memeriksa kebenarannya. Meskipun sesuatu sangat populer di dunia maya, itu tidak menjamin kualitas atau kebenarannya. Hal ini menunjukkan betapa kuatnya pengaruh opini mayoritas dalam membentuk perilaku individu, meskipun opini tersebut bisa saja keliru (Zatrahadi, 2025).

Dalam dunia bisnis, *argumentum ad populum* juga dapat ditemukan dalam keputusan strategis yang didorong oleh tren pasar. Banyak perusahaan yang memutuskan untuk mengembangkan produk atau layanan berdasarkan apa yang sedang populer, tanpa mempertimbangkan apakah produk tersebut benar-benar memenuhi kebutuhan pasar atau berkelanjutan dalam jangka panjang. Misalnya, saat cryptocurrency atau saham teknologi menjadi sangat populer, banyak investor dan perusahaan tergoda untuk ikut berinvestasi tanpa memeriksa fundamental dan risikonya dengan teliti. Hal ini menunjukkan bahwa keputusan bisnis yang hanya didasarkan pada apa yang banyak dilakukan oleh orang lain atau dianggap sebagai "tren" bisa berisiko dan menyesatkan, serta dapat merugikan pihak yang terlibat dalam jangka Panjang (Santoso et al., 2024).

Terakhir, untuk meminimalkan dampak dari *argumentum ad populum* dalam kehidupan sehari-hari, pendidikan kritis dan literasi informasi memainkan peran yang sangat penting. Masyarakat yang mampu mengembangkan keterampilan berpikir kritis akan lebih mampu untuk mengidentifikasi klaim yang hanya didasarkan pada popularitas atau mayoritas (Mulyana et al., 2025). Pendidikan yang mendorong analisis mendalam terhadap bukti, logika, dan argumen yang diajukan akan membantu individu untuk tidak terjebak dalam kesalahan logika tersebut. Dengan membangun budaya yang menghargai pemikiran independen dan menghindari penilaian hanya berdasarkan seberapa banyak orang yang mendukung suatu ide, kita dapat menciptakan masyarakat yang lebih bijaksana dan terinformasi, serta mengurangi dampak buruk dari mengikut arus tanpa pertimbangan yang rasional (Saputra et al., 2023).

## PEMBAHASAN

### Hakikat Argumentum ad Populum dalam Kehidupan Sosial Modern

Dalam masyarakat kontemporer yang semakin kompleks, paradigma berpikir kolektif sering kali mengaburkan batas antara kebenaran objektif dan pendapat publik. Fenomena ini terlihat jelas dalam kecenderungan masyarakat modern yang menganggap pendapat mayoritas sebagai tolok ukur kebenaran. *Argumentum ad populum* lahir dari pola pikir ini, di mana sebuah gagasan dianggap benar hanya karena diterima secara luas oleh banyak orang.

Dalam konteks sosial yang terhubung oleh teknologi dan arus informasi cepat, persepsi sering kali memiliki daya pengaruh yang lebih besar daripada fakta. Akibatnya, masyarakat modern mulai menilai kebenaran berdasarkan popularitas, bukan pada keakuratan data atau kekuatan argument (Fahmi, 2020).Manusia sebagai makhluk sosial memiliki kebutuhan mendasar untuk diterima oleh lingkungannya. Dorongan ini menimbulkan perilaku konformitas, yakni kecenderungan untuk menyesuaikan pandangan pribadi agar selaras dengan kelompok. Ketika konformitas ini terjadi secara masif, lahirlah apa yang disebut "ilusi konsensus"perasaan bahwa semua orang setuju, padahal banyak individu sebenarnya tidak sepenuhnya meyakini pandangan tersebut. Tekanan sosial seperti ini memicu pengabaian terhadap kejujuran intelektual. Banyak orang lebih memilih rasa aman dalam kesepakatan bersama dibandingkan keberanian untuk berpikir berbeda. Ketika hal ini terjadi secara sistematis, kemampuan berpikir kritis melemah dan masyarakat terjebak dalam budaya keseragaman yang semu (Lestari, 2023).

Hakikat dari *argumentum ad populum* sesungguhnya adalah pergeseran sumber otoritas kebenaran dari bukti rasional menuju opini public (Maulana & SH, 2020). Dalam dunia akademik, pergeseran ini berpotensi melemahkan integritas ilmiah. Sebuah teori atau klaim tidak lagi dinilai dari validitasnya, tetapi dari banyaknya pihak yang mendukungnya. Fenomena ini berbahaya karena mengikis fungsi ilmu pengetahuan sebagai alat pencarian kebenaran. Oleh sebab itu, pendidikan logika, filsafat, dan literasi berpikir kritis menjadi kebutuhan mendesak dalam menjaga daya nalar masyarakat modern agar tetap mampu membedakan antara opini dan fakta, serta antara popularitas dan kebenaran ilmiah (Hardiyanto et al., 2025).

**Sejarah Kekeliruan Mayoritas: Dari Tradisi hingga Modernitas**

Sejarah manusia memberikan banyak pelajaran bahwa pandangan mayoritas tidak selalu sejalan dengan kebenaran. Pada masa lalu, berbagai praktik sosial seperti diskriminasi, feodalisme, hingga kolonialisme diterima sebagai norma umum karena didukung oleh kekuasaan dan diterima secara sosial. Pandangan yang keliru ini bertahan karena manusia cenderung mengikuti arus sosial yang dominan tanpa mempertanyakan keabsahannya. Butuh waktu panjang dan perjuangan intelektual dari kelompok kecil yang berani menentang pandangan umum sebelum kebenaran akhirnya diakui. Contoh nyata dari hal ini dapat ditemukan dalam perjalanan ilmu pengetahuan. Banyak gagasan besar dalam sejarah sains yang awalnya ditolak karena dianggap bertentangan dengan kepercayaan dominan masyarakat. Ketika Galileo menyatakan bahwa bumi berputar mengelilingi matahari, ia menghadapi penolakan keras karena pandangannya menggoyahkan keyakinan mayoritas yang didukung oleh otoritas keagamaan. Namun, seiring berjalannya waktu, teori yang dulu ditentang akhirnya menjadi fondasi pengetahuan modern. Ini membuktikan bahwa keberanian berpikir kritis, meski datang dari minoritas, adalah motor utama kemajuan peradaban (Hardiman, 2023)

Di era digital, kesalahan kolektif kini berevolusi menjadi bentuk baru. Opini yang viral di media sosial sering dianggap kebenaran universal, sementara pandangan yang tidak populer mudah diabaikan. Kecepatan penyebaran informasi membuat kesalahan berpikir mayoritas berlangsung dalam hitungan detik. Sejarah yang dulu terbentuk dalam ratusan tahun kini dapat terulang dalam sekejap. Fenomena ini menunjukkan bahwa meskipun teknologi telah berkembang, kecenderungan manusia untuk mencari pembenaran sosial tetap sama. Maka, kesadaran kritis terhadap bahaya *argumentum ad populum* menjadi semakin penting dalam menjaga rasionalitas di tengah dunia yang sarat informasi tetapi miskin refleksi (Nugroho et al., 2023).

**Politik Populis dan Logika Mayoritas**

Dalam bidang politik, *argumentum ad populum* sering dimanfaatkan sebagai alat manipulasi retoris. Para politisi yang ingin mendapatkan simpati publik kerap menggunakan narasi "suara rakyat adalah suara kebenaran." Padahal, dalam praktiknya, dukungan mayoritas tidak selalu mencerminkan kebijakan yang benar atau bermanfaat bagi semua. Demokrasi yang sejati bukan hanya soal jumlah suara, tetapi juga tentang kualitas argumentasi dan bukti yang mendasari keputusan politik. Ketika kebijakan ditentukan hanya berdasarkan emosi massa, maka demokrasi bergeser menjadi populisme dangkal yang memanfaatkan sentimen publik demi kepentingan politik sesaat (Yendra, 2022).

Politik populis mengandalkan daya tarik emosional seperti rasa takut, marah, atau harapan palsu untuk memperoleh dukungan cepat. Pemimpin populis biasanya menampilkan diri sebagai "wakil rakyat sejati," padahal sering kali mereka justru menggunakan retorika mayoritas untuk menutupi kebijakan yang tidak berpihak pada kepentingan umum. Akibatnya, kebijakan publik menjadi inkonsisten, mudah berubah mengikuti tren opini, dan kurang memiliki dasar ilmiah. Fenomena ini mengancam stabilitas politik serta memperlemah kepercayaan masyarakat terhadap institusi negara. Demokrasi tanpa kedewasaan intelektual berisiko terperangkap dalam tirani mayoritas. Ketika suara terbanyak dianggap kebenaran mutlak, prinsip keadilan dan kebenaran moral kehilangan maknanya. Oleh karena itu, membangun literasi politik menjadi langkah penting untuk memperkuat kualitas demokrasi. Masyarakat harus dilatih untuk memahami bahwa partisipasi politik yang bermakna bukan hanya memilih, tetapi juga berpikir, menganalisis, dan mengawasi dengan logika yang rasional (Efriza & Mendrofa, 2024).

**Budaya Populer dan Konformitas Sosial**

Budaya populer memainkan peran besar dalam membentuk cara berpikir masyarakat modern. Dalam era globalisasi, segala sesuatu yang dianggap populer secara otomatis diasosiasikan dengan nilai dan prestise sosial. Fenomena ini memperkuat akar *argumentum ad populum* di ranah budaya. Ketika banyak orang menggemari sesuatu, masyarakat cenderung menganggapnya bernilai tinggi. Namun, popularitas tidak selalu identik dengan kualitas atau substansi (Rojiati & Afifah, 2024). Hal ini terlihat jelas dalam dunia hiburan, gaya hidup, hingga konsumsi digital. Kecenderungan mengikuti arus populer menciptakan budaya konformitas yang menekan individualitas dan kreativitas. Banyak orang membeli produk, menonton film, atau mengadopsi gaya hidup tertentu bukan karena kebutuhan atau keyakinan pribadi, melainkan karena takut dianggap "berbeda." Bahkan, para kreator sering menyesuaikan karyanya dengan selera mayoritas agar mudah diterima pasar. Akibatnya, lahir budaya massal yang seragam, miskin inovasi, dan kehilangan nilai orisinalitas. Ketika keseragaman menjadi norma, masyarakat kehilangan keberanian untuk berpikir dan menilai secara mandiri. Lebih jauh lagi, budaya populer memengaruhi persepsi moral dan etika sosial. Apa yang dianggap benar atau baik sering kali tidak lagi ditentukan oleh refleksi etis, melainkan oleh jumlah pengikut di media sosial. Kebenaran menjadi relatif terhadap tren, bukan pada nilai universal. Kondisi ini memperkuat perlunya pendidikan budaya kritis agar masyarakat dapat menikmati budaya populer tanpa kehilangan daya kritisnya. Dalam dunia yang menyanjung keseragaman, kemampuan berpikir berbeda adalah bentuk tertinggi dari kebebasan intelektual (Setyana & Asbari, 2023)

**Era Digital dan Pembentukan Opini Kolektif**

Transformasi digital membawa dampak besar terhadap cara manusia memahami realitas. Media sosial mempercepat pembentukan opini publik dan memperkuat efek *argumentum ad populum* dalam skala global. Dalam ekosistem digital yang diatur oleh algoritma, konten yang paling sering disukai atau dibagikan otomatis dianggap paling relevan dan benar. Padahal, algoritma tidak memiliki kemampuan moral untuk menilai kebenaran ia hanya menonjolkan apa yang paling menarik perhatian pengguna. Akibatnya, popularitas menggantikan objektivitas sebagai indikator keabsahan informasi. Kondisi ini menciptakan ruang gema (*echo chamber*), yaitu situasi di mana seseorang hanya terpapar pada informasi yang memperkuat keyakinannya sendiri. Tanpa disadari, pengguna media sosial hidup dalam gelembung opini yang seragam. Pandangan yang berbeda dianggap ancaman dan sering kali diserang secara emosional. Dalam konteks ini, diskursus publik berubah menjadi arena konflik identitas, bukan dialog rasional (Lele, 2024). Kebenaran akhirnya tereduksi menjadi pertarungan persepsi yang dikendalikan oleh algoritma dan kepentingan ekonomi digital.Efek jangka panjang dari kondisi ini adalah menurunnya kualitas pemikiran publik. Disinformasi dan polarisasi sosial menjadi konsekuensi alami dari sistem yang menilai kebenaran berdasarkan jumlah interaksi, bukan validitas data. Untuk menghadapi hal ini, masyarakat perlu dibekali literasi digital yang kuat, termasuk kemampuan memverifikasi sumber informasi, mengenali bias kognitif, serta memahami cara kerja algoritma media sosial. Literasi digital yang kritis akan menjadi perisai intelektual dalam menghadapi tsunami informasi dan mencegah masyarakat menjadi korban kebenaran semu yang dibentuk oleh popularitas digital (Katili et al., 2025).

**Pendidikan Kritis sebagai Solusi terhadap Argumentum ad Populum**

Pendidikan kritis merupakan fondasi utama dalam membangun masyarakat yang berpikir rasional dan independen. Dalam sistem pendidikan yang ideal, siswa tidak hanya diajarkan untuk menghafal, tetapi juga untuk menganalisis dan mempertanyakan setiap informasi yang diterima. Proses pembelajaran seharusnya menumbuhkan kemampuan berpikir logis, bukan sekadar mengulang pendapat umum. Dengan cara ini, generasi muda dapat memahami bahwa kebenaran ilmiah tidak ditentukan oleh banyaknya dukungan, melainkan oleh kekuatan bukti dan koherensi argument (Pratikno et al., 2024). Pendidikan kritis juga memiliki dimensi moral yang mendalam. Individu yang berpikir kritis akan memiliki tanggung jawab etis untuk mempertahankan kebenaran, bahkan ketika hal itu berlawanan dengan pandangan mayoritas. Ia akan belajar menghargai perbedaan sebagai bagian dari dinamika intelektual, bukan sebagai ancaman. Masyarakat yang terbiasa berpikir kritis akan lebih tahan terhadap manipulasi politik, propaganda media, maupun tekanan sosial. Mereka mampu menilai klaim berdasarkan data, bukan berdasarkan emosi atau tren sosial (Alifi et al., 2024).

Selain melalui jalur formal, pendidikan kritis juga harus diperkuat lewat literasi media dan budaya debat ilmiah. Masyarakat perlu memiliki ruang publik yang sehat, di mana dialog berbasis bukti lebih dihargai daripada opini yang emosional. Pemerintah, akademisi, dan media massa perlu bekerja sama menciptakan ekosistem pengetahuan yang menghargai logika dan argumentasi. Ketika masyarakat sudah terbiasa menimbang sesuatu dengan rasionalitas, maka pengaruh *argumentum ad populum* akan semakin berkurang (Sulistyawan, 2023). Dalam jangka panjang, bangsa yang berpikir kritis akan memiliki daya tahan moral dan intelektual yang kuat untuk menghadapi tantangan zaman.

## KESIMPULAN

Argumentum ad populum menggambarkan kesalahan berpikir yang menganggap suatu pandangan benar hanya karena didukung oleh banyak orang. Fenomena ini semakin berkembang di masyarakat modern yang terhubung oleh teknologi, di mana persepsi publik sering kali dianggap lebih valid daripada fakta. Masyarakat cenderung menganggap popularitas sebagai ukuran kebenaran, mengabaikan prinsip-prinsip rasional dan bukti ilmiah. Fenomena ini tidak hanya terjadi dalam konteks sosial, tetapi juga dalam bidang politik, ekonomi, dan budaya, memperlihatkan pergeseran otoritas kebenaran dari bukti rasional menuju opini mayoritas. Hal ini berisiko mengikis daya kritis masyarakat dan membuat mereka terjebak dalam konformitas sosial yang semu.

Sejarah membuktikan bahwa mayoritas sering kali salah dalam menilai kebenaran, seperti yang terlihat pada praktik diskriminasi atau penolakan terhadap teori ilmiah yang bertentangan dengan pandangan dominan. Di era digital, kesalahan mayoritas ini kembali terulang dalam bentuk *echo chamber* atau ruang gema, di mana opini yang viral dianggap kebenaran. Pengaruh media sosial dan algoritma semakin memperkuat fenomena ini, menciptakan ilusi kebenaran berdasarkan popularitas, bukan berdasarkan validitas informasi. Oleh karena itu, kesadaran akan bahaya *argumentum ad populum* menjadi penting untuk menjaga rasionalitas publik di tengah arus informasi yang cepat dan tidak terfilter.

Solusi untuk mengatasi bahaya ini terletak pada pendidikan kritis yang menekankan kemampuan berpikir rasional dan reflektif. Masyarakat harus dilatih untuk menilai informasi berdasarkan bukti, bukan sekadar jumlah dukungan atau popularitas. Pendidikan yang mengajarkan logika, filsafat, dan literasi media menjadi kunci dalam menciptakan generasi yang mampu berpikir independen dan tidak mudah terjebak dalam opini mayoritas. Dengan demikian, masyarakat yang berlandaskan pemikiran kritis akan lebih tahan terhadap manipulasi informasi, menciptakan ruang publik yang sehat, dan memastikan bahwa kebenaran tidak ditentukan oleh keramaian suara, tetapi oleh keberanian untuk berpikir dengan logika dan bukti yang sahih.

## DAFTAR PUSTAKA

Adrian, D. M., Wantu, F. M., & Tome, A. H. (2021). Diskriminasi rasial dan etnis dalam perspektif hukum Internasional. *Jurnal Legalitas*, *14*(01), 1–17.

Alifi, D. P., Hidayah, F. N., Vanessa, A., & Fajrussalam, H. (2024). Media Dalam Islam; Membangun Sikap Kritis Terhadap Berita Palsu dan Propaganda. *IHSAN: Jurnal Pendidikan Islam*, *2*(2), 122–133.

Cynthia, R. E., & Sihotang, H. (2023). Melangkah bersama di era digital: pentingnya literasi digital untuk meningkatkan kemampuan berpikir kritis dan kemampuan pemecahan masalah peserta didik. *Jurnal Pendidikan Tambusai*, *7*(3), 31712–31723.

Efriza, E., & Mendrofa, D. E. K. (2024). Analisis Pentingnya Pendidikan Politik Bagi Pemilih Pemula. *Kybernology Jurnal Ilmu Pemerintahan Dan Administrasi Publik*, *2*(1).

Emha, A. J. (2020). *Buku Sakti Berdebat: Membongkar Strategi Dahsyat Memenangkan Perdebatan Secara Cerdas di Setiap Situasi*. Anak Hebat Indonesia.

Fahmi, D. (2020). *PERSEPSI: Bagaimana sejatinya persepsi membentuk konstruksi berpikir kita*. Anak Hebat Indonesia.

Halimah, N. (2025). Menerapkan Berpikir Kritis Dalam Kehidupan Sehari-Hari: Studi Kasus Penanganan Berita Hoaks. *Journal of Media and Communication| E-ISSN: 3063-9581*, *1*(3), 40–44.

Hardiman, F. B. (2023). *Kebenaran Dan Para Kritikusnya: Mengulik Idea Besar Yang Memandu Zaman Kita*. PT Kanisius.

Hardiyanto, L., Irawatie, A., & Saryono, S. (2025). Relevansi nilai-nilai Pancasila dalam mengasah kritisisme masyarakat modern. *Jurnal Citizenship Virtues*, *5*(1), 47–61.

Katili, A. Y., Gobel, S. A. M., & Usman, I. (2025). Komunikasi Politik di Era Post-Truth: Tantangan Kredibilitas Informasi Publik di Indonesia. *Jurnal Pendidikan, Hukum, Komunikasi*, *1*(3), 130–145.

Lele, G. (2024). *Kebijakan publik untuk transformasi sosial: Sebuah pendekatan kritis-agonistik*. UGM PRESS.

Lestari, E. P. (2023). *Model pembelajaran think pair share solusi menumbuhkan keberanian berpendapat*. Penerbit P4i.

Maksum, A. (2023). *Filsafat Ilmu Sosial*. Universitas Brawijaya Press.

Maulana, I. B., & SH, L. L. M. (2020). *Pergeseran pemikiran hukum dari era Yunani menuju post-modernisme*. Citra Aditya Bakti.

Mulyana, H. A., WC, C., & Ht, C. H. C. (2025). *Critical Thinking: Menuju Berargumen Logis dan Terstruktur*. Goresan Pena.

Nugroho, H., Widyanta, A. B., Wibawanto, G. R., & Fitramadhana, R. (2023). *Proliferasi pemikiran sosial kritis*. PT Kanisius.

Pratikno, H., Wulansari, A., & Purwanto, K. (2024). Relevansi Intuisi Kebahasaan Penutur terhadap Kemampuan Berpikir Logis dan Kritis dalam Penyampaian Argumentasi. *ALFABETA: Jurnal Bahasa, Sastra, Dan Pembelajarannya*, *7*(1), 142–151.

Rojiati, U., & Afifah, N. (2024). Analisis Fenomena Flexing: Keterkaitan antara Gaya Hidup dan Popularitas. *Komsospol*, *4*(1), 38–47.

Santoso, R. A., Pawitri, W., Mennita, R., Meliawati, R., Puspasari, M., Subagdja, A., Suryani, I., Hakim, C. L., Rustandi, N., & Huda, M. N. (2024). *Fraud: definisi, strategi, dan tren masa depan*. Azzia Karya

Bersama.

Saputra, A. M. A., Tawil, M. R., Hartutik, H., Nazmi, R., La Abute, E., Husnita, L., Nurbayani, N., Sarbaitinil, S., & Haluti, F. (2023). *Pendidikan Karakter Di Era Milenial: Membangun Generasai Unggul Dengan Nilai-Nilai Positif*. PT. Sonpedia Publishing Indonesia.

Sarihati, T., Si, M., Luthfie, H. M., Kurniadi, B., & Si, M. (2022). *Komunikasi Politik, Media Massa dan Opini Publik*. PT. RajaGrafindo Persada-Rajawali Pers.

Setyana, I. N. A., & Asbari, M. (2023). Standar Intelektual: Solusi untuk Masalah Pendidikan. *Journal of Information Systems and Management (JISMA)*, *2*(6), 74–77.

Sulistyawan, A. Y. (2023). *Argumentasi Hukum*.

Wibowo, A. (2025). ARGUMEN HUKUM. *Penerbit Yayasan Prima Agus Teknik*.

Yendra, M. (2022). *RING PISTON KEKUASAAN: Analisis Kritis Resonansi dan Realitas Politik*. Rumahkayu Pusaka.

Zatrahadi, M. F. (2025). *Mengikuti Arus; Mengapa Kita Mudah Terpengaruh Tren Dan Opini Orang Lain*. Nas Media Pustaka.

# MENCARI KAMBING HITAM: MENGHINDARI KESALAHAN LOGIS SEBAB-AKIBAT (NON COUSA PRO COUSA)

*Oleh : Zumrotul Badiah*

## PENDAHULUAN

Dalam setiap interaksi manusia, baik di ranah sosial, politik, maupun ekonomi, kita sering menemukan upaya untuk mencari kambing hitam atas suatu permasalahan. Fenomena ini muncul ketika seseorang atau kelompok disalahkan atas masalah yang terjadi, meskipun tidak ada hubungan sebab-akibat yang jelas antara keduanya. Proses ini mencerminkan kesalahan logis yang sering terjadi dalam penalaran sebab-akibat, di mana faktor yang dianggap sebagai penyebab justru tidak relevan atau tidak berhubungan dengan peristiwa yang terjadi. Salah satu bentuk kesalahan logis ini dikenal dengan istilah *Non Causa Pro Causa* atau "Non-Cause for a Cause"(Hendrayani & Sos, 2025). Konsep ini merujuk pada kesalahan dalam mengidentifikasi penyebab sebenarnya dari suatu kejadian, yang mengarah pada pencarian faktor lain yang tidak relevan sebagai penyebab masalah tersebut. Fenomena ini tidak hanya ditemukan dalam kehidupan sosial sehari-hari, tetapi juga sering terjadi dalam analisis kebijakan, keputusan bisnis, dan berbagai aspek lain dalam masyarakat. Ketika kesalahan logis seperti ini terjadi, individu atau kelompok bisa saja disalahkan tanpa alasan yang rasional, yang tentu saja bisa merugikan banyak pihak.

Pemahaman terhadap *Non Causa Pro Causa* sangat penting dalam menjaga kualitas pemikiran kritis dan pengambilan keputusan yang tepat. Tanpa kesadaran akan kesalahan logis ini, kita dapat terjebak dalam kesimpulan yang tidak berdasar, yang berpotensi menyebabkan keputusan yang salah dan merugikan. Misalnya, dalam konteks politik, pemimpin atau kelompok tertentu sering kali dijadikan kambing hitam atas masalah ekonomi atau sosial yang lebih kompleks, padahal penyebab utamanya mungkin lebih berakar pada faktor struktural atau historis yang lebih dalam. Dalam kehidupan sehari-hari, kita juga sering kali melihat fenomena serupa, seperti menyalahkan cuaca buruk atas kegagalan suatu acara tanpa mempertimbangkan aspek lain seperti perencanaan yang kurang matang (Puling et al., 2024). Oleh karena itu, bab ini akan menggali lebih dalam mengenai *Non Causa Pro Causa* dan bagaimana cara-cara untuk menghindari kesalahan logis semacam ini dalam kehidupan sehari-hari. Dengan pemahaman yang lebih baik tentang kesalahan ini, kita bisa meningkatkan kualitas berpikir kita dan membuat keputusan yang lebih rasional dan berbasis bukti.

Di era modern yang serba cepat dan penuh informasi, kesalahan logis Non Causa Pro Causa semakin banyak ditemukan. Kesalahan ini terjadi ketika orang atau kelompok salah dalam menghubungkan dua kejadian atau fenomena yang tidak memiliki hubungan sebab-akibat yang sahih. Banyak situasi yang menunjukkan bahwa suatu masalah sering kali disalahkan pada faktor yang tidak relevan. Misalnya, dalam konteks politik, pemimpin atau kelompok tertentu sering kali dijadikan kambing hitam atas masalah ekonomi atau sosial yang terjadi, meskipun masalah tersebut memiliki akar yang lebih kompleks dan multifaktorial. Hal ini juga dapat ditemukan dalam kehidupan sehari-hari, di mana seseorang mungkin menyalahkan cuaca buruk atas kegagalan suatu acara, padahal penyebab sebenarnya terletak pada perencanaan yang kurang matang. Identifikasi masalah ini sangat penting, karena jika kesalahan logis semacam ini tidak disadari dan diperbaiki, maka keputusan-keputusan yang diambil dapat menjadi tidak akurat dan merugikan (Usman et al., 2022)

Untuk memahami lebih dalam mengenai Non Causa Pro Causa, penting untuk terlebih dahulu mengetahui apa yang dimaksud dengan kesalahan logis ini. Dalam logika, Non Causa Pro Causa terjadi ketika suatu kejadian dianggap disebabkan oleh faktor yang sebenarnya tidak relevan atau tidak ada hubungannya sama sekali. Dengan kata lain, ini merupakan kesalahan dalam menghubungkan suatu peristiwa dengan penyebab yang tidak memiliki dasar logis yang sahih. Kesalahan semacam ini sering kali muncul dalam argumen yang tampaknya rasional, namun jika ditelusuri lebih jauh, tidak ada hubungan sebab-akibat yang jelas antara peristiwa dan faktor yang dianggap sebagai penyebab. Fenomena ini dapat muncul dalam berbagai konteks, dari perdebatan sehari-hari hingga analisis dalam kebijakan publik, di mana pemahaman yang keliru tentang hubungan sebab-akibat bisa menyesatkan(Indasah, 2023).

Secara sederhana, kesalahan logis Non Causa Pro Causa mengajarkan kita pentingnya membedakan antara hubungan sebab-akibat yang sahih dengan kebetulan atau asumsi yang tidak didasarkan pada bukti yang valid. Tanpa pemahaman yang mendalam mengenai hal ini, seseorang dapat terjebak dalam pemikiran yang tidak rasional dan membuat kesimpulan yang salah. Oleh karena itu, mengenali dan memahami kesalahan ini dapat membantu kita dalam menyusun argumen yang lebih rasional, serta menghindari penalaran yang keliru. Pengenalan terhadap kesalahan logis ini bukan hanya bermanfaat untuk analisis argumentasi, tetapi juga penting dalam pengambilan keputusan yang lebih tepat dan berbasis bukti, sehingga dapat menghasilkan keputusan yang lebih akurat dan efektif (Roesminingsih et al., 2024).

Bab ini akan menguraikan berbagai aspek dari kesalahan logis Non Causa Pro Causa, dimulai dengan pemahaman dasar mengenai kesalahan ini dan bagaimana hal itu dapat muncul dalam kehidupan sehari-hari. Selanjutnya, akan dibahas contoh-contoh kasus di berbagai bidang, seperti politik, ekonomi, dan sosial, di mana fenomena ini sering kali terjadi. Pembaca akan diajak untuk melihat bagaimana kesalahan ini dapat mempengaruhi persepsi masyarakat dan proses pengambilan keputusan yang terjadi. Kemudian, bab ini akan membahas berbagai pendekatan dan strategi yang dapat digunakan untuk menghindari kesalahan logis ini, serta bagaimana membangun pemikiran yang lebih kritis dan rasional dalam menghadapi masalah. (Pugu et al., 2024). Di akhir bab, akan diberikan kesimpulan yang menegaskan pentingnya pemahaman terhadap kesalahan logis ini dan langkah-langkah praktis yang dapat diambil untuk menghindarinya dalam kehidupan sehari-hari.

**PEMBAHASAN**

**Memahami Konsep *Non Causa Pro Causa* dalam Berpikir Logis**

Non causa pro causa adalah sebuah jenis kesalahan logis yang terjadi ketika hubungan sebab-akibat yang diajukan tidak sah atau tidak relevan. Dalam kesalahan logis ini, sesuatu dianggap sebagai penyebab suatu peristiwa, padahal sebenarnya tidak ada kaitan langsung antara keduanya. Kesalahan ini sering muncul karena kita cenderung mencari penjelasan yang cepat atau sederhana terhadap fenomena yang kompleks(Wardhani & Ningsih, 2024). . Misalnya, ketika seseorang berkata, "Karena dia sering pergi ke luar negeri, maka dia pasti menjadi lebih pintar," hubungan antara sering bepergian ke luar negeri dan kecerdasan seseorang tidak dapat dibuktikan secara logis. Dalam hal ini, pergi ke luar negeri bukanlah penyebab langsung dari kecerdasan, melainkan bisa jadi ada faktor lain yang lebih berpengaruh. Oleh karena itu, non causa pro causa sering kali berakar pada ketidaktahuan atau pemahaman yang dangkal mengenai hubungan sebab-akibat yang sah. Pembaca perlu menyadari bahwa hubungan yang nampak sederhana seringkali tersembunyi oleh faktor-faktor lain yang lebih kompleks, yang tidak selalu dapat dilihat dengan kasat mata.

Penyebab dari kesalahan logis ini bisa sangat bervariasi. Beberapa orang mungkin terjebak dalam pola berpikir yang tidak kritis, dan cenderung menerima argumen yang terdengar logis tanpa menganalisis hubungan sebab-akibat dengan cermat. Misalnya, dalam konteks sosial, seringkali seseorang mengaitkan perubahan perilaku dengan faktor-faktor yang tidak relevan, seperti mengatakan, "Karena dia memakai pakaian baru, maka dia pasti sedang bahagia." Padahal, perubahan dalam penampilan tidak selalu mencerminkan keadaan emosional seseorang. Faktor lain, seperti tekanan sosial atau kondisi pribadi, mungkin lebih berperan. Kesalahan semacam ini muncul karena kebiasaan untuk mencari penyebab yang mudah dipahami, tanpa mempertimbangkan berbagai faktor yang bisa saling berinteraksi. Oleh karena itu, penting untuk mempertanyakan setiap hubungan yang diajukan antara dua peristiwa atau fenomena untuk memastikan bahwa argumen tersebut didasarkan pada bukti yang valid (Nanuru, 2025).

Selain non causa pro causa, ada juga kesalahan logis lain yang sering ditemukan dalam perdebatan atau analisis, seperti post hoc ergo propter hoc (setelah ini, oleh karena itu ini). Kesalahan ini terjadi ketika seseorang mengasumsikan bahwa karena dua peristiwa terjadi berurutan, maka yang pertama pasti menyebabkan yang kedua(Nanuru, 2025). Misalnya, "Karena saya memakai jaket merah dan kemudian cuaca menjadi cerah, jaket merah saya pasti menyebabkan cuaca cerah." Padahal, cuaca yang cerah tidak ada kaitannya dengan warna jaket yang dipakai. Baik non causa pro causa maupun post hoc ergo propter hoc menunjukkan pentingnya membangun argumen berdasarkan bukti yang kuat dan relevansi yang jelas. Dalam konteks logika formal, membuktikan hubungan sebab-akibat yang sah tidak hanya memerlukan urutan kejadian, tetapi juga pemahaman mendalam tentang kondisi yang melatarbelakangi peristiwa tersebut. Oleh karena itu, untuk berpikir secara logis, kita harus mampu membedakan antara kebetulan, hubungan yang sah, dan hubungan yang tidak relevan dalam setiap argumen yang ada.

**Dampak dari Kesalahan Logis *Non Causa Pro Causa* dalam Pengambilan Keputusan**

Kesalahan logis non causa pro causa dalam pengambilan keputusan dapat memiliki dampak yang sangat serius, terutama dalam konteks kebijakan publik dan bisnis. Ketika keputusan dibuat berdasarkan hubungan sebab-akibat yang tidak valid, hasilnya sering kali tidak hanya tidak efektif, tetapi juga merugikan. Misalnya, dalam kebijakan ekonomi, terdapat banyak contoh di mana kebijakan tertentu diterapkan karena diyakini dapat menyelesaikan masalah ekonomi tertentu, padahal hubungan sebab-akibat antara kebijakan dan hasil yang diinginkan sangat lemah atau tidak ada sama sekali(Febriana, 2025). Salah satu contoh klasik adalah ketika inflasi dianggap hanya disebabkan oleh faktor moneter seperti jumlah uang yang beredar, sementara faktor-faktor lain seperti perubahan harga global, ketidakstabilan politik, atau kebijakan fiskal yang buruk mungkin memiliki peran yang lebih besar. Kesalahan semacam ini tidak hanya mengarah pada kebijakan yang salah, tetapi juga bisa menyebabkan pemborosan sumber daya yang seharusnya digunakan untuk kebijakan yang lebih efektif.

Dalam bidang pendidikan, dampak dari kesalahan logis non causa pro causa juga sangat terasa. Misalnya, dalam evaluasi sistem pendidikan, banyak yang beranggapan bahwa peningkatan jumlah guru atau fasilitas yang lebih baik akan langsung meningkatkan kualitas pendidikan. Meskipun hal tersebut bisa menjadi faktor pendukung, kualitas pendidikan lebih dipengaruhi oleh berbagai aspek lain seperti kurikulum yang relevan, metode pengajaran yang efektif, serta pengembangan kompetensi para pengajar. Ketika keputusan kebijakan pendidikan didasarkan pada asumsi yang tidak tepat tentang hubungan sebab-akibat ini, hasilnya bisa berupa kebijakan yang tidak memadai atau bahkan merugikan, seperti pemborosan anggaran untuk fasilitas yang tidak memberikan dampak signifikan terhadap kualitas pendidikan. Oleh karena itu, penting untuk mengevaluasi setiap keputusan kebijakan dengan cermat, memeriksa bukti yang ada, dan mempertimbangkan berbagai faktor yang saling berinteraksi dalam membentuk hasil(Uno, 2024).

Penting untuk diingat bahwa kesalahan logis ini tidak hanya berlaku pada level kebijakan publik, tetapi juga dapat berdampak pada tingkat individu dan organisasi. Dalam dunia bisnis, keputusan yang didasari oleh kesalahan non causa pro causa bisa mengarah pada kegagalan strategi atau bahkan kerugian finansial yang besar. Sebagai contoh, suatu perusahaan mungkin mengaitkan penurunan penjualan dengan perubahan kecil dalam tampilan iklan, padahal penurunan tersebut lebih dipengaruhi oleh faktor eksternal seperti krisis ekonomi atau perubahan perilaku konsumen. Jika keputusan diambil tanpa memahami dengan tepat penyebab permasalahan, maka langkah-langkah yang diambil untuk mengatasi masalah tersebut tidak akan efektif. Oleh karena itu, berpikir kritis dan memverifikasi setiap hubungan sebab-akibat yang ada adalah kunci untuk membuat keputusan yang lebih akurat dan berbasis bukti. Berpikir kritis tidak hanya melibatkan kemampuan untuk mempertanyakan dan menganalisis informasi, tetapi juga untuk memahami konteks secara menyeluruh agar keputusan yang diambil dapat menghasilkan dampak yang positif dan berkelanjutan(Sawir, 2021).

### Strategi dan Pendekatan untuk Menghindari Kesalahan Logis *Non Causa Pro Causa*

Untuk menghindari kesalahan logis non causa pro causa, penting untuk membangun argumen yang didasarkan pada bukti yang sah dan relevansi yang jelas antara penyebab dan akibat. Salah satu pendekatan pertama yang perlu diterapkan adalah analisis logis yang mendalam terhadap setiap klaim atau hubungan sebab-akibat yang diajukan(Imelda et al., 2024). Dalam analisis ini, evaluasi terhadap apakah klaim tersebut didukung oleh bukti yang valid dan apakah hubungan antara dua peristiwa atau fenomena tersebut dapat dijelaskan secara logis sangat diperlukan. Misalnya, saat menganalisis fenomena ekonomi, hubungan antara kebijakan tertentu dan dampaknya harus melalui verifikasi yang cermat. Apakah ada bukti empiris yang menunjukkan bahwa kebijakan tersebut benar-benar mempengaruhi variabel ekonomi yang dimaksud, atau apakah faktor-faktor lain yang lebih dominan? Proses ini mengharuskan untuk selalu mengajukan pertanyaan kritis tentang bagaimana penyebabnya dapat dibuktikan dan apakah akibat yang disebutkan bisa dijelaskan oleh penyebab yang diajukan. Dengan demikian, analisis logis tidak hanya membantu mengidentifikasi kesalahan non causa pro causa, tetapi juga memperkuat argumen yang lebih rasional dan berbasis bukti(Uno, 2024).

Penggunaan data yang valid dan relevansi statistik sangat penting dalam menghindari kesalahan ini. Data yang valid membantu memperjelas hubungan sebab-akibat dan memastikan bahwa keputusan yang diambil didasarkan pada informasi yang benar. Dalam penelitian ilmiah atau pembuatan kebijakan, misalnya, penggunaan data yang relevan memungkinkan peneliti atau pembuat kebijakan untuk menarik kesimpulan yang lebih akurat tentang penyebab suatu peristiwa. Penggunaan analisis statistik, seperti regresi atau analisis korelasi, juga penting untuk memverifikasi apakah hubungan antara dua variabel benar-benar kuat dan tidak terdistorsi oleh faktor-faktor lain yang tidak terlihat. Dengan cara ini, kesalahan dalam menentukan penyebab peristiwa dapat dihindari, dan keputusan yang lebih tepat dapat dibuat. Data yang sah dan penggunaan teknik analitis yang tepat memberikan fondasi yang kokoh untuk argumen dan pemahaman yang lebih jelas tentang hubungan sebab-akibat yang ada. Oleh karena itu, setiap argumen yang diajukan seharusnya selalu didukung oleh data yang valid dan dapat dipertanggungjawabkan(Riswanto et al., 2023).

Pendekatan lainnya adalah penerapan metode ilmiah dalam penarikan kesimpulan. Metode ilmiah menekankan pada observasi, eksperimen, dan verifikasi yang sistematis untuk memahami fenomena dan mengidentifikasi penyebab yang valid. Dalam konteks ini, penting untuk menghindari kesalahan yang sering muncul akibat generalisasi prematur atau pengabaian faktor-faktor lain yang relevan. Menggunakan pendekatan ilmiah berarti terbuka terhadap berbagai hipotesis dan menguji semua kemungkinan penyebab sebelum menarik kesimpulan akhir(Bado, 2022). Selain itu, penting untuk menggunakan pendekatan inferensial dalam penelitian, yang memungkinkan untuk menarik kesimpulan berdasarkan data yang ada tanpa terjebak dalam asumsi atau prasangka yang tidak berdasar. Pendekatan inferensial ini tidak hanya membantu mengidentifikasi hubungan sebab-akibat yang lebih akurat, tetapi juga mendorong pemahaman yang lebih holistik tentang masalah yang dibahas. Selain itu, pendidikan logika dan berpikir kritis menjadi sangat penting dalam meningkatkan kemampuan individu atau kelompok untuk mengenali dan menghindari kesalahan logis. Dengan pemahaman yang baik tentang prinsip-prinsip logika dan keterampilan berpikir kritis yang terasah, lebih efektif dalam mengevaluasi argumen-argumen yang ada dan menghindari jebakan pemikiran yang sesat, termasuk kesalahan non causa pro causa(Rachmad et al., 2024).

**KESIMPULAN**

Kesalahan logis *Non Causa Pro Causa* terjadi ketika seseorang atau kelompok salah menghubungkan suatu kejadian dengan penyebab yang tidak relevan atau tidak sah. Fenomena ini sering kali muncul karena kecenderungan untuk mencari penjelasan yang cepat dan sederhana terhadap fenomena yang lebih kompleks. Dalam bab ini, telah dijelaskan bahwa kesalahan semacam ini dapat terjadi dalam berbagai konteks, baik sosial, politik, ekonomi, maupun dalam pengambilan keputusan sehari-hari. Dampaknya dapat sangat serius, seperti kebijakan yang salah atau keputusan yang merugikan, karena didasarkan pada hubungan sebab-akibat yang tidak valid. Oleh karena itu, pemahaman yang lebih dalam tentang kesalahan logis ini sangat penting untuk menghindari kesimpulan yang keliru dan merugikan.

Penting untuk menegaskan bahwa kesalahan logis *Non Causa Pro Causa* dapat berdampak luas, tidak hanya pada tingkat individu tetapi juga pada kebijakan publik dan organisasi. Ketika keputusan didasarkan pada hubungan yang tidak sah antara penyebab dan akibat, hasilnya sering kali tidak sesuai dengan harapan dan justru mengarah pada pemborosan sumber daya atau kebijakan yang tidak efektif. Dalam konteks ini, evaluasi yang cermat terhadap setiap klaim sebab-akibat menjadi sangat penting. Analisis logis, penggunaan data yang valid, dan pendekatan ilmiah dalam penelitian dan pengambilan keputusan dapat membantu menghindari kesalahan ini, serta memastikan keputusan yang diambil lebih akurat dan berbasis bukti.

Untuk menghindari kesalahan ini, diperlukan kemampuan berpikir kritis yang terus-menerus dilatih. Setiap individu perlu mempertanyakan hubungan sebab-akibat yang diajukan, serta memastikan bahwa keputusan yang diambil didasarkan pada bukti yang valid dan relevansi yang jelas. Pendidikan logika dan keterampilan berpikir kritis menjadi kunci untuk menghindari jebakan pemikiran yang keliru. Oleh karena itu, mari kita berkomitmen untuk mengasah kemampuan berpikir kita agar dapat membuat keputusan yang lebih baik, rasional, dan efektif, baik dalam kehidupan pribadi maupun dalam konteks yang lebih luas.

**REFERENSI**

Bado, B. (2022). *Model pendekatan kualitatif: Telaah dalam metode penelitian ilmiah*. Tahta Media Grup.

Febriana, E. A. (2025). *MANAJEMEN DAN STRATEGI PENGAMBILAN KEPUTUSAN ORGANISASI*. Penerbit Widina.

Hendrayani, Y., & Sos, S. (2025). *KONSEP DAN IMPLEMENTASI*

*PEMBANGUNAN BERKELANJUTAN MELALUI CORPORATE SOCIAL RESPONSIBILITY-Damera Press*. Damera Press.

Imelda, C., Ma'arij, A., Mangar, I., Hazmi, R. M., Sukmareni, S., Abidin, M. A., Indrayati, R., & Hidayah, A. (2024). *Logika dan Argumen Dalam Penalaran Hukum*. CV. Gita Lentera.

Indasah, S. N. (2023). *The Logical Fallacies: Kesalahan Berlogika Yang Dianggap Berpikir Kritis*. Anak Hebat Indonesia.

Nanuru, R. F. (2025). *Filsafat Ilmu (Filsafat Ilmu dan Teologi: Sebuah Dialog Kritis)*. PT. Revormasi Jangkar Philosophia.

Pugu, M. R., Riyanto, S., & Haryadi, R. N. (2024). *Metodologi Penelitian; Konsep, Strategi, dan Aplikasi*. PT. Sonpedia Publishing Indonesia.

Puling, H., Manilang, E., & Lawalata, M. (2024). Logika dan Berpikir Kritis: Hubungan dan Dampak Dalam Pengambilan Keputusan. *Sinar Kasih: Jurnal Pendidikan Agama Dan Filsafat*, *2*(2), 164–173.

Rachmad, Y. E., Rahman, A., Judijanto, L., Pudjiarti, E. S., Runtunuwu, P. C. H., Lestari, N. E., Wulandari, D., Suhirman, L., Rahmawati, F. A., & Mukhlis, I. R. (2024). *Integrasi metode kuantitatif dan kualitatif: Panduan praktis penelitian campuran*. PT. Green Pustaka Indonesia.

Riswanto, A., Joko, J., Boari, Y., Taufik, M. Z., Irianto, I., Farid, A., Yusuf, A., Hina, H. B., Kurniati, Y., & Karuru, P. (2023). *Metodologi Penelitian Ilmiah: Panduan Praktis Untuk Penelitian Berkualitas*. PT. Sonpedia Publishing Indonesia.

Roesminingsih, M. V., Widyaswari, M., Rosyanafi, R. J., & Zakariyah, F. (2024). *Metodologi penelitian kuantitatif*. Bayfa Cendekia Indonesia.

Sawir, M. (2021). *Ilmu Administrasi Dan Analisis Kebijakan Publik Konseptual Dan Praktik*. Deepublish.

Uno, H. H. B. (2024). *Profesi kependidikan: problema, solusi, dan reformasi pendidikan di Indonesia*. Bumi Aksara.

Usman, E. F., St, M., Kh Asep Saifuddin Chalim, M., Wicaksono, I. A. D., Reg, R., & St, F. S. (2022). *Proyeksi, prediksi dan realita dalam perencanaan di era pademi Covid-19*. Penerbit Qiara Media.

Wardhani, H. P., & Ningsih, A. S. (2024). Acts Against Law in the Law of Union: Elements of Acts and Implications for Liability for Damages: Perbuatan Melawan Hukum dalam Hukum Perikatan: Unsur-unsur Perbuatan dan Implikasi Kewajiban Ganti Rugi. *The Prosecutor Law Review*, *2*(1).

# LOGIKA KETIDAKTAHUAN: MEMBONGKAR SESAT PIKIR ARGUMENTUM AD IGNORANTIAM.

*Oleh : AHMAD BASIR HANIF*

## PENDAHULUAN

Dalam sebuah debat publik yang disiarkan melalui televisi nasional, dialog yang pada mulanya berlangsung dalam kerangka pertukaran gagasan berbasis data tiba-tiba mengalami pergeseran ketika seorang pakar kebijakan publik mempresentasikan argumennya mengenai efektivitas suatu program pemerintah. Berdasarkan hasil penelitian empiris, ia menegaskan bahwa program tersebut menunjukkan capaian yang signifikan. Namun, lawan debatnya segera menanggapi dengan pernyataan, Jika program itu benar-benar efektif, tunjukkan buktinya sekarang juga. Jika tidak dapat membuktikan, maka argumen tersebut tidak valid.Pernyataan semacam ini segera mengubah suasana diskusi(Asyura, 2024). Bukannya mengkaji substansi argumen yang disampaikan, percakapan justru bergeser menjadi serangkaian tekanan emosional yang menuntut bukti instan. Kondisi tersebut memperlihatkan bagaimana ketiadaan bukti yang tersedia pada momen tertentu dapat diperalat untuk menolak argumen, meskipun argumen tersebut sejatinya memiliki dasar metodologis yang kuat. Akibatnya, dinamika debat berubah dari arena analisis kritis menjadi ruang yang sarat dengan kecenderungan saling mencemooh dan meremehkan(Arsil, 2024).

Fenomena tersebut mencerminkan sebuah jalan pintas berpikir yang berbahaya sekaligus sering efektif, terutama ketika digunakan untuk membungkam lawan bicara tanpa harus menguraikan kelemahan logis dari pendapat yang diajukannya(Indasah, 2023). Argumentum ad ignorantiam memberikan ilusi kemenangan retoris: dengan menekankan bahwa sesuatu tidak dapat diterima hanya karena belum ada bukti yang ditampilkan saat itu juga, pembicara seolah memperoleh posisi yang lebih kuat(Wahyono, 2024). Di era digital yang ditandai oleh derasnya arus informasi, fragmentasi opini, dan meningkatnya polarisasi, strategi ini semakin sering dimanfaatkan. Dalam ruang media sosial, pola serupa muncul dalam bentuk komentar-komentar seperti Kalau benar, buktikan sekarang,atau Kalau tidak ada datanya, berarti itu tidak terjadi. Cara pandang ini tidak hanya menyederhanakan kompleksitas isu, tetapi juga memperlemah budaya berpikir kritis dan memperbesar peluang tersebarnya misinformasi(Kurniawan, 2024).

Untuk memahami akar persoalan tersebut, penting memperkenalkan konsep argumentum ad ignorantiam atau appeal to ignorance. Kesesatan berpikir ini terjadi ketika seseorang menyimpulkan bahwa suatu klaim benar semata-mata karena belum ada bukti yang membantahnya, atau menyatakan bahwa klaim tersebut salah hanya karena belum tersedia bukti yang mendukungnya. Dengan demikian, absennya bukti diperlakukan sebagai bukti itu sendiri, sebuah praktik penalaran yang bertentangan dengan prinsip dasar logika dan metode ilmiah(Triono & Th, 2025).

Bab ini disusun untuk mengkaji secara mendalam konsep argumentum ad ignorantiam, menelaah berbagai variasi bentuknya yang kerap muncul dalam diskursus publik, serta menjelaskan dampak destruktifnya terhadap kualitas penalaran individu maupun kolektif. Selain itu, bab ini bertujuan untuk membekali pembaca dengan perangkat analitis dan strategi yang dapat digunakan untuk mengenali, menilai, dan merespons sesat pikir tersebut secara kritis dan etis dalam berbagai konteks, baik akademik, profesional, maupun kehidupan sehari-hari. Dengan memahami karakteristik dan mekanisme kerja sesat pikir ini, diharapkan pembaca dapat berperan dalam membangun ruang diskusi yang lebih sehat, rasional, dan berbasis bukti(DAN, 2024).

## PEMBAHASAN

### Hakikat Argumentum ad Ignorantiam dan Manifestasinya dalam Diskursus Publik

Argumentum ad ignorantiam, atau yang lazim disebut sebagai appeal to ignorance, merupakan salah satu bentuk sesat pikir non-formal yang timbul ketika ketiadaan bukti diperlakukan sebagai indikator langsung bagi kebenaran atau kesalahan suatu klaim. Dalam kerangka teori logika, jenis kekeliruan ini tidak bersumber pada bentuk inferensi, melainkan pada asumsi epistemik yang keliru terkait fungsi bukti dalam proses argumentasi(Mesah et al., 2024). Prinsip dasar penalaran ilmiah menghendaki bahwa suatu proposisi hanya dapat dinyatakan benar melalui keberadaan bukti yang positif dan relevan. Dengan demikian, absennya bukti tidak dapat dipersamakan dengan bukti negatif(Lubis et al., 2023). Ketika individu menyimpulkan bahwa sebuah klaim pasti valid hanya karena belum ditemukan bukti yang membantahnya, atau sebaliknya menyatakan klaim tersebut salah karena bukti pendukung belum tersedia, mereka memindahkan dasar pembuktian dari fondasi logis kepada ruang ketidaktahuan. Dalam epistemologi, ketidaktahuan bukanlah entitas yang memiliki daya pembuktian, melainkan suatu kondisi yang menandakan perlunya penelitian lebih lanjut(Khairanis & Aldi, 2024). Oleh sebab itu, argumentum ad ignorantiam bertentangan dengan prinsip kehati-hatian epistemik yang menjadi dasar bagi metode ilmiah.

Dalam diskursus publik, sesat pikir ini kerap muncul tidak hanya sebagai konsekuensi ketidaktelitian logis, tetapi juga sebagai strategi retoris yang digunakan untuk menekan atau mendeligitimasi lawan bicara. Format debat politik, forum publik, maupun talk show televisi sering menempatkan peserta dalam kondisi yang menuntut respons cepat(Hephzibah & Pribadi, 2024). Keterbatasan waktu untuk menyampaikan data secara lengkap membuat pembicara rentan menjadi sasaran tuntutan pembuktian instan(Pratomo, 2021). Ketika mereka gagal menampilkan bukti secara spontan, argumen mereka segera dinyatakan tidak valid, meskipun substansi argumen tersebut sebenarnya memiliki landasan akademik atau empiris yang kuat. Fenomena ini memperlihatkan bagaimana argumentum ad ignorantiam digunakan sebagai mekanisme pengalihan dari evaluasi substansial menuju eksploitasi kelemahan situasional(Nugroho et al., 2023). Dengan demikian, sesat pikir ini tidak hanya mencerminkan kekurangcermatan logis, tetapi juga strategi komunikatif yang bersifat manipulatif.

Di ruang digital, penggunaan appeal to ignorance meningkat secara signifikan. Media sosial mendorong pola komunikasi yang ringkas, cepat, dan sering kali emosional(Azmi, 2025). Respons seperti Jika benar, tunjukkan buktinya sekarang, atau Jika tidak ada bukti, berarti itu tidak pernah terjadi, menjadi pola interaksi yang umum dijumpai. Namun, karakteristik platform digital tidak memungkinkan terjadinya penelusuran mendalam, sehingga pengguna cenderung menafsirkan absennya informasi sebagai absennya fakta(Tomasowa, 2025). Fenomena echo chamber memperburuk persoalan ini. Ketika pengguna hanya terpapar informasi yang sejalan dengan pandangan kelompoknya, ketidakmunculan data tertentu dianggap sebagai bukti bahwa data tersebut memang tidak ada. Padahal, keterbatasan jangkauan informasi tidak memiliki hubungan logis dengan validitas fakta. Dengan demikian, argumentum ad ignorantiam dalam konteks digital merupakan hasil interaksi antara bias kognitif, arsitektur teknologi, dan kultur debat yang mengutamakan kecepatan daripada ketelitian argumentatif.

Secara psikologis, kesesatan ini menarik karena memberikan ilusi kepastian dalam situasi yang ambigu. Banyak individu tidak merasa nyaman menerima status epistemik belum diketahui, sehingga mereka mencari kesimpulan cepat yang menenangkan secara emosional(Sulaiman et al., 2024). Appeal to ignorance menyediakan jalan pintas tersebut. Bias konfirmasi juga memperkuat kecenderungan ini: ketika seseorang tidak menemukan bukti yang mendukung pandangannya, ia tidak mempertimbangkan kemungkinan bahwa ia belum mencari secara memadai, tetapi langsung menyimpulkan bahwa bukti tersebut memang tidak ada. Dalam perspektif sosiologis, kondisi ini diperkuat oleh struktur komunikasi modern yang memberi insentif lebih besar terhadap opini cepat daripada argumentasi berbasis bukti(Saputra & Hidayat, 2025). Akumulasi faktor logis, psikologis, sosiologis, dan teknologi inilah yang menjadikan argumentum ad ignorantiam sangat dominan dalam diskursus publik kontemporer.

**Dampak Argumentum ad Ignorantiam dan Strategi Penanggulangannya dalam Diskursus Publik**

Kehadiran argumentum ad ignorantiam dalam ruang publik menghasilkan dampak yang cukup serius terhadap kualitas penalaran masyarakat. Dari sudut pandang epistemologis, sesat pikir ini mereduksi standar argumentasi karena menempatkan ketiadaan bukti sebagai landasan kesimpulan(Fakih, 2024). Ketika publik terbiasa mengasosiasikan ketidaktahuan sebagai bukti, struktur penalaran logis menjadi tergerus. Hal ini menciptakan masyarakat yang lebih rentan menerima argumen yang bersifat retoris, sensasional, atau emosional dibanding argumen yang berbasis data empiris. Dalam konteks kebijakan publik, pola pikir seperti ini dapat memicu proses pengambilan keputusan yang prematur dan tidak berbasis bukti(Rachim, 2025). Misalnya, program pemerintah yang memerlukan evaluasi longitudinal dapat dianggap gagal hanya karena belum ada hasil yang terlihat dalam jangka pendek. Padahal, sebagian besar kebijakan bersifat multi-tahap dan memerlukan indikator jangka panjang untuk diukur secara valid.

Dari perspektif sosial dan politik, argumentum ad ignorantiam memperkuat polarisasi. Ketika masyarakat terbelah ke dalam kelompok-kelompok ideologis, sesat pikir ini menjadi alat untuk memperkuat identitas kelompok(Ismail et al., 2024). Ketika sebuah klaim tidak didukung bukti langsung, kelompok yang berlawanan akan menggunakannya untuk menolak pandangan tersebut tanpa mengevaluasi konteks. Hal ini menghambat dialog lintas kelompok, mempersempit ruang mediasi, dan memperkuat batas-batas identitas(Suharno, 2021). Lebih jauh lagi, aktor-aktor politik yang memiliki kepentingan tertentu dapat memanfaatkan sesat pikir ini untuk membentuk opini publik. Dengan menekankan bahwa tidak ada bukti, mereka dapat menanamkan keraguan mengenai isu-isu penting seperti kesehatan publik, perubahan iklim, atau keamanan digital, padahal penelitian ilmiah sedang berlangsung atau bukti belum sepenuhnya terakumulasi. Teknik ini sering digunakan dalam kampanye politik untuk menciptakan kesan ketidakpastian atau memanipulasi persepsi publik demi mempertahankan dukungan politik. Dampak lain yang tidak kalah penting adalah degradasi kualitas diskursus publik. Ketika debat bergeser dari evaluasi substansi menuju eksploitasi ketidaktahuan lawan bicara, ruang publik berubah menjadi arena kompetisi retoris, bukan medan deliberasi rasional. Publik tidak lagi menilai argumen berdasarkan relevansinya, tetapi berdasarkan kemampuan pembicara untuk memberikan jawaban cepat. Hal ini bertentangan dengan prinsip demokrasi deliberatif yang mengedepankan diskusi berbasis bukti. Jika pola seperti ini dibiarkan, publik akan semakin akrab dengan budaya debat yang dangkal, sementara praktik berpikir kritis semakin terpinggirkan.

Untuk mengatasi persoalan tersebut, diperlukan strategi multidimensional yang mencakup aspek logis, epistemologis, dan etis. Dari perspektif logis, penting untuk mengajarkan kembali prinsip beban pembuktian. Pihak yang mengajukan klaim berkewajiban menyediakan bukti pendukung. Dengan memahami prinsip ini, publik dapat menghindari jebakan retoris yang memindahkan beban pembuktian kepada pihak yang mempertanyakan klaim(Riana et al., 2024). Selain itu, perlu ditekankan pembedaan antara pernyataan "belum ada bukti" dan bukti tidak ada. Keduanya merupakan pernyataan epistemik yang sangat berbeda, namun sering kali disamakan dalam diskursus publik. Secara epistemologis, peningkatan literasi ilmiah menjadi kunci utama. Masyarakat perlu memahami bahwa pengetahuan ilmiah berkembang melalui siklus pengamatan, pengumpulan data, verifikasi, dan evaluasi yang tidak bisa dilakukan secara instan. Dengan memahami karakter proses ilmiah, publik akan lebih mampu menerima ketidakpastian sebagai bagian dari pencarian pengetahuan, bukan sebagai tanda ketidakabsahan argumen. Peningkatan literasi ilmiah juga membantu masyarakat membedakan antara klaim yang memerlukan evaluasi jangka panjang dan klaim yang dapat diverifikasi secara cepat.

Dari sudut etika argumentasi, penting untuk membangun budaya dialog yang menghargai proses penalaran secara komprehensif. Pembicara seharusnya tidak menggunakan ketidaktahuan lawan bicara sebagai alat untuk menekan atau mempermalukan, melainkan memberikan ruang bagi klarifikasi dan pembuktian yang proporsional. Prinsip keterbukaan, kerendahan hati intelektual, dan komitmen terhadap pencarian kebenaran harus ditanamkan dalam diskursus publik. Tanpa dimensi etis ini, strategi logis dan epistemologis tidak akan efektif, karena kualitas diskursus tidak hanya ditentukan oleh kemampuan berpikir, tetapi juga oleh norma interaksi yang berlaku.

## KESIMPULAN

Keseluruhan pembahasan dalam bab ini memperlihatkan bahwa argumentum ad ignorantiam merupakan salah satu bentuk sesat pikir yang memiliki pengaruh signifikan terhadap kualitas penalaran dan dinamika diskusi publik. Kesesatan ini terjadi ketika absennya bukti diperlakukan sebagai landasan untuk menerima atau menolak suatu klaim, sehingga ketidaktahuan yang semestinya dipahami sebagai kondisi epistemik yang netralditafsirkan sebagai bukti yang bersifat konklusif. Dalam praktik argumentasi, pola pikir ini dapat muncul dalam dua bentuk utama: menerima klaim sebagai benar karena belum ditemukan bukti yang menyanggahnya, atau sebaliknya menolak klaim sebagai salah karena belum terdapat bukti yang mendukungnya. Analisis yang telah dipaparkan memperlihatkan bahwa sesat pikir ini muncul dalam beragam konteks, mulai dari perdebatan politik, dialog publik di media massa, hingga percakapan di ruang digital. Dampak yang ditimbulkannya pun tidak terbatas pada ranah logika, tetapi juga merembet ke ranah sosial dan politik, karena ia berpotensi memperlemah standar penalaran, memperkuat polarisasi, serta membuka ruang bagi manipulasi opini publik yang memanfaatkan celah ketidaktahuan masyarakat.

Temuan tersebut menegaskan kembali pentingnya disiplin intelektual dalam proses argumentasi. Pemikiran kritis tidak hanya menuntut kemampuan untuk menyusun atau mengevaluasi argumen secara rasional, tetapi juga memerlukan ketelitian untuk membedakan antara keterbatasan informasi dan dasar pembuktian. Salah satu prinsip fundamental dalam berpikir kritis adalah memahami bahwa kebenaran suatu klaim tidak dapat ditentukan oleh kondisi pembicara, keterbatasan waktu, atau ketiadaan data pada momen tertentu. Oleh karena itu, kesadaran untuk memisahkan argumen dari faktor-faktor non-substantif merupakan fondasi yang harus dijaga dalam setiap praktik akademik maupun diskursif. Menghindari appeal to ignorance berarti menempatkan argumen pada eksaminasi yang objektif, mempertimbangkan bukti yang relevan, serta menolak kecenderungan untuk menggantikan ketidaktahuan dengan kesimpulan yang tidak beralasan.

Menutup pembahasan ini, pembaca diajak untuk merefleksikan kebiasaan berargumen mereka sendiri dalam kehidupan sehari-hari. Dalam situasi ketika informasi bergerak cepat dan ruang diskusi sering kali didominasi oleh tuntutan respons instan, keberanian untuk tidak tergesa-gesa menyimpulkan sesuatu merupakan bagian integral dari kedewasaan intelektual. Setiap individu memiliki peran dalam membentuk budaya diskusi yang lebih sehat dan rasional. Dengan membiasakan diri mengevaluasi argumen berdasarkan bukti, bukan berdasarkan ketiadaan bukti, dan dengan menolak penggunaan ketidaktahuan sebagai alat untuk menjatuhkan lawan bicara, kita turut berkontribusi dalam menciptakan ruang diskursif yang lebih etis dan bertanggung jawab. Pada akhirnya, menjadi seorang pemikir kritis berarti memiliki komitmen untuk menilai gagasan melalui kekuatan internalnya, dan bukan melalui asumsi, prasangka, atau tekanan situasional yang sering kali menyesatkan.

## DAFTAR PUSTAKA

Arsil, M. (2024). *Analisis Wacana Kritis Podcast Ruang28 Episode Mencari Pemimpin Ideal Hanya Omong Kosong*. IAIN Parepare.

Asyura, R. (2024). *Efektivitas Penerapan Teknik Diskusi Kelompok Untuk Mengatasi Rendahnya Moral Siswa Kelas VII SMPN 1 Baitussalam*. Universitas Islam Negeri Ar-Raniry.

Azmi, K. (2025). Fenomena viral di media sosial: Analisis pola komunikasi dan pengaruhnya terhadap opini publik. *Journal of Science and Social Research, 8*(2), 1814–1821.

DAN, M. B. K. (2024). Relevansi Logika Aristoteles Dalam Pendidikan Kontemporer: Membangun Berpikir Kritis Dan Penalaran Rasional. *PENGANTAR FILSAFAT PENDIDIKAN ISLAM: Kajian Filosofis Pedagogis*, 21.

Fakih, M. A. (2024). *Kupas Tuntas Cacat Logika dan Sesat Pikir: Sebuah Pengantar Komprehensif untuk Pemula dan Umum*. IRCISOD.

Hephzibah, W. C., & Pribadi, F. (2024). Analisis Wacana Kritis Politik Identitas Dalam Talkshow Kompas TV. *Paradigma, 13*(1), 91–100.

Indasah, S. N. (2023). *The Logical Fallacies: Kesalahan Berlogika Yang Dianggap Berpikir Kritis*. Anak Hebat Indonesia.

Ismail, L., Regita, E., Yuniar, J., Umar, D. A., fikri Subair, M. A., & Wijaya, A. I. (2024). Pertarungan Ideologi: Konflik Politik Dalam Dinamika Masyarakat Modern: Ideologi, Politik, Masyarakat. *Aksiologi: Jurnal Pendidikan Dan Ilmu Sosial*.

Khairanis, R., & Aldi, M. (2024). Epistemologi Filsafat Ilmu: Metode Ilmiah Dan Non-Ilmiah Dalam Penelitian. *Journal Central Publisher*, *2*(2), 1614–1628.

Kurniawan, W. (2024). Literasi Informasi dalam Menghadapi Berita Palsu: Analisis Bibliometrik Penyebaran di Media Sosial. *Media Pustakawan, 31*(2), 156–169.

Lubis, N. S., Farleni, F., Juansah, D. E., & Nulhakim, L. (2023). A proposisi, logika dalam berpikir sebagai dasar penalaran ilmiah dalam menghasilkan pengetahuan baru. *Jurnal Filsafat Indonesia, 6*(2), 276–283.

Mesah, W., Darma, F. E., & Lawalata, M. (2024). Memahami Logika Berpikir Sebagai Landasan Membangun Argumentasi Yang Kuat. *Jurnal Teologi Injili Dan Pendidikan Agama, 2*(3), 173–185.

Nugroho, H., Widyanta, A. B., Wibawanto, G. R., & Fitramadhana, R. (2023). *Proliferasi pemikiran sosial kritis*. PT Kanisius.

Pratomo, A. Y. (2021). *Implementasi Penuntutan Perkara Tindak Pidana Secara Daring Akibat Pandemi Covid-19 Dalam Rangka Mewujudkan Asas Peradilan Cepat, Sederhana dan Biaya Ringan Pada Kejaksaan Negeri Wonogiri*. Universitas Islam Sultan Agung (Indonesia).

Rachim, A. (2025). *Pemasaran Kebijakan Publik: Membangun Sistem Pelayanan Kesehatan Berbasis Masyarakat*. PT. Star Digital Publishing, Yogyakarta-Indonesia.

Riana, N., Triany, N. A., Tamtomo, T., Muksin, N. N., Sari, P. A., Gafallo, M. F. Y., Gunawan, M. K., & Judijanto, L. (2024). *Komunikasi Publik:*

*Panduan Praktis untuk Sukses dalam Berkomunikasi*. PT. Sonpedia Publishing Indonesia.

Saputra, M. R., & Hidayat, F. (2025). Dinamika komunikasi persuasif dalam media massa: Teknik, strategi, dan pengaruh terhadap perilaku masyarakat. *Jurnal Al Nahyan*, *2*(1), 62–73.

Suharno, M. S. (2021). *Pendidikan Multikulturisme Konsep, Tata Kelola, dan Praktik Penyelesaian Konflik Multikultural* (Vol. 1). Penerbit Insania.

Sulaiman, A., Rokhmah, S. N., & Royhana, S. F. (2024). Pengaruh Religiusitas terhadap Disposisi Berpikir Kritis dengan Keyakinan Epistemik serta Emosi Epistemik sebagai Mediator: The Influence of Religiosity on Critical Thinking Disposition with Epistemic Beliefs and Epistemic Emotions as Mediators. *Jurnal Filsafat Indonesia*, *7*(3), 522–531.

Tomasowa, G. A. (2025). *Merumuskan Kembali Peran Komunikasi Krisis Dalam Perubahan Manajemen Di Era Keterbukaan Teknologi-Damera Press*. Damera Press.

Triono, N., & Th, M. (2025). *Menemukan Konsep Karakter Kristen Melalui Pendekatan Ilmiah*. Detak Pustaka.

Wahyono, H. (2024). *Dasar-Dasar Terampil Berbicara*. Deepublish.

# JEBAKAN BAHASA: BAGAIMANA AMBIGUITAS AKSENTUASI, EKUIVOKASI, DAN AMFIBOLI MENYESATKAN PENALARAN.

*Oleh : Sarmita*

## PENDAHULUAN

Dalam kehidupan sehari-hari, baik dalam percakapan pribadi, debat politik, khutbah keagamaan, maupun konten media sosial, kita sering merasa telah sepenuhnya memahami apa yang disampaikan orang lain. Namun, seringkali kesimpulan yang kita ambil ternyata didasari oleh pemahaman yang keliru atau penafsiran yang tidak tepat. Hal ini terjadi ketika kalimat yang digunakan bersifat rancu, penekanan dalam sebuah pernyataan menyesatkan, atau istilah yang digunakan mengalami pergeseran makna sepanjang argumen berlangsung. Fenomena ini membuktikan bahwa bahasa tidak selalu menjadi alat komunikasi yang jelas, melainkan dapat berubah menjadi jebakan yang mengaburkan maksud sebenarnya.

Jebakan bahasa ini semakin berbahaya di era informasi yang berlimpah, di mana teks dan ujaran tersebar begitu cepat tanpa adanya mekanisme penyaringan yang memadai. Dalam lingkungan seperti ini, orang sering kali terjebak dalam ambiguitas atau kebingunguan yang disebabkan oleh ketidakjelasan bahasa, sehingga membuat penalaran menjadi rentan terhadap distorsi. Fenomena ini menuntut kita untuk lebih kritis dan berhati-hati dalam memahami pesan yang disampaikan, agar tidak terjebak dalam penafsiran yang menyesatkan dan salah paham dalam berkomunikasi (Anshori, 2020).

Permasalahan utama yang diangkat dalam bab ini adalah bagaimana ambiguitas dalam bahasa khususnya melalui aksentuasi, ekuivokasi, dan amfiboli dapat menyesatkan proses penalaran, baik dalam diskursus akademik maupun wacana publik. Ambiguitas tersebut bukan hanya persoalan teknis linguistik, tetapi berdampak langsung pada cara masyarakat memahami realitas sosial, membentuk opini, dan mengambil keputusan. Argumen yang tampak sahih bisa saja sebenarnya rapuh karena bertumpu pada pergeseran makna istilah (ekuivokasi), penekanan selektif pada bagian tertentu dari pernyataan (aksentuasi), atau struktur kalimat yang memungkinkan lebih dari satu tafsir (amfiboli). Jika tidak disadari, publik dapat dengan mudah digiring untuk menerima kesimpulan yang keliru seolah-olah hasil pemikiran rasional (Mustaqim, 2019).

Bab ini bertujuan untuk menggali bagaimana ketiga fenomena linguistik ambiguitas aksentuasi, ekuivokasi, dan amfiboli dapat menyesatkan penalaran manusia. Dengan memeriksa contoh-contoh nyata dan menganalisis dampaknya dalam konteks komunikasi dan logika, bab ini ingin memberikan pemahaman yang lebih dalam mengenai jebakan bahasa yang sering kali tidak disadari (Suhendra & van Eymeren, 2020). Kontribusi utama dari bab ini adalah memberikan wawasan bagi pembaca mengenai bagaimana untuk mengenali dan menghindari jebakan-jebakan bahasa ini dalam komunikasi sehari-hari serta dalam konteks profesional dan akademik, sehingga penalaran yang lebih jernih dan tepat dapat dicapai.

Secara sederhana, *ambiguitas aksentuasi* merujuk pada kesalahan penalaran yang muncul ketika penekanan (secara fonetik, tipografis, atau kontekstual) pada bagian tertentu dari kalimat mengubah makna pernyataan secara keseluruhan (Safitra, 2024). *Ekuivokasi* terjadi ketika satu kata atau frasa digunakan dengan dua atau lebih makna berbeda dalam satu rangkaian argumen tanpa disadari, sehingga kesimpulan tampak logis padahal berganti pengertian di tengah jalan. Sementara *amfiboli* (amphiboly) adalah kekeliruan yang bersumber dari struktur kalimat yang rancu, sehingga memungkinkan lebih dari satu interpretasi dan membuka ruang manipulasi makna. Ketiga jenis jebakan ini menggambarkan bagaimana bentuk bahasa dapat memengaruhi isi penalaran.

Bab ini akan disusun dalam beberapa bagian utama. Pertama, akan diuraikan secara lebih sistematis landasan teoritis mengenai hubungan antara bahasa dan penalaran, termasuk posisi kesesatan (fallacies) dalam logika dan argumentasi. Kedua, masing-masing konsep aksentuasi, ekuivokasi, dan amfiboli akan dibahas lebih rinci beserta contoh-contoh konkret dari wacana publik, media massa, dan percakapan daring. Ketiga, bab ini menganalisis dampak sosiologis jebakan bahasa terhadap pembentukan opini, polarisasi, dan legitimasi klaim kebenaran di ruang publik. Terakhir, bab akan ditutup dengan refleksi kritis dan rekomendasi praktis untuk mengembangkan kewaspadaan linguistik sebagai bagian dari literasi berpikir kritis (Imelda et al., 2024).

## PEMBAHASAN

### Bahasa sebagai Fondasi Penalaran dan Sumber Ambiguitas

Bahasa tidak hanya berfungsi sebagai alat untuk menyampaikan informasi, melainkan medium utama yang membentuk cara manusia berpikir, menafsirkan realitas, dan menyusun argumen. Proses penalaran berlangsung melalui kategori, simbol, dan relasi makna yang disediakan oleh bahasa; karena itu, ketepatan linguistik berkaitan langsung dengan ketepatan penalaran (Dhika, 2025). Ketika bahasa digunakan secara kabur, ganda, atau ambigu, struktur penalaran yang dibangun di atasnya pun menjadi rapuh. Dalam tradisi logika klasik, kesesatan (*fallacies*) dipahami sebagai bentuk argumentasi yang tampak sahih, tetapi sebenarnya cacat di tingkat struktur. Analisis kontemporer dalam filsafat bahasa dan logika informal menunjukkan bahwa banyak kesesatan justru berakar pada cara bahasa dipakai, bukan semata pada isi proposisionalnya.

Ambiguitas karenanya tidak dapat dipandang hanya sebagai masalah teknis linguistik, tetapi sebagai fenomena sosial yang terkait dengan produksi pengetahuan, legitimasi klaim kebenaran, dan pembingkaian realitas. Dalam praktik komunikasi politik, wacana keagamaan, pemberitaan media, iklan, maupun percakapan di media sosial, bahasa tidak pernah sepenuhnya netral. Pemilihan kata, struktur kalimat, penekanan tertentu, dan gaya penyajian merupakan strategi simbolik yang dapat memperkuat atau melemahkan makna tertentu. Tiga bentuk ambiguitas yang menjadi fokus pembahasan aksentuasi, ekuivokasi, dan amfiboli mewakili bagaimana bahasa dapat berubah dari instrumen klarifikasi menjadi jebakan yang menyesatkan penalaran, terutama ketika beroperasi dalam ruang publik yang sarat kepentingan ideologis dan relasi kuasa (Sunaryo, 2024).

Dalam konteks sosiologi pengetahuan dan sosiologi komunikasi, ketiga bentuk ambiguitas ini penting dikaji karena berkaitan dengan bagaimana "kebenaran" dinegosiasikan dan distabilkan dalam masyarakat. Narasi dominan sering kali dibangun bukan hanya melalui kekuatan argumen substantif, tetapi juga melalui pengelolaan simbolik atas bahasa: apa yang ditonjolkan, apa yang diredam, istilah apa yang digunakan, dan bagaimana kalimat disusun. Dengan demikian, jebakan bahasa bukan sekadar kekeliruan individu dalam berpikir, melainkan mekanisme struktural yang berkontribusi pada pembentukan opini publik dan konfigurasi kekuasaan simbolik.

**Ambiguitas Aksentuasi dan Pengaruhnya terhadap Konstruksi Makna**

Ambiguitas aksentuasi (*accent fallacy*) muncul ketika makna suatu pernyataan berubah secara signifikan akibat perbedaan penekanan, baik berupa intonasi dan tekanan suara dalam komunikasi lisan, maupun berupa penandaan visual seperti huruf kapital, huruf miring, penebalan, tanda kutip, atau pemenggalan kalimat dalam teks tertulis. Satu kalimat yang sama dapat menghasilkan makna yang sangat berbeda ketika penekanan berpindah dari satu kata ke kata lainnya. Contoh klasik dapat dilihat pada kalimat "Saya tidak bilang dia mencuri itu." Jika penekanan diberikan pada kata "saya", kalimat itu mengisyaratkan bahwa mungkin orang lain yang mengatakan; jika penekanan bergeser pada kata "tidak", kalimat itu berubah menjadi penyangkalan tegas; sementara jika penekanan pada kata "dia", tersirat bahwa orang lain yang mungkin dicurigai. Dari sini tampak bahwa aksentuasi, meskipun tampak kecil dan teknis, mempunyai daya ubah makna yang kuat (Muslim, 2025).

Dalam konteks media massa dan komunikasi politik, aksentuasi sering digunakan sebagai alat untuk membingkai isu tanpa mengubah fakta secara eksplisit. Misalnya, judul berita seperti "Pejabat Diduga Terlibat Skandal Besar" sudah menyiratkan penekanan tertentu yang mengarahkan pembaca untuk fokus pada kata "pejabat" dan "skandal", sementara kata "diduga" berfungsi sebagai penyangga kehati-hatian, mengurangi beban klaim. Teknik ini memanfaatkan cara penyusunan kalimat dan penekanan pada kata-kata tertentu untuk membentuk opini awal pembaca, tanpa perlu mengubah kebenaran yang terkandung dalam fakta tersebut. Pemilihan ukuran huruf, penempatan kata dalam judul, serta penggunaan tanda baca seperti titik dua atau tanda kutip juga turut menciptakan efek emosional yang memengaruhi persepsi pembaca sebelum mereka menyelami isi lebih lanjut.

Dalam kampanye politik, aksentuasi juga memiliki peran yang tak kalah penting. Kata-kata seperti "telah", "bukti nyata", atau "perubahan besar" dipilih untuk memberikan kesan keberhasilan dan kepastian, meskipun data empiris yang mendasari klaim tersebut mungkin tidak cukup atau bahkan tidak signifikan. Pemilihan kata ini mengarah pada pembentukan persepsi positif yang kuat tanpa harus menunjukkan bukti yang mendalam. Teknik ini berfungsi untuk membentuk citra yang mempengaruhi emosi pemilih dan menciptakan kesan bahwa janji-janji politik tersebut sudah hampir tercapai, meskipun kenyataannya bisa jadi jauh berbeda .

Secara psikologis, aksentuasi berhubungan erat dengan efek pembingkaian (*framing effect*), yaitu kecenderungan individu menilai informasi berdasarkan cara penyajiannya, bukan semata isi substansialnya (Haerul, 2024). Secara sosiologis, aktor yang menguasai teknik aksentuasi memiliki modal simbolik untuk mengarahkan cara publik memahami suatu peristiwa. Dengan mengontrol apa yang ditonjolkan dan apa yang diredam, mereka dapat membentuk persepsi tentang siapa yang bersalah, apa yang dianggap penting, dan kebijakan apa yang pantas didukung. Dalam pengertian ini, ambiguitas aksentuasi menjadi salah satu mekanisme halus dalam produksi hegemoni wacana: ia tidak memalsukan fakta, tetapi mengatur sorotan terhadap fakta sedemikian rupa sehingga penalaran publik terdorong menuju kesimpulan tertentu.

**Ekuivokasi dan Pergeseran Makna dalam Wacana Publik**

Bentuk kedua dari jebakan bahasa adalah ekuivokasi, yaitu penggunaan satu istilah dengan dua atau lebih makna berbeda dalam rangkaian argumen yang sama tanpa adanya klarifikasi. Pada tataran permukaan, argumen tampak koheren karena menggunakan istilah yang sama; namun di tingkat konseptual, terjadi pergeseran makna yang membuat hubungan logis antara premis dan kesimpulan menjadi cacat (Sugianto, 2020). Ekuivokasi umumnya muncul pada istilah-istilah abstrak atau bernilai normatif tinggi, seperti "kebebasan", "keadilan", "hak", "rakyat", "kedaulatan", atau "ilmu", yang masing-masing memiliki spektrum makna luas dan sering kali diperebutkan secara politis maupun ideologis.

Dalam wacana politik, istilah "rakyat" merupakan contoh ekuivokasi yang sering dijumpai. Di satu konteks, "rakyat" dimaknai sebagai keseluruhan warga negara; di konteks lain, ia bisa merujuk hanya pada kelompok tertentu yang secara politis mendukung suatu kebijakan. Ketika seorang politisi berkata, "Kami mengambil kebijakan ini demi kepentingan rakyat," seringkali tidak jelas rakyat yang mana yang dimaksud. Pergeseran makna ini memungkinkan aktor politik mengklaim legitimasi kolektif, padahal kebijakan tersebut mungkin lebih berpihak pada segmen tertentu dari populasi. Hal serupa terjadi pada istilah "kedaulatan", yang secara retoris dapat dipakai untuk membela berbagai kebijakan mulai dari proteksionisme ekonomi, pengetatan keamanan, hingga pembatasan kebebasan sipil tanpa kejelasan dimensi kedaulatan apa yang sedang dibicarakan (Prasetya, 2024)

Dalam wacana keagamaan, ekuivokasi tampak ketika istilah "ilmu" dipakai secara cair untuk merujuk pada pengetahuan agama sekaligus pengetahuan empiris. Ketika dikatakan bahwa "ilmu harus mengantar manusia kepada Tuhan," pernyataan tersebut sah dalam konteks ilmu keagamaan, namun menjadi problematis ketika diterapkan begitu saja pada ilmu empiris modern yang secara metodologis netral terhadap klaim metafisis. Di sini, ekuivokasi membuat argumen seolah-olah kokoh, padahal yang terjadi adalah pergeseran dari satu ranah makna ke ranah makna lain. Pergeseran ini berpotensi melahirkan penilaian keliru terhadap sains maupun agama, karena keduanya dinilai dengan kategori yang bercampur.

Dalam interaksi sehari-hari dan percakapan digital, ekuivokasi muncul dalam bentuk yang lebih halus. Istilah seperti "berhasil", "stabil", "kritik", atau "toxic" sering digunakan tanpa definisi yang jelas. Program pemerintah dinyatakan "berhasil" tanpa indikator; situasi ekonomi disebut "stabil" tanpa penjelasan stabil bagi siapa; seseorang dilabeli "toxic" tanpa kriteria yang eksplisit. Ketika istilah-istilah ini digunakan dalam argumen, publik mudah mengiyakan karena istilah tersebut punya resonansi emosional, padahal maknanya kabur dan bergeser sesuai kepentingan pembicara. Dalam ruang media sosial, fenomena ini diperkuat oleh logika viralitas: istilah yang memiliki daya kejut emosional lebih cepat menyebar, meskipun miskin kejelasan konseptual.

Secara epistemologis, ekuivokasi merusak konsistensi internal penalaran karena premis yang tampak serupa sebenarnya menggunakan konsep yang berbeda. Secara sosiologis, ekuivokasi membuka ruang luas bagi manipulasi simbolik. Istilah yang dipersepsikan positif atau sakral dapat dilekatkan pada kebijakan, figur, atau gagasan tertentu melalui pergeseran makna yang tidak disadari. Akibatnya, terjadi polarisasi dan kesalahpahaman, karena kelompok-kelompok sosial yang berbeda menggunakan istilah yang sama dengan konsepsi yang berlainan, tetapi mengira sedang berbicara tentang hal yang sama. Ekuivokasi dengan demikian berkontribusi terhadap fragmentasi ruang publik, sekaligus mempersulit tercapainya dialog rasional yang berbasis pada definisi bersama (Syihab, 2021).

**Amfiboli dan Ketidakjelasan Sintaksis dalam Produksi Wacana**

Jebakan bahasa ketiga adalah amfiboli, yaitu ambiguitas yang bersumber dari struktur sintaksis atau tata bahasa yang memungkinkan lebih dari satu penafsiran. Berbeda dengan ekuivokasi yang berkaitan dengan makna kata, amfiboli berhubungan dengan susunan kalimat, penggunaan tanda baca, dan pengelompokan frasa (Saifullah, 2021). Kalimat seperti "Saya melihat orang dengan teleskop" dapat ditafsirkan bahwa pembicara memakai teleskop atau orang yang dilihat yang memegang teleskop. Dalam komunikasi sehari-hari, amfiboli sering diabaikan dengan asumsi bahwa konteks akan meluruskan makna; tetapi dalam teks formal dan wacana publik, amfiboli dapat digunakan untuk mempertahankan posisi yang multitafsir dan sulit dipertanggungjawabkan.

Dalam praktik jurnalistik, amfiboli kadang muncul dalam pemberitaan yang berkaitan dengan kasus hukum atau skandal politik. Kalimat seperti "Kepala daerah ditemukan bersama sejumlah dokumen kasus korupsi" tidak dengan jelas menyatakan apakah kepala daerah terlibat atau hanya kebetulan berada di lokasi yang sama. Struktur yang sengaja dibiarkan kabur ini memungkinkan media membangun asosiasi negatif terhadap tokoh tertentu tanpa harus menanggung risiko hukum dari pernyataan eksplisit. Dengan demikian, amfiboli menjadi instrumen yang efektif untuk membentuk citra tanpa komitmen proposisional yang tegas.

Bahasa birokrasi juga kerap mengandung amfiboli. Frasa seperti "penerapan kebijakan akan disesuaikan dengan kondisi lapangan" terdengar fleksibel dan adaptif, tetapi sesungguhnya membuka ruang interpretasi yang sangat luas mengenai siapa yang berwenang menafsirkan "kondisi lapangan" dan dengan standar apa. Ketika dikaitkan dengan implementasi kebijakan di tingkat lokal, ketidakjelasan sintaksis ini berpotensi menghasilkan praktik yang berbeda-beda, bahkan bertentangan, namun tetap dapat "dibaca sah" karena kalimat dasarnya memang tidak spesifik. Dalam konteks hukum, redaksi pasal yang amfibolis dapat memicu sengketa tafsir, memberikan celah bagi penegakan hukum yang tidak konsisten, dan pada akhirnya melemahkan kepastian hukum.

Dalam interaksi antarindividu, amfiboli tampak dalam ekspresi sehari-hari seperti "nanti saya kabari" atau "bisa sebentar?", yang tidak menunjuk pada waktu dan durasi yang jelas. Pada tataran interpersonal, hal ini dapat menimbulkan kesalahpahaman kecil; tetapi dalam ruang argumentasi formal atau komunikasi resmi, amfiboli dapat menimbulkan konsekuensi yang lebih serius, misalnya dalam penafsiran kontrak kerja, kesepakatan bisnis, atau pernyataan kebijakan. Di sini, ketidakjelasan sintaksis bukan lagi sekadar persoalan bahasa, melainkan persoalan keadilan, akuntabilitas, dan relasi kuasa.

Jika ketiga bentuk ambiguitas ini dilihat secara bersama, tampak bahwa jebakan bahasa bekerja melalui interaksi kompleks antara bentuk, makna, dan konteks sosial. Aksentuasi memanipulasi fokus perhatian melalui penekanan; ekuivokasi menggeser makna istilah di dalam rangkaian argumen; dan amfiboli membuka ruang multi-tafsir melalui struktur kalimat yang kabur. Dalam praktik komunikasi publik, ketiganya sering dipakai secara simultan. Sebuah pidato politik, misalnya, dapat menonjolkan kata-kata tertentu secara aksentuatif, memanfaatkan istilah-istilah abstrak yang ekuivokal seperti "kesejahteraan" atau "perubahan", dan merangkainya dalam kalimat yang sintaksisnya cukup kabur sehingga dapat dibaca berbeda oleh kelompok audiens yang berlainan (Ardiyanto, 2025).

Konstelasi ambiguitas ini menjadi semakin signifikan dalam era informasi digital. Platform media sosial mendorong produksi konten yang singkat, cepat, dan padat simbol. Judul singkat, potongan video, meme, dan *caption* yang sarat tanda baca atau huruf kapital memperkuat efek aksentuasi. Istilah-istilah populer yang viral sering digunakan tanpa landasan konseptual yang jelas, sehingga ekuivokasi berkembang luas. Sementara itu, bentuk kalimat yang terfragmentasi, dipotong, atau dipelintir dari konteks asalnya memperbesar peluang amfiboli. Algoritma yang mengutamakan keterlibatan emosional ikut memperkuat penyebaran konten ambigu yang provokatif, sehingga jebakan bahasa bukan hanya mempengaruhi penalaran individu, tetapi juga mengkondisikan ekologi komunikasi digital secara keseluruhan (Zein, 2019).

Dalam situasi ini, upaya mengatasi jebakan bahasa perlu diarahkan pada penguatan literasi bahasa dan literasi logis sekaligus. Pendidikan kritis perlu mengajarkan bagaimana mengidentifikasi penekanan tertentu yang menggeser makna, bagaimana memeriksa konsistensi penggunaan istilah agar terhindar dari ekuivokasi, dan bagaimana menyusun serta menafsirkan kalimat dengan struktur yang jelas untuk mengurangi amfiboli. Di samping itu, aktor-aktor kunci dalam ruang publik seperti politisi, pemuka agama, jurnalis, dan pendidik dituntut untuk memiliki komitmen terhadap kejujuran linguistik, yakni menggunakan bahasa untuk menjernihkan, bukan menyamarkan. Hanya dengan cara demikian bahasa tidak lagi menjadi jebakan yang menyesatkan penalaran, tetapi kembali berfungsi sebagai medium dialog rasional dan refleksi kritis atas realitas sosial (Aswita et al., 2022).

## KESIMPULAN

Dalam bab ini, dibahas bahwa bahasa memiliki peran penting dalam membentuk penalaran, dan ambiguitas linguistik dapat memengaruhi pemahaman individu dan masyarakat terhadap realitas. Tiga jenis ambiguitas yang dikaji aksentuasi, ekuivokasi, dan amfiboli menunjukkan bagaimana penekanan, pergeseran makna, dan ketidakjelasan struktur kalimat dapat membelokkan proses berpikir. Aksentuasi memengaruhi fokus perhatian, menjadikan beberapa fakta lebih menonjol. Ekuivokasi mengacaukan hubungan premis-kesimpulan melalui istilah yang memiliki makna ganda. Amfiboli membuka tafsiran berbeda, memungkinkan penghindaran komitmen dan tanggung jawab. Ketiga bentuk ambiguitas ini sering muncul bersamaan dalam pidato politik, media, wacana keagamaan, dan komunikasi digital.

Bertolak dari penjelasan tersebut, tesis utama bab ini menegaskan bahwa bahasa bukanlah medium netral, melainkan arena strategis tempat makna dinegosiasikan dan penalaran bisa dimodifikasi. Ambiguitas aksentuasi, ekuivokasi, dan amfiboli menunjukkan bahwa kesesatan berpikir tidak selalu karena kurangnya data atau bukti, tetapi dapat muncul akibat cara bahasa dirangkai, ditekankan, dan disusun. Jebakan bahasa bukan hanya masalah logika formal, tetapi juga masalah sosiologis terkait distribusi kekuasaan atas penafsiran. Aktor yang menguasai teknik-teknik ambiguitas memiliki posisi untuk membentuk opini publik dan menstabilkan narasi yang diinginkan.

Secara reflektif, bab ini menekankan tanggung jawab etis para pembaca, peneliti, pendidik, politisi, dan pelaku media untuk tidak menggunakan bahasa sebagai alat penyesatan. Penguatan literasi bahasa dan logika diperlukan untuk memeriksa penekanan yang mencurigakan, menuntut kejelasan definisi istilah, dan peka terhadap struktur kalimat yang dapat menyebabkan tafsiran ganda. Di pendidikan, kemampuan untuk mengidentifikasi ambiguitas harus menjadi bagian dari kurikulum berpikir kritis. Di ruang publik, diperlukan komitmen terhadap kejujuran linguistik, dengan bahasa yang digunakan untuk menjernihkan, bukan mengaburkan makna.

## DAFTAR PUSTAKA

Anshori, D. S. (2020). *Bahasa rezim: Cermin bahasa dalam kekuasaan.* Bumi Aksara.

Ardiyanto, Y. (2025). *Metafora Emosi Ambigu Melalui Elemen Pitch Dalam Karya "Ambighost."* Institut Seni Indonesia Yogyakarta.

Aswita, D., Nurmawati, M. P., Salamia, M. S., Sarah, S., Si, S. P., Saputra, S., Kurniawan, E. S., Yoestara, M., Fazilla, S., & Zulfikar, S. (2022). *Pendidikan literasi: Memenuhi kecakapan abad 21.* Penerbit K-Media.

Dhika, H. (2025). Sarana Berfikir Ilmiah: Bahasa, Logika, Matematika, dan Statistik. *Ikon--Jurnal Ilmiah Ilmu Komunikasi*, *29*(2), 60–70.

Haerul, Z. A. (2024). *Framing Penulisan Berita Pendidikan pada Media Online Tuturkata.* IAIN Parepare.

Imelda, C., Ma'arij, A., Mangar, I., Hazmi, R. M., Sukmareni, S., Abidin, M. A., Indrayati, R., & Hidayah, A. (2024). *Logika dan Argumen Dalam Penalaran Hukum*. CV. Gita Lentera.

Muslim, H. (2025). *Fallacies of Ambiguity: 5 Jenis Sesat Pikir karena Bahasa yang Menyesatkan*. https://www.retoria.id/trivium/2571465880/fallacies-of-ambiguity-5-jenis-sesat-pikir-karena-bahasa-yang-menyesatkan

Mustaqim, A. (2019). *Argumentasi Keniscayaan Tafsir Maqashidi Sebagai Basis Moderasi Islam*.

Prasetya, A. (2024). Analyzing Political Discourse: Linguistic and Semiotic Perspectives. **Journal of Political Linguistics**, *15*(2), 45–67. https://www.longdom.org/open-access-pdfs/analyzing-political-discourse-linguistic-and-semiotic-perspectives.pdf

Safitra, H. (2024). *Ambiguitas Dalam Komik Strip Di Media Sosial Instagram (Kajian Semantik)*.

Saifullah, A. R. (2021). *Semantik dan dinamika pergulatan makna*. Bumi Aksara.

Sugianto, A. (2020). *Analisis Kohesi Leksikal Dalam Editorial Surat Kabar Harian Tribun Pontianak Edisi Maret 2018 (Kajian Semantik)*. Ikip Pgri Pontianak.

Suhendra, H. J., & van Eymeren, M. (2020). *Logika Praktis untuk Komunikasi: Penalaran Kritis di Era Informasi*. Hegel Pustaka.

Sunaryo, F. (2024). Ambiguitas Sebagai Persoalan Bahasa dan Tanda Baca. **Journal of Linguistics and Language Studies**, *1*.

Syihab, U. (2021). *Sekitar Epistemologi Islam: Memahami bangunan keilmuan dalam kerangka Worldview Islam*. Bildung Yogyakarta.

Zein, M. F. (2019). *Panduan Menggunakan Media Sosial untuk Generasi Emas Milenial*. Mohamad Fadhilah Zein.

# BAGIAN 4

# LOGIKA DALAM PRAKTIK KEILMUAN DAN DIGITAL

## Kunci Menuju Pemikiran Ilmiah yang Jelas: Peran Logika dalam Membedakan Fakta dari Opini dan Memastikan Kebenaran Setiap Kesimpulan Riset

*Oleh : Najma Zahirah Zukhruf*

### PENDAHULUAN

Pendahuluan dalam artikel ini berangkat dari kegelisahan akademik tentang kaburnya batas antara fakta dan opini dalam banyak karya ilmiah di Indonesia. Di tengah derasnya arus informasi, banyak temuan riset disajikan tanpa pemisahan yang tegas antara data empiris dan penilaian subjektif peneliti. Kondisi ini membuat pembaca sulit menilai kekuatan sebuah argumen ilmiah secara jernih. Judul "Kunci Menuju Pemikiran Ilmiah yang Jelas: Peran Logika dalam Membedakan Fakta dari Opini dan Memastikan Kebenaran Setiap Kesimpulan Riset" dipilih untuk menegaskan fokus pembahasan. Tulisan ini menempatkan logika sebagai instrumen utama dalam merapikan cara berpikir ilmiah. Logika dipandang bukan sekadar cabang filsafat abstrak, tetapi keterampilan praktis yang menentukan mutu riset. Dengan pendekatan tersebut, artikel ini berupaya menawarkan pijakan konseptual yang kuat bagi peneliti, dosen, dan mahasiswa. Harapannya, pembaca makin peka terhadap struktur argumen yang dipakai dalam setiap kajian ilmiah. Kesadaran ini penting untuk meningkatkan kualitas dialog akademik di berbagai disiplin ilmu.(W. Wibowo, 2022)

Kepakaran penulis berada pada bidang logika, filsafat ilmu, dan metodologi penelitian, sehingga pembahasan dalam artikel ini berakar pada tradisi refleksi kritis terhadap cara kerja ilmu pengetahuan. Pengalaman mengajar logika dan metode penelitian di berbagai program studi memperlihatkan satu pola yang berulang. Banyak mahasiswa mampu mengumpulkan data, namun kesulitan menyusunnya menjadi argumen yang logis dan meyakinkan. Mereka sering mencampuradukkan fakta, asumsi, dan opini dalam satu paragraf yang sama. Situasi ini tidak hanya terjadi pada tingkat pemula, tetapi juga tampak dalam beberapa publikasi ilmiah yang beredar di jurnal nasional. Dari sinilah muncul kebutuhan untuk menegaskan kembali pentingnya logika dalam setiap tahap riset. Bukan hanya di bagian analisis data, tetapi sejak perumusan masalah hingga penarikan kesimpulan. Tulisan ini memanfaatkan kepakaran tersebut untuk mengurai persoalan secara sistematis dan aplikatif. Dengan demikian, artikel ini diharapkan memberi kontribusi nyata bagi penguatan kompetensi logis para peneliti.(Sidabutar & Situmorang, 2022)

Tema utama tulisan ini adalah peran logika dalam membedakan secara tegas antara fakta dan opini dalam teks ilmiah. Fakta dipahami sebagai pernyataan yang dapat diverifikasi melalui observasi, pengukuran, atau konsensus ilmiah. Sementara itu, opini dipahami sebagai penilaian, interpretasi, atau sikap peneliti terhadap fakta yang dikaji. Dalam praktik penulisan ilmiah, fakta dan opini sering muncul berdampingan. Namun, tanpa perangkat logika yang memadai, batas antara keduanya menjadi kabur. Kekaburan ini berakibat pada kesimpulan riset yang lemah dan mudah digugat. Oleh karena itu, logika diperlukan untuk menguji apakah suatu pernyataan layak disebut fakta atau hanya opini yang belum cukup didukung. Dengan penjelasan yang rinci dan contoh yang relevan, artikel ini akan menunjukkan bagaimana pembedaan tersebut dapat dilakukan secara sistematis. Upaya ini diharapkan membantu peneliti menyusun laporan riset yang lebih jujur dan transparan.(Pakpahan et al., 2021)

Selain membedakan fakta dan opini, tulisan ini menekankan bahwa logika juga berfungsi memastikan kebenaran setiap kesimpulan riset. Dalam tradisi ilmiah, kesimpulan bukan sekadar ringkasan data, tetapi hasil dari proses penalaran yang terstruktur. Setiap kesimpulan harus memiliki hubungan yang sah dengan premis dan data pendukungnya. Di sinilah konsep-konsep logika seperti validitas, konsistensi, dan kekeliruan berpikir memainkan peran penting. Peneliti yang menguasai logika akan lebih berhati-hati dalam menarik generalisasi. Ia tidak mudah menyatakan hubungan sebab-akibat ketika data hanya mendukung hubungan korelasional. Artikel ini menjelaskan berbagai bentuk penalaran yang sering digunakan dalam riset, seperti deduksi dan induksi, beserta risiko kesalahan yang menyertainya. Dengan pendekatan ini, pembaca diajak melihat bahwa logika bukan hanya teori, tetapi alat kerja dalam setiap proyek ilmiah.(Melkisedek et al., 2024)

Kontribusi ilmiah artikel ini terletak pada upaya menyatukan pembahasan logika dengan praktik riset yang konkret, terutama dalam konteks akademik Indonesia. Banyak buku logika disusun secara sangat teoretis dan jauh dari kebutuhan peneliti lapangan. Di sisi lain, banyak panduan metodologi penelitian kurang memberi perhatian pada aspek penalaran yang ketat. Tulisan ini mencoba menjembatani kedua wilayah tersebut. Di satu sisi, ia mempertahankan ketelitian konsep yang biasa ditemukan dalam kajian filsafat ilmu. Di sisi lain, ia menawarkan penjelasan yang dekat dengan pengalaman riset di perguruan tinggi, khususnya terkait penulisan skripsi, tesis, dan artikel jurnal. Dengan cara ini, artikel diharapkan memberi sumbangan bagi pengembangan ilmu pengetahuan, khususnya pada ranah pembinaan kemampuan berpikir ilmiah. Kontribusi tersebut bersifat teoretis sekaligus praktis.(Tjahyadi, 2024)

Secara strategis, artikel ini juga dimaksudkan untuk mempromosikan kepakaran penulis dalam bidang logika dan metodologi penelitian sebagai sumber rujukan bagi komunitas ilmiah. Dengan menyajikan analisis yang tertata dan argumentasi yang konsisten, penulis menempatkan diri sebagai bagian dari jaringan akademik yang menaruh perhatian serius pada kualitas penalaran ilmiah. Harapannya, gagasan yang diuraikan dalam tulisan ini dapat memantik diskusi lebih luas di forum nasional. Misalnya, dalam seminar metodologi, lokakarya penulisan ilmiah, atau pelatihan review artikel jurnal. Selain itu, artikel ini juga diarahkan untuk selaras dengan perbincangan internasional mengenai literasi kritis dan integritas akademik. Dengan demikian, apa yang dibahas di sini tidak hanya relevan bagi konteks lokal, tetapi juga dapat dipertukarkan dalam percakapan global. Kepakaran penulis diharapkan menjadi jembatan antara pengalaman riset di Indonesia dan wacana ilmiah dunia.(Mahmudi et al., 2024)

Akhirnya, pendahuluan ini ingin menegaskan bahwa pembahasan mengenai peran logika dalam riset bukanlah tema pinggiran, melainkan kunci menuju pemikiran ilmiah yang jelas dan bertanggung jawab. Di tengah tuntutan publikasi dan kompetisi akademik yang semakin ketat, kualitas penalaran menjadi faktor pembeda utama antara karya yang sekadar memenuhi syarat administratif dan karya yang benar-benar memberi dampak. Artikel ini diawali dengan pemaparan konteks dan kepakaran penulis, lalu bergerak menuju rumusan masalah yang spesifik, yaitu bagaimana logika membantu membedakan fakta dari opini dan memastikan kebenaran kesimpulan riset. Langkah-langkah analitis yang akan ditempuh dijelaskan secara implisit melalui susunan paragraf pendahuluan ini. Dengan landasan tersebut, pembaca diundang untuk mengikuti pembahasan lebih jauh pada bagian-bagian selanjutnya. Harapannya, artikel ini dapat memperkaya perbincangan akademis dan mendorong lahirnya praktik riset yang lebih jernih, kritis, dan bertanggung jawab.(Nashrullah, n.d.)

## PEMBAHASAN

### Fakta, Opini, dan Tuntutan Kejelasan dalam Pemikiran Ilmiah

Dalam pemikiran ilmiah, istilah *fakta* dan *opini* sering muncul berdampingan. Namun keduanya memiliki kedudukan epistemik yang berbeda. Fakta merujuk pada realitas yang dapat diverifikasi melalui observasi, pengukuran, atau kesepakatan ilmiah. Opini adalah penilaian, interpretasi, atau sikap subjektif peneliti terhadap fakta tersebut. Keduanya tidak selalu saling bertentangan. Opini dapat berakar pada fakta yang kuat. Namun pemikiran ilmiah yang jelas menuntut pemisahan batas antara keduanya.(Khairanis & Aldi, 2024) Di titik inilah logika menjadi kunci utama. Logika membantu peneliti menyusun pernyataan yang tegas. Logika juga menata alur argumen agar pembaca tidak tertipu oleh gaya bahasa. Peneliti yang kompeten tidak hanya menguasai data. Ia juga mampu menandai mana klaim faktual dan mana penafsiran normatif. Pembedaan ini penting untuk menjaga kejujuran akademik.(Sasana, n.d.)

**Peran Logika dalam Merumuskan dan Menguji Klaim Faktual**

Logika berperan sebagai perangkat untuk memeriksa struktur klaim ilmiah. Ketika peneliti menyatakan suatu hal sebagai fakta, ada premis yang menyokong klaim tersebut. Premis dapat berupa data kuantitatif, hasil observasi, atau temuan studi terdahulu. Logika memastikan bahwa kesimpulan benar-benar mengikuti premis. Jika data menyebutkan adanya korelasi, peneliti tidak boleh serta merta menyimpulkan kausalitas.(DHIKA, 2025) Di sini logika melarang lompatan berpikir yang tergesa. Peneliti harus menambahkan premis pendukung jika ingin mengklaim hubungan sebab-akibat. Misalnya melalui desain eksperimental atau analisis lanjutan. Dengan demikian, logika menjadi filter yang memisahkan fakta empiris dari klaim yang belum sah. Kepakaran peneliti tampak dari ketelitian dalam menyusun, menguji, dan membatasi klaim faktual. Logika menjadi cara untuk menunjukkan kedewasaan ilmiah.(Mesah et al., 2024)

**Logika sebagai Penjaga Batas Antara Data dan Interpretasi**

Dalam praktik riset, fakta jarang muncul dalam bentuk "murni". Fakta selalu hadir sebagai hasil seleksi, pengukuran, dan konstruksi metodologis. Setelah data terkumpul, peneliti akan menafsirkannya. Proses ini sangat dipengaruhi latar belakang pengetahuan, kepakaran, dan kerangka teori.(Rasyid, 2022) Di sini opini ilmiah mulai bekerja. Namun opini ilmiah bukan sekadar pendapat bebas. Opini ilmiah yang sah harus dibangun di atas fakta dan teori yang relevan. Logika berperan sebagai penengah di antara keduanya. Logika membantu peneliti menandai kalimat deskriptif dan kalimat evaluatif. Logika juga menuntut peneliti memberi alasan eksplisit bagi setiap interpretasi. Dengan begitu, pembaca dapat membedakan mana bagian data dan mana bagian tafsir.(Amir, 2025) Kepakaran peneliti tercermin dari kemampuan menjaga batas tersebut. Semakin terlatih secara logis, semakin jernih pula pemisahan fakta dan opini dalam karya ilmiah.

**Logika dan Proses Validasi Kesimpulan Riset**

Setiap riset berujung pada kesimpulan. Kesimpulan tidak boleh lahir dari keinginan peneliti, melainkan dari struktur argumen yang sah. Di sinilah logika memiliki fungsi pengujian yang sangat penting.(A. E. Wibowo, 2021) Peneliti harus memastikan bahwa kesimpulan merupakan hasil dari rangkaian inferensi yang valid. Data diolah dengan metode yang tepat. Hasil analisis diterjemahkan ke dalam pernyataan yang terukur. Lalu serangkaian premis dirangkai ke arah kesimpulan. Jika di tengah perjalanan muncul premis yang tidak berdasar, logika akan menolaknya. Proses ini membuat kesimpulan riset tidak hanya tampak meyakinkan, tetapi juga benar secara struktural. Dalam konteks kepakaran, peneliti yang menguasai logika tidak mudah tergoda melakukan overclaim.(Wada et al., 2024) Ia mampu membatasi kesimpulan pada jangkauan data. Sikap ini memperkuat kredibilitas ilmiah di tingkat nasional dan internasional.

**Logika, Bias Kognitif, dan Tanggung Jawab Akademik**

Manusia tidak bebas dari bias kognitif. Peneliti pun demikian. Mereka dapat terpengaruh oleh keyakinan pribadi, tradisi, atau tekanan institusional. Bias tersebut sering menyelinap dalam proses penarikan kesimpulan. Logika memberikan kerangka untuk mengenali dan mengurangi bias itu. Dengan logika, peneliti diajak memeriksa kembali argumen yang terlalu menguntungkan posisi sendiri.(Ilahi et al., 2017) Logika mengingatkan tentang bahaya generalisasi berlebihan. Logika juga mengkritik kecenderungan hanya mencari data yang mendukung hipotesis awal. Kepakaran ilmiah bukan hanya soal penguasaan teori. Kepakaran juga menyangkut kedisiplinan logis dalam menghadapi bias. Peneliti yang jujur akan menggunakan logika untuk menguji dirinya. Ia menimbang kemungkinan adanya penjelasan alternatif.(Widi, 2018) Sikap reflektif seperti ini memperkuat etika akademik. Di tingkat diskursus internasional, integritas logis menjadi salah satu ukuran penghormatan terhadap karya ilmiah.

**Kontribusi Logika terhadap Perkembangan Ilmu Pengetahuan**

Ilmu pengetahuan berkembang melalui proses akumulasi, koreksi, dan dialog. Logika menyediakan bahasa bersama yang memungkinkan dialog itu berlangsung. Ketika peneliti dari berbagai negara memeriksa suatu argumen, mereka memakai prinsip logika yang sejalan. Hal ini membuat karya ilmiah dapat dinilai melampaui batas budaya. Logika menjadikan klaim ilmiah dapat diuji oleh siapa saja yang kompeten.(Sudiantara, 2020) Dengan demikian, logika berkontribusi langsung pada kemajuan ilmu pengetahuan. Fakta yang kuat dan argumen yang sah akan bertahan. Opini yang lemah dan kesimpulan yang rapuh akan gugur dalam kritik akademik. Peneliti yang menempatkan logika sebagai pusat kepakaran akan lebih mudah terlibat dalam percakapan global. Karyanya tidak hanya relevan secara lokal, tetapi juga mampu memasuki wacana ilmiah internasional.(Shalihin & Sholihin, 2023)

**Penguatan Kepakaran melalui Penguasaan Logika dalam Riset**

Dalam konteks pengembangan karier akademik, penguasaan logika menjadi bagian penting dari kepakaran. Peneliti yang ingin diakui secara nasional dan internasional tidak cukup hanya menguasai substansi bidangnya. Ia juga harus mampu menampilkan pemikiran yang tertata, kritis, dan transparan secara logis. Setiap artikel, laporan riset, atau buku ilmiah menjadi etalase kepakaran tersebut.(Bradley Setiyadi, 2023) Melalui tulisan, pembaca dapat menilai sejauh mana peneliti membedakan fakta dan opini. Pembaca juga dapat melihat ketegasan peneliti dalam menjaga kebenaran kesimpulan. Ketika logika ditempatkan sebagai fondasi, karya ilmiah menjadi lebih dari sekadar dokumentasi data. Karya itu berubah menjadi kontribusi nyata bagi percakapan akademik. Di level nasional, hal ini mendorong budaya riset yang lebih sehat.(Fatimah, 2022; Riswanto et al., 2023) Di level internasional, hal ini membuka ruang kolaborasi lintas negara. Dengan demikian, logika bukan hanya alat teknis, tetapi juga strategi pengembangan kepakaran dan reputasi ilmiah.

## KESIMPULAN

Pembahasan dalam artikel ini menegaskan bahwa logika memiliki posisi yang sangat sentral dalam pemikiran ilmiah, khususnya ketika peneliti berusaha membedakan fakta dari opini dan memastikan kebenaran setiap kesimpulan riset. Pada tataran konseptual, logika bukan sekadar cabang filsafat yang abstrak, melainkan keterampilan praktis yang menyentuh langsung kualitas setiap karya ilmiah. Di tengah maraknya publikasi dan derasnya arus informasi, batas antara data empiris dan penilaian subjektif sering kali menjadi kabur. Di sinilah logika bekerja sebagai alat penjernih, yang membantu peneliti menyusun argumen secara runtut, transparan, dan bertanggung jawab. Melalui penerapan prinsip-prinsip logika, penelitian tidak hanya hadir sebagai kumpulan data, tetapi sebagai struktur pengetahuan yang kokoh dan layak dijadikan rujukan.

Pembedaan antara fakta dan opini menjadi salah satu titik tekan utama artikel ini. Fakta dipahami sebagai pernyataan yang dapat diverifikasi melalui observasi dan prosedur ilmiah yang sah, sementara opini adalah penafsiran atau penilaian terhadap fakta yang sangat dipengaruhi oleh kerangka teori dan sudut pandang peneliti. Keduanya memang tidak selalu bertentangan, dan dalam praktik ilmiah justru saling membutuhkan. Namun, tanpa perangkat logika yang memadai, peneliti mudah terjebak dalam kekeliruan dengan memperlakukan opini seolah-olah fakta, atau sebaliknya mengabaikan kekuatan data hanya karena tidak sesuai dengan prasangka awal. Dengan menempatkan logika sebagai instrumen kerja, peneliti terdorong untuk memberi penanda yang jelas antara bagian yang bersifat deskriptif dan bagian yang bersifat evaluatif. Pembedaan ini merupakan bentuk kejujuran akademik yang menjadi fondasi etika ilmiah.

Logika juga berperan penting dalam menguji dan merumuskan klaim faktual. Setiap klaim yang dinyatakan sebagai fakta harus bertumpu pada premis-premis yang sahih, berupa data empiris atau temuan penelitian terdahulu. Melalui logika, peneliti memeriksa apakah kesimpulan yang diambil benar-benar mengikuti dari premis-premis tersebut atau justru melompat melampaui jangkauan data. Sikap hati-hati ini tampak, misalnya, dalam perbedaan antara korelasi dan kausalitas. Peneliti yang terlatih secara logis tidak akan tergesa-gesa menyatakan hubungan sebab-akibat hanya karena menemukan keterkaitan di tingkat statistik. Ia akan mencari bukti tambahan, mempertimbangkan desain penelitian, dan memeriksa kemungkinan variabel lain yang berperan. Dengan demikian, logika menjadi filter yang mencegah klaim-klaim tergesa yang dapat melemahkan kredibilitas penelitian.

Di sisi lain, artikel ini juga menunjukkan bahwa logika berfungsi sebagai penjaga batas antara data dan interpretasi. Fakta dalam penelitian tidak pernah hadir secara "murni" tanpa proses seleksi, pengukuran, dan pengolahan metodologis. Setelah data diperoleh, peneliti harus menafsirkannya. Di titik ini, opini ilmiah mulai bekerja. Logika mengingatkan bahwa interpretasi yang sah harus dibangun di atas dasar fakta dan teori yang relevan, bukan sekadar keinginan atau preferensi peneliti. Dengan membiasakan diri membedakan kalimat yang menyatakan "apa yang ditemukan" dan kalimat yang menjelaskan "apa maknanya", peneliti menunjukkan kedewasaan logis. Kejernihan pemisahan ini juga memudahkan pembaca menilai argumen, mengkritisi tafsir, dan mengembangkan kajian lanjutan.

Kesimpulan riset, sebagaimana ditekankan dalam pembahasan, bukan hanya penutup formal sebuah tulisan, melainkan simpul yang mengikat seluruh rangkaian penalaran. Logika berperan sebagai penjamin validitas dan keabsahan kesimpulan tersebut. Kesimpulan yang baik harus konsisten dengan data, sesuai dengan rumusan masalah, selaras dengan metode yang digunakan, dan tidak menyimpan kontradiksi dengan bagian lain dari laporan. Logika membantu peneliti menjaga konsistensi ini. Selain itu, logika mendorong peneliti untuk membatasi ruang lingkup kesimpulan sesuai dengan konteks penelitian. Keterbatasan sampel, instrumen, dan desain harus tercermin dalam kehati-hatian merumuskan klaim. Sikap menahan diri dari overgeneralisasi adalah tanda integritas ilmiah dan penghormatan terhadap kebenaran.

Artikel ini juga mengangkat pentingnya kewaspadaan terhadap bias kognitif dan kekeliruan berpikir yang sering menyelinap dalam proses riset. Generalisasi berlebihan, pencampuran korelasi dengan kausalitas, serta kecenderungan hanya mencari data yang mendukung hipotesis awal adalah beberapa contoh yang dapat melemahkan fondasi logis sebuah penelitian. Logika menyediakan kerangka untuk mengenali dan mengoreksi kecenderungan-kecenderungan tersebut. Peneliti yang menjadikan logika sebagai bagian dari kebiasaan intelektual akan lebih siap menguji argumen sendiri secara kritis. Ia tidak hanya mengarahkan kritik ke luar, tetapi juga ke dalam, dengan menimbang kemungkinan adanya penjelasan alternatif bagi temuan yang diperoleh. Sikap reflektif ini memperkuat tanggung jawab akademik dan memperkaya budaya diskusi ilmiah.

Secara lebih luas, kontribusi logika terhadap perkembangan ilmu pengetahuan tampak dalam kemampuannya menyediakan "bahasa bersama" bagi komunitas ilmiah lintas bangsa dan disiplin. Prinsip-prinsip logika yang digunakan untuk menilai argumen bersifat relatif universal, sehingga memungkinkan dialog yang melampaui batas geografis dan kultural. Ketika sebuah artikel dikaji oleh peneliti dari negara lain, mereka dapat menilai kekuatan argumen melalui kriteria logis yang sejalan. Dalam konteks ini, logika mendukung terciptanya percakapan global yang sehat, di mana klaim ilmiah diuji secara terbuka dan transparan. Fakta yang kuat dan argumen yang sah akan bertahan, sementara opini yang lemah dan kesimpulan yang rapuh akan terkoreksi dalam proses kritik bersama.

Pada tataran individual, penguasaan logika menjadi bagian penting dari kepakaran peneliti. Seorang akademisi yang ingin diakui tidak hanya diukur dari banyaknya publikasi, tetapi juga dari kualitas penalaran yang tercermin dalam karya-karyanya. Setiap artikel, skripsi, tesis, atau buku menjadi cerminan kemampuan logis penulisnya. Pembaca dapat menilai sejauh mana penulis mampu membedakan fakta dari opini, menyusun argumen, dan menjaga kejujuran dalam menarik kesimpulan. Ketika logika ditempatkan sebagai fondasi, karya ilmiah berubah dari sekadar dokumentasi data menjadi kontribusi bermakna bagi percakapan akademik di tingkat nasional dan internasional. Dalam jangka panjang, hal ini akan mendorong terbentuknya budaya riset yang lebih sehat, transparan, dan bermartabat.

Berdasarkan seluruh uraian tersebut, dapat disimpulkan bahwa logika merupakan kunci menuju pemikiran ilmiah yang jelas, jernih, dan dapat dipertanggungjawabkan. Tanpa logika, penelitian berisiko terjebak dalam kabut opini subjektif, bias, dan klaim yang tidak sah. Dengan logika, peneliti dibimbing untuk menjaga ketegasan antara fakta dan penafsiran, antara data dan kesimpulan, antara keinginan dan kebenaran. Oleh karena itu, penguatan kapasitas logis perlu menjadi bagian penting dalam pendidikan dan pembinaan peneliti, baik melalui kurikulum formal maupun pelatihan berkelanjutan. Jika logika benar-benar dihayati sebagai roh pemikiran ilmiah, maka kualitas riset dan perbincangan akademis akan meningkat, dan ilmu pengetahuan akan berkembang di atas fondasi yang lebih kokoh.

## DAFTAR PUSTAKA

Amir, B. (2025). *Pengetahuan sebagai Strategi*.

Bradley Setiyadi, S. P. (2023). Pelatihan penulisan buku dan karya ilmiah

sebagai penunjang karir guru. *Narasi, Literasi, Dan Bahasa*, *25*.
DHIKA, H. (2025). Sarana Berfikir Ilmiah: Bahasa, Logika, Matematika, dan Statistik. *Ikon--Jurnal Ilmiah Ilmu Komunikasi*, *29*(2), 60–70.
Fatimah, F. (2022). *Semiotika dalam Kajian Iklan Layanan Masyarakat (ILM)*. TallasaMedia.
Ilahi, K., Rabain, J., & Sarifandi, S. (2017). *Konversi agama (Kajian Teoritis dan Empiris terhadap Fenomena, Faktor, dan Dampak Sosial di Minangkabau)*. Kalimetro Inteligensia Media.
Khairanis, R., & Aldi, M. (2024). EPISTEMOLOGI FILSAFAT ILMU: METODE ILMIAH DAN NON-ILMIAH DALAM PENELITIAN. *Journal Central Publisher*, *2*(2), 1614–1628.
Mahmudi, M. A., Baguna, F. L., Trisnani, N., Febriyanti, F., Suyono, S., Purwanti, I. S., Devhy, N. L. P., Supit, D., Warastuti, D., & Kurniasih, U. (2024). Teknik Penulisan karya Ilmiah: Jurus Mahir Penulisan Karya Ilmiah. *Penerbit Mifandi Mandiri Digital*, *1*(01).
Melkisedek, M., Lestari, N., Dedi, D., & Lawalata, M. (2024). Tinjauan mendalam terhadap peran logika dalam pemikiran dan penalaran manusia. *Sinar Kasih: Jurnal Pendidikan Agama Dan Filsafat*, *2*(2), 1–17.
Mesah, W., Darma, F. E., & Lawalata, M. (2024). Memahami logika berpikir sebagai landasan membangun argumentasi yang kuat. *Jurnal Teologi Injili Dan Pendidikan Agama*, *2*(3), 173–185.
Nashrullah, M. (n.d.). *Filsafat Pengetahuan & Metodologi Ilmiah*.
Pakpahan, A. F., Prasetio, A., Negara, E. S., Gurning, K., Situmorang, R. F. R., Tasnim, T., Sipayung, P. D., Sesilia, A. P., Rahayu, P. P., & Purba, B. (2021). *Metodologi penelitian ilmiah*. Yayasan Kita Menulis.
Rasyid, F. (2022). *Metodologi Penelitian Kualitatif dan Kuantitatif Teori, Metode, dan Praktek*. IAIN Kediri Press.
Riswanto, A., Joko, J., Boari, Y., Taufik, M. Z., Irianto, I., Farid, A., Yusuf, A., Hina, H. B., Kurniati, Y., & Karuru, P. (2023). *Metodologi Penelitian Ilmiah: Panduan Praktis Untuk Penelitian Berkualitas*. PT. Sonpedia Publishing Indonesia.
Sasana, S. T. F. T. W. (n.d.). *Buku Ajar Metodologi Berfilsafat-Berteologi*.
Shalihin, N., & Sholihin, M. (2023). *Narasi Filosofis Penemuan Teori Sosial dan Ekonomi*. PT. RajaGrafindo Persada-Rajawali Pers.
Sidabutar, H., & Situmorang, Y. (2022). Relevansi ilmu filsafat bagi perkembangan ilmu pengetahuan pendidikan agama Kristen. *Jurnal Ilmiah Religiosity Entity Humanity (JIREH)*, *4*(2), 350–368.
Sudiantara, Y. (2020). *Filsafat Ilmu Pengetahuan: Bagian pertama, Inti Filsafat Ilmu Pengetahuan*. SCU Knowledge Media.
Tjahyadi, I. (2024). *Buku ajar metodologi penelitian (teori dan praktik)*. CV

Saba Jaya Publisher.
Wada, F. H., Pertiwi, A., Hasiolan, M. I. S., Lestari, S., Sudipa, I. G. I., Patalatu, J. S., Boari, Y., Ferdinan, F., Puspitaningrum, J., & Ifadah, E. (2024). *Buku ajar metodologi penelitian*. PT. Sonpedia Publishing Indonesia.
Wibowo, A. E. (2021). *Metodologi Penelitian Pegangan untuk Menulis Karya Ilmiah*. Penerbit Insania.
Wibowo, W. (2022). *Menulis Artikel Ilmiah Yang Komunikatif: Strategi Menembus Jurnal Akademik Bereputasi*. Bumi Aksara.
Widi, R. K. (2018). *Menggelorakan Penelitian: Pengenalan dan Penuntun Pelaksanaan Penelitian*. Deepublish.

# LOGIKA KLASIK KE PARADIGMA KONTEMPORER: EVOLUSI RASIONALITAS DARI ARISTOTELES HINGGA ILMU PENGETAHUAN MODERN

*Oleh : Firda ayu kumala*

## PENDAHULUAN

Perjalanan pemikiran manusia tentang rasionalitas merupakan salah satu tonggak utama dalam perkembangan peradaban. Sejak masa Yunani Kuno, manusia telah berusaha memahami hakikat berpikir benar dan cara mencapai kebenaran melalui penalaran logis. Aristoteles menjadi figur sentral dalam sejarah ini dengan meletakkan dasar-dasar logika klasik yang berorientasi pada prinsip identitas, nonkontradiksi, dan silogisme(Simanjuntak 2022). Dalam kerangka berpikir Aristotelian, kebenaran bersifat objektif, terukur, dan dapat dicapai melalui prosedur deduktif yang sistematis. Logika klasik ini kemudian menjadi fondasi bagi berbagai cabang ilmu, terutama filsafat dan ilmu pengetahuan abad pertengahan hingga era modern awal. Rasionalitas, dalam konteks ini, dipahami sebagai kemampuan manusia untuk berpikir secara teratur, konsisten, dan sesuai dengan hukum-hukum logika formal(Amin 2024).

Namun, seiring berkembangnya ilmu pengetahuan dan teknologi, paradigma tentang rasionalitas mengalami pergeseran signifikan. Revolusi ilmiah pada abad ke-17 dan ke-18 menantang batasan logika klasik dengan memperkenalkan metode empiris dan eksperimental. Rasionalitas tidak lagi sekadar bersandar pada deduksi logis, tetapi juga pada observasi, verifikasi, dan falsifikasi terhadap fenomena alam. Francis Bacon, Galileo Galilei, dan Isaac Newton membawa logika ke ranah baru: rasionalitas ilmiah. Dalam kerangka ini, logika bukan hanya tentang kebenaran proposisional, tetapi juga tentang cara sistematis memahami realitas yang dapat diobservasi. Dengan demikian, terjadi transformasi dari rasionalitas spekulatif menuju rasionalitas empiris, yang menandai awal dari paradigma kontemporer dalam ilmu pengetahuan modern(MA'REIF and PHIL 2025).

Memasuki abad ke-20, perkembangan ilmu pengetahuan dan filsafat semakin memperluas makna rasionalitas. Munculnya logika simbolik, teori relativitas, dan filsafat bahasa menantang konsep kebenaran tunggal yang diusung oleh logika klasik. Tokoh-tokoh seperti Bertrand Russell, Ludwig Wittgenstein, dan Thomas Kuhn memperlihatkan bahwa cara berpikir manusia tidak bisa dilepaskan dari konteks sosial, linguistik, dan paradigmatik. Rasionalitas tidak lagi dipandang sebagai satu sistem universal, melainkan sebagai konstruksi dinamis yang bergantung pada paradigma dan struktur pengetahuan tertentu. Dalam pandangan kontemporer, berpikir rasional berarti mampu menyesuaikan cara berpikir terhadap kompleksitas realitas yang selalu berubah, bukan sekadar mematuhi aturan logika formal(Rahman 2020).

Evolusi rasionalitas dari masa Aristoteles hingga era kontemporer menunjukkan bahwa rasionalitas merupakan konsep yang dinamis dan terus bertransformasi seiring perkembangan zaman. Pada masa klasik, rasionalitas identik dengan keteraturan berpikir logis dan deduktif, di mana kebenaran dipahami secara universal dan absolut. Namun, seiring dengan kemajuan ilmu pengetahuan dan perubahan sosial, makna rasionalitas berkembang menjadi lebih terbuka, reflektif, dan kontekstual. Dalam paradigma kontemporer, rasionalitas tidak lagi hanya berkaitan dengan logika formal, tetapi juga dengan fleksibilitas, kreativitas, serta kesadaran akan relativitas pengetahuan. Manusia modern dituntut untuk mampu berpikir secara interdisipliner, memadukan logika, nilai, dan intuisi dalam memahami realitas yang kompleks. Perubahan ini mencerminkan tidak hanya kemajuan epistemologis, tetapi juga transformasi dalam cara manusia memandang dirinya dan dunianya. Di era digital dan globalisasi, rasionalitas harus mampu menjawab tantangan baru yang muncul dari kompleksitas data, teknologi, dan budaya, di mana kebenaran bersifat plural, dinamis, dan kontekstual(Maulana and SH 2020).

Oleh karena itu, pembahasan mengenai "Logika Klasik ke Paradigma Kontemporer: Evolusi Rasionalitas dari Aristoteles hingga Ilmu Pengetahuan Modern" menjadi penting untuk memahami bagaimana pola berpikir manusia berevolusi dari sistem deduktif ke sistem reflektif dan kritis. Kajian ini tidak hanya bersifat historis, tetapi juga filosofis, karena menyentuh aspek epistemologis dan metodologis dari proses berpikir manusia. Dengan menelusuri jejak perkembangan logika dan rasionalitas, kita dapat memahami bagaimana perubahan paradigma memengaruhi cara manusia membangun ilmu pengetahuan dan menilai kebenaran. Dalam konteks ini, rasionalitas bukan hanya alat berpikir, melainkan juga cermin dari evolusi kesadaran manusia terhadap hakikat realitas dan kebenaran.

## PEMBAHASAN

### Logika Klasik dan Fondasi Rasionalitas Aristotelian

Logika dalam pandangan Aristoteles merupakan instrumen berpikir rasional (*organon*) yang berfungsi untuk menuntun manusia mencapai kebenaran melalui penalaran yang sahih. Bagi Aristoteles, berpikir benar berarti berpikir sesuai dengan hukum-hukum logis yang tetap dan tidak berubah. Ia memperkenalkan silogisme sebagai bentuk penalaran deduktif yang memungkinkan penarikan kesimpulan logis dari dua premis yang benar(Khanifah, Kamilah, and Faizin 2024). Selain itu, Aristoteles juga menegaskan tiga prinsip dasar logika klasik, yaitu prinsip identitas (A = A) yang menyatakan bahwa segala sesuatu adalah dirinya sendiri dan tidak dapat dipahami sebagai hal lain; prinsip kontradiksi ($\neg(A \wedge \neg A)$) yang menolak kemungkinan bahwa sesuatu dapat sekaligus benar dan salah dalam konteks yang sama; serta prinsip non-kontradiksi (law of excluded middle) yang menyatakan bahwa setiap proposisi hanya dapat bernilai benar atau salah tanpa posisi di antara keduanya. Ketiga prinsip ini menjadi dasar bagi sistem berpikir rasional Barat selama berabad-abad dan membentuk kerangka berpikir deduktif yang menekankan kejelasan, konsistensi, dan kepastian dalam penalaran manusia(Mesah, Darma, and Lawalata 2024).

Bagi Aristoteles, tujuan utama logika adalah untuk mencapai kebenaran universal, bukan sekadar kebenaran subjektif atau empiris. Logika klasik berangkat dari keyakinan bahwa kebenaran bersifat tetap dan dapat ditemukan melalui rasio yang bekerja dengan kaidah-kaidah yang tepat. Oleh karena itu, logika tidak hanya dianggap sebagai alat teknis, melainkan juga sebagai jalan menuju pengetahuan ilmiah (*episteme*). Dalam konteks ini, logika klasik menekankan deduksi sebagai sarana utama untuk memperoleh kesimpulan yang pasti, berbeda dengan penalaran induktif yang lebih bersifat probabilistik. Aristoteles meyakini bahwa dengan berpikir secara sistematis dan logis, manusia dapat menyingkap hakikat realitas yang bersifat universal dan abadi(Aizid 2024). Dengan demikian, logika klasik berfungsi sebagai fondasi epistemologis bagi berbagai cabang ilmu pengetahuan dan filsafat yang berkembang di masa-masa selanjutnya.

Pengaruh logika Aristotelian sangat besar terhadap tradisi skolastik pada abad pertengahan, terutama dalam pemikiran teologis yang dikembangkan oleh tokoh-tokoh seperti Thomas Aquinas dan Albertus Magnus. Para filsuf skolastik berusaha memadukan rasionalitas Aristotelian dengan ajaran teologi Kristen, sehingga logika menjadi sarana untuk memahami dan menjelaskan kebenaran wahyu. Pada masa ini, logika menjadi inti dari kurikulum universitas di Eropa dan dianggap sebagai dasar dari semua disiplin ilmu. Dalam praktiknya, pemikiran skolastik menggunakan silogisme Aristotelian dalam argumentasi teologis dan etis, menunjukkan bagaimana rasio digunakan untuk mendukung keimanan. Meskipun bersifat teosentris, tradisi skolastik tetap mempertahankan logika sebagai metode berpikir yang objektif, sistematis, dan konsisten. Oleh karena itu, logika Aristotelian tidak hanya membentuk pola berpikir ilmiah di masa klasik, tetapi juga meletakkan dasar bagi perkembangan rasionalitas Eropa hingga masa modern, ketika pendekatan deduktif mulai berpadu dengan pendekatan empiris dalam membentuk metode ilmiah yang baru(Nurdin and SH 2023).

### Transformasi Rasionalitas pada Masa Modern

Masa modern menandai lahirnya pergeseran besar dalam cara manusia memahami kebenaran dan berpikir rasional. Setelah berabad-abad pemikiran didominasi oleh tradisi skolastik yang menempatkan teologi sebagai pusat pengetahuan, muncul gerakan intelektual yang menantang otoritas dogmatis gereja dan menekankan otonomi rasio manusia. Gerakan ini melahirkan dua aliran besar dalam filsafat modern, yaitu rasionalisme dan empirisme, yang sama-sama berangkat dari kritik terhadap sistem skolastik. Kaum rasionalis seperti René Descartes, Spinoza, dan Leibniz berpendapat bahwa sumber utama pengetahuan terletak pada akal budi manusia, sementara kaum empiris seperti Francis Bacon, John Locke, dan David Hume menegaskan bahwa semua pengetahuan sejati berawal dari pengalaman indrawi. Pertentangan keduanya mencerminkan upaya manusia untuk menemukan dasar baru bagi kebenaran yang tidak lagi bergantung pada otoritas keagamaan, melainkan pada kemampuan berpikir dan mengamati secara sistematis(Nasr 2025).

Salah satu tokoh kunci dalam perubahan cara berpikir ini adalah René Descartes, yang dikenal sebagai bapak filsafat modern. Descartes menegaskan bahwa keraguan merupakan titik awal pencarian pengetahuan yang pasti. Dengan metode keraguan radikalnya, ia mencoba menyingkirkan segala bentuk keyakinan yang diragukan, hingga akhirnya menemukan satu kebenaran yang tidak dapat disangkal: *Cogito ergo sum Aku berpikir, maka aku ada.* Ungkapan ini menjadi fondasi rasionalitas baru yang menempatkan subjek berpikir sebagai pusat dari segala pengetahuan. Rasio bukan lagi sekadar alat, tetapi dasar eksistensi dan sumber legitimasi kebenaran. Descartes mengembangkan metode berpikir deduktif yang meniru kepastian matematika, di mana kebenaran diperoleh melalui penalaran yang jelas dan teratur. Dengan demikian, rasionalitas modern menggeser fokus dari penalaran metafisik ke penalaran metodologis yang dapat diuji secara logis dan sistematis.

Berbeda dengan Descartes, Francis Bacon menawarkan jalan baru bagi ilmu pengetahuan melalui logika induktif, yang menekankan pentingnya pengalaman dan observasi empiris dalam membangun pengetahuan. Bagi Bacon, kesalahan besar para filsuf sebelumnya adalah terlalu mengandalkan spekulasi rasional tanpa dasar fakta yang konkret. Ia berpendapat bahwa ilmu pengetahuan sejati hanya dapat diperoleh dengan mengumpulkan data melalui pengalaman, melakukan eksperimen, dan menyusun generalisasi berdasarkan hasil pengamatan(Hasanah n.d.). Melalui pendekatan ini, Bacon memelopori lahirnya metode ilmiah modern, yang menggantikan pola berpikir deduktif murni dari logika Aristotelian dengan pola berpikir yang lebih terbuka terhadap pembuktian empiris. Gagasannya menjadi inspirasi bagi munculnya revolusi ilmiah yang melibatkan tokoh-tokoh seperti Galileo Galilei, Isaac Newton, dan para ilmuwan modern lainnya.

Perpaduan antara deduksi rasional dan induksi empiris membawa dampak besar terhadap perkembangan sains modern. Pengetahuan tidak lagi dipandang sebagai refleksi kebenaran metafisik, melainkan sebagai hasil konstruksi rasional yang dapat diuji melalui metode ilmiah. Rasionalitas modern bersifat instrumental dan metodologis, berorientasi pada penguasaan alam melalui hukum-hukum universal yang dapat dirumuskan secara matematis. Metode ilmiah menjadi simbol rasionalitas baru yang menggabungkan observasi, hipotesis, eksperimen, dan verifikasi. Pergeseran ini menandai transformasi besar dalam sejarah pemikiran manusia dari logika deduktif Aristotelian menuju rasionalitas empiris yang membentuk fondasi peradaban ilmiah. Dengan demikian, masa modern bukan hanya revolusi sains, tetapi juga revolusi cara berpikir, di mana kebenaran tidak lagi diterima begitu saja dari otoritas eksternal, melainkan dibangun melalui kebebasan dan tanggung jawab rasional manusia.

**Rasionalitas dan Logika dalam Ilmu Pengetahuan Modern**

Memasuki abad ke-19 dan awal abad ke-20, muncul dorongan besar untuk menjadikan ilmu pengetahuan sebagai bentuk pengetahuan yang objektif, pasti, dan bebas dari nilai-nilai subjektif. Gagasan ini mencapai puncaknya dalam aliran positivisme logis, yang dipelopori oleh kelompok Lingkaran Wina (Vienna Circle), dengan tokoh-tokoh seperti Moritz Schlick, Rudolf Carnap, dan Otto Neurath. Mereka berpendapat bahwa satu-satunya pengetahuan yang sah adalah pengetahuan yang dapat diverifikasi secara empiris melalui observasi dan logika formal. Segala bentuk metafisika, teologi, dan spekulasi filosofis dianggap tidak bermakna karena tidak dapat dibuktikan secara ilmiah. Tujuan utama positivisme logis adalah membangun ilmu pengetahuan yang netral dan bebas nilai, di mana bahasa ilmiah harus bersifat universal, terukur, dan dapat diuji melalui pengalaman. Dalam kerangka ini, rasionalitas ilmiah didefinisikan sebagai kemampuan berpikir sistematis dan analitis dengan mengikuti hukum-hukum logika dan bukti empiris(Habibani, Fatimah, and Fitrisia 2024).

Untuk mencapai cita-cita tersebut, para positivis logis mengembangkan logika simbolik dan matematika sebagai bahasa sains modern. Pengaruh besar datang dari tokoh seperti Gottlob Frege, Bertrand Russell, dan Ludwig Wittgenstein, yang berusaha memformalkan bahasa dan pemikiran manusia agar sesuai dengan struktur logis yang ketat. Melalui karya monumental seperti *Principia Mathematica dan Tractatus Logico-Philosophicus,* mereka berupaya menunjukkan bahwa seluruh proposisi ilmiah dapat diungkapkan dalam bentuk logika simbolik yang presisi dan bebas ambiguitas. Sains modern kemudian diidealkan sebagai sistem pernyataan yang terstruktur secara matematis, di mana kebenaran ditentukan oleh koherensi logis dan verifikasi empiris(Murtiningsih et al. 2024). Dalam konteks ini, logika menjadi fondasi epistemologis bagi ilmu pengetahuan, menggantikan peran metafisika dan intuisi sebagai sumber kebenaran. Rasionalitas ilmiah modern pun menjadi bentuk baru dari "kepercayaan pada rasio," yang berpijak pada asumsi bahwa realitas dapat dipahami sepenuhnya melalui model logis dan hukum ilmiah.

Namun, seiring berkembangnya filsafat ilmu pada abad ke-20, muncul kritik mendalam terhadap pandangan positivistik tersebut. Karl Popper menolak prinsip verifikasi dan menggantinya dengan konsep falsifikasi, yaitu bahwa teori ilmiah tidak pernah bisa dibuktikan benar secara absolut, tetapi hanya bisa diuji dan berpotensi disangkal. Menurut Popper, kekuatan sains justru terletak pada kemampuannya untuk dikritik dan diuji ulang secara terus-menerus. Kritik berikutnya datang dari Thomas Kuhn yang memperkenalkan konsep paradigma ilmiah, yaitu kerangka berpikir yang membimbing penelitian ilmiah dalam suatu periode tertentu. Bagi Kuhn, perkembangan ilmu pengetahuan tidak bersifat linear, melainkan melalui revolusi paradigma yang menyebabkan perubahan cara pandang terhadap realitas. Lebih radikal lagi, Paul Feyerabend menentang gagasan bahwa sains memiliki metode universal. Ia mengajukan anarkisme metodologis, dengan semboyannya yang terkenal "anything goes," yang berarti tidak ada satu metode ilmiah yang dapat mengklaim monopoli atas kebenaran(Kesuma and Hidayat 2020). Ketiga pemikir ini secara bersamaan menggugat klaim objektivitas dan netralitas sains, serta menegaskan bahwa ilmu pengetahuan juga dipengaruhi oleh konteks sosial, budaya, dan historis.

Kritik-kritik tersebut menandai pergeseran besar dari kepastian menuju relativitas pengetahuan. Jika positivisme logis menekankan rasionalitas yang absolut dan terukur, maka pemikiran kontemporer mulai menyadari bahwa pengetahuan manusia selalu bersifat terbatas dan kontekstual. Rasionalitas ilmiah tidak lagi dipandang sebagai sistem tertutup yang mampu menjelaskan segala hal, melainkan sebagai proses terbuka yang senantiasa berkembang melalui dialog, kritik, dan revisi. Pergeseran ini membawa kesadaran baru bahwa ilmu pengetahuan bukan hanya akumulasi fakta objektif, tetapi juga hasil konstruksi sosial yang mencerminkan nilai-nilai, kepentingan, dan paradigma zaman. Dengan demikian, rasionalitas ilmiah modern, yang semula menuntut kepastian logis, kini berevolusi menuju rasionalitas reflektif dan kritis, yang mengakui pluralitas cara berpikir dan keterbatasan kemampuan manusia dalam memahami realitas secara mutlak.

**Paradigma Kontemporer dan Evolusi Rasionalitas Baru**

Memasuki akhir abad ke-20 hingga era abad ke-21, cara pandang terhadap rasionalitas kembali mengalami transformasi mendasar. Kemajuan pesat ilmu pengetahuan, teknologi, dan filsafat menantang pandangan modern yang menganggap rasio sebagai alat netral untuk menemukan kebenaran tunggal. Dunia kontemporer ditandai oleh kompleksitas, ketidakpastian, dan pluralitas perspektif, yang membuat model rasionalitas klasik dan positivistik tidak lagi memadai untuk memahami kenyataan yang dinamis. Dalam konteks ini, rasionalitas tidak lagi dipahami secara linear dan deterministik, tetapi bersifat relasional, kontekstual, dan adaptif terhadap perubahan sosial maupun teknologi. Munculnya pemikiran postmodern, sistem kompleks, dan ilmu interdisipliner menandai pergeseran paradigma besar dalam sejarah berpikir manusia keyakinan pada kebenaran tunggal menuju pengakuan atas keragaman cara berpikir dan berpengetahuan(Afifi 2022).

Salah satu ciri penting rasionalitas kontemporer adalah berkembangnya berbagai bentuk logika non-klasik, seperti logika fuzzy, logika modal, dan logika parakonsisten, yang berusaha melampaui batas-batas biner dari logika Aristotelian. Dalam logika fuzzy, misalnya, kebenaran tidak lagi dipandang secara hitam putih benar atau salah tetapi berada dalam spektrum nilai yang lebih fleksibel. Hal ini mencerminkan realitas dunia nyata yang sering kali tidak pasti, ambigu, dan penuh variasi. Pendekatan ini juga relevan dengan kemajuan teknologi seperti kecerdasan buatan (Artificial Intelligence), di mana sistem berpikir mesin meniru cara manusia membuat keputusan berdasarkan probabilitas dan konteks, bukan hanya hukum logika kaku. Dengan demikian, rasionalitas kontemporer berupaya memahami kompleksitas kehidupan nyata, yang tidak dapat direduksi menjadi struktur logis sederhana(Utama 2021).

Selain itu, pemikiran postmodern turut mempengaruhi cara manusia memandang rasionalitas. Tokoh-tokoh seperti Jean-François Lyotard, Michel Foucault, dan Richard Rorty menolak klaim universalitas kebenaran dan menekankan bahwa pengetahuan selalu merupakan hasil konstruksi sosial dan wacana kekuasaan. Rasionalitas, dalam pandangan ini, bukan lagi alat netral untuk mencapai kebenaran, melainkan bagian dari proses historis dan politis yang membentuk cara manusia memahami dunia. Maka, muncul gagasan bahwa setiap masyarakat memiliki bentuk rasionalitasnya sendiri, yang dipengaruhi oleh konteks budaya, bahasa, dan relasi kuasa. Pandangan ini menggeser fokus rasionalitas dari kepastian menuju pemahaman reflektif dan dialogis, yang mengakui keberagaman sudut pandang serta pentingnya interpretasi dalam memahami realitas sosial.

Selanjutnya, dalam era teknologi digital dan big data, rasionalitas manusia juga mengalami perubahan signifikan. Keputusan-keputusan penting kini banyak dipengaruhi oleh algoritma, kecerdasan buatan, dan sistem informasi yang bekerja di luar batas kesadaran manusia. Hal ini menimbulkan pertanyaan baru tentang otonomi rasional manusia di tengah dominasi logika mesin dan data statistik. Di satu sisi, teknologi memperluas kemampuan berpikir manusia; namun di sisi lain, ia berpotensi mengaburkan makna "rasional" itu sendiri karena keputusan didasarkan pada kalkulasi probabilistik, bukan pertimbangan moral atau filosofis. Dengan demikian, rasionalitas kontemporer tidak hanya mencakup kemampuan berpikir logis, tetapi juga kesadaran etis dan kritis dalam menggunakan pengetahuan serta teknologi(Rifky et al. 2024).

Secara keseluruhan, paradigma kontemporer menunjukkan bahwa rasionalitas telah berevolusi dari bentuknya yang absolut dan deterministik menuju bentuk yang relasional, terbuka, dan reflektif. Rasionalitas kini tidak lagi dilihat sebagai satu sistem tunggal yang menjelaskan semua hal, melainkan sebagai jaringan pemikiran multidimensi yang terus beradaptasi terhadap perkembangan sosial, teknologi, dan ekologis. Era kompleksitas menuntut manusia untuk berpikir lintas disiplin, memadukan logika, etika, dan intuisi dalam menghadapi tantangan global. Dengan demikian, rasionalitas kontemporer menjadi simbol dari kesadaran baru manusia modern: bahwa kebenaran bukanlah sesuatu yang statis, melainkan hasil dari dialog terus-menerus antara manusia, budaya, dan realitas yang selalu berubah.

## KESIMPULAN

Evolusi rasionalitas dari Aristoteles hingga era kontemporer menunjukkan bahwa cara manusia berpikir dan memahami kebenaran selalu berkembang seiring perubahan zaman. Pada masa logika klasik, rasionalitas berpusat pada keteraturan berpikir deduktif dan kepastian logis yang menjadi dasar bagi filsafat dan ilmu pengetahuan. Aristoteles melalui silogisme dan prinsip-prinsip logika menegaskan pentingnya berpikir secara sistematis untuk mencapai kebenaran universal. Memasuki era modern, muncul revolusi cara berpikir melalui rasionalisme dan empirisme yang menempatkan akal dan pengalaman sebagai sumber utama pengetahuan. Pemikiran Descartes dan Bacon melahirkan metode ilmiah yang menggabungkan deduksi dan induksi sebagai simbol rasionalitas baru. Namun, perkembangan ilmu pengetahuan di abad ke-20 menunjukkan bahwa rasionalitas ilmiah tidak sepenuhnya objektif. Kritik dari Popper, Kuhn, dan Feyerabend menggeser pandangan absolut menuju rasionalitas yang reflektif dan kontekstual, di mana kebenaran dipahami sebagai proses dinamis yang dipengaruhi oleh paradigma dan konteks sosial. Dalam paradigma kontemporer, rasionalitas menjadi lebih terbuka, plural, dan adaptif terhadap kompleksitas dunia modern yang diwarnai teknologi, globalisasi, dan interdisiplinaritas. Menurut peneliti, transformasi ini menandakan pendewasaan cara berpikir manusia bahwa rasionalitas kini tidak hanya diukur dari kemampuan logis, tetapi juga dari kesadaran etis dan humanistik dalam memahami realitas serta tanggung jawab moral dalam menggunakan pengetahuan untuk menciptakan peradaban yang lebih bijaksana dan berkeadilan.

## DAFTAR PUSTAKA

Afifi, Irfan. 2022. *Jurgen Habermas; Senjakala Modernitas*. IRCiSoD.

Aizid, Rizem. 2024. *Logika Keilmuan: Ilmu Silogisme Dan Induksi Untuk Membangun Argumen-Argumen*. IRCISOD.

Amin, Sitti Jamilah. 2024. *Menelusuri Akar Filasafat: Menemukan Kebijaksanaan Dalam Sejarah Dan Pemikiran*. Elfarazy Media Publisher.

Habibani, Rhaysya Admmi, Siti Fatimah, and Azmi Fitrisia. 2024. "POSITIVISME: Konsep, Perkembangan, Dan Implementasi Dalam Kajian Ilmu Pengetahuan Dan Hukum." *CENDEKIA: Jurnal Ilmu Pengetahuan* 4(4):524–32.

Hasanah, Siti. n.d. "analisis pemikiran francis bacon tentang ilmu pengetahuan dan kemakmuran hidup manusia."

Kesuma, Ulfa, and Ahmad Wahyu Hidayat. 2020. "Pemikiran Thomas S. Kuhn Teori Revolusi Paradigma." *Islamadina: Jurnal Pemikiran Islam* 166–87.

Khanifah, Nuriyatul, Izza Faridatul Kamilah, and Moh Faizin. 2024. "Teknik Berpikir Tingkat Tinggi Melalui Logika Induktif Dan Deduktif Perspektif Aristoteles." *Jurnal Genta Mulia* 15(1):131–45.

Ma'reif, Muammar IqbaL, and M. PHIL. 2025. *FILSAFAT ILMU: Landasan Teori Perkembangan Ilmu Pengetahuan*. Anak Hebat Indonesia.

Maulana, Insan Budi, and L. L. M. SH. 2020. *Pergeseran Pemikiran Hukum Dari Era Yunani Menuju Post-Modernisme*. Citra Aditya Bakti.

Mesah, Walde, Ferdi Eka Darma, and Mozes Lawalata. 2024. "Memahami Logika Berpikir Sebagai Landasan Membangun Argumentasi Yang Kuat." *Jurnal Teologi Injili Dan Pendidikan Agama* 2(3):173–85.

Murtiningsih, Siti, Agus Wahyudi, Misnal Munir, Rona Utami, Rangga Kala Mahaswa, Abdul Rokhmat Sairah, Sonjoruri Budiani Trisaksi, Ahmad Zubaidi, Hastanti Widy Nugroho, and Sri Yulita Pramulia Panani. 2024. *Pemikiran Tokoh Filsafat Barat Kontemporer*. UGM PRESS.

Nasr, Seyyed Hossein. 2025. *Pengetahuan Dan Kesucian: Dialektika Ilmu, Filsafat, Dan Spiritualitas Manusia*. Ircisod.

Nurdin, D. R. H. Boy, and M. H. SH. 2023. *Filsafat Hukum: Sejarah Dan Perkembangannya*. Nas Media Pustaka.

Rahman, M. Taufiq. 2020. *Filsafat Ilmu Pengetahuan*. Prodi S2 Studi Agama-Agama UIN Sunan Gunung Djati Bandung.

Rifky, Sehan, Lalu Puji Indra Kharisma, H. Achmad Ruslan Afendi, Segar Napitupulu, Mustika Ulina, Wulan Sri Lestari, I. Made Dendi Maysanjaya, Kelvin Kelvin, Frans Mikael Sinaga, and Mutmainnah Muchtar. 2024. *Artificial Intelligence: Teori Dan Penerapan AI Di Berbagai Bidang*. PT. Sonpedia Publishing Indonesia.

Simanjuntak, Junihot M. 2022. *Filsafat Ilmu Dan Penalaran Teologis*. Penerbit Andi.

Utama, Ditdit Nugeraha. 2021. *Logika Fuzzy Untuk Model Penunjang Keputusan*. Garudhawaca.

# LOGIKA DI ERA DIGITAL: MENGEVALUASI INFORMASI DAN ARGUMEN DI LINIMASA MEDIA SOSIAL

*Oleh :Nadifatur rodliya*

## PENDAHULUAN

Di era digital, media sosial telah menjadi platform utama untuk berbagi informasi dan berinteraksi secara global. Kemudahan akses dan kecepatan distribusi informasi membuatnya menjadi alat yang sangat efektif dalam menyebarkan berita, pendapat, dan perspektif (Suhendra & Pratiwi, 2024). Fenomena ini juga membawa tantangan besar, terutama terkait dengan validitas dan kebenaran informasi yang tersebar. Banyak informasi yang beredar di linimasa media sosial tidak terverifikasi dengan baik, dan sering kali berisi klaim-klaim yang tidak memiliki dasar yang jelas. Akibatnya, masyarakat bisa terpapar pada informasi yang tidak akurat atau bahkan menyesatkan.

Penyebaran informasi yang tidak terverifikasi ini tidak hanya mengaburkan fakta-fakta yang sebenarnya, tetapi juga dapat memperburuk kualitas diskusi publik. Di sinilah pentingnya peran logika dalam mengevaluasi argumen-argumen yang muncul. Logika membantu pengguna media sosial untuk berpikir secara rasional, menganalisis klaim dengan lebih kritis, dan membedakan informasi yang sah dari yang berpotensi merugikan. Dalam konteks ini, kemampuan untuk menerapkan prinsip-prinsip logika sangat penting agar diskusi yang terjadi di media sosial dapat lebih konstruktif dan berdasarkan pada fakta yang jelas, bukan sekadar opini atau persepsi yang tidak teruji (Andaryanto et al., 2024).

Masalah utama yang dihadapi pengguna media sosial adalah kesulitan dalam memverifikasi kebenaran informasi yang beredar. Hoaks, misinformasi, dan informasi yang tidak akurat sering tersebar luas dengan cepat, menyebabkan kebingungannya masyarakat. Dalam banyak kasus, pengguna media sosial sering kali tidak dilatih untuk berpikir kritis atau mengevaluasi argumen secara logis. Akibatnya, mereka mudah terpengaruh oleh klaim-klaim yang tidak memiliki dasar yang jelas. Hal ini memperburuk kualitas komunikasi di dunia maya dan meningkatkan kemungkinan penyebaran informasi yang salah yang dapat menyesatkan masyarakat(A. K. Nisa, 2023)

Logika adalah ilmu yang mempelajari cara berpikir yang valid dan benar dalam membangun argumen. Dalam konteks ini, logika digunakan untuk mengevaluasi informasi, terutama di media sosial, dengan fokus pada penilaian apakah klaim tersebut didukung oleh bukti yang kuat dan apakah kesimpulannya sah secara rasional. Logika memungkinkan individu untuk menilai apakah suatu argumen dibangun dengan cara yang tepat dan apakah kesimpulannya dapat diterima berdasarkan premis yang ada. Dengan demikian, penerapan logika yang benar dapat membantu membedakan antara klaim yang valid dan yang tidak teruji kebenarannya di ruang digital yang penuh dengan informasi yang beragam(Rendi et al., 2024)

Dalam banyak diskusi di media sosial, kesalahan logika sering kali digunakan untuk memperkuat klaim yang tidak didasarkan pada bukti atau analisis yang tepat. Beberapa kesalahan logika yang sering muncul, seperti generalisasi berlebihan, kekeliruan sebab-akibat, dan *ad hominem*, dapat mengaburkan kebenaran dan menyebabkan kebingungannya publik. Misalnya, generalisasi berlebihan sering digunakan untuk menarik kesimpulan luas dari kasus-kasus terbatas, sementara kekeliruan sebab-akibat dapat menyebabkan pemahaman yang salah tentang hubungan antara dua peristiwa. Kesalahan-kesalahan ini memperburuk kualitas diskusi di media sosial dan semakin menyulitkan individu untuk membedakan informasi yang sah dari yang menyesatkan(Indasah, 2023)

Bab ini dimulai dengan membahas tantangan yang dihadapi dalam mengevaluasi informasi di media sosial, khususnya terkait dengan hoaks dan misinformasi. Selanjutnya, akan dibahas berbagai jenis kesalahan logika yang umum ditemukan dalam argumen di media sosial, seperti straw man dan false dilemma. Pembaca akan diperkenalkan dengan pendekatan untuk mengevaluasi argumen dan informasi secara rasional, berdasarkan prinsip-prinsip logika formal dan informal. Bab ini ditutup dengan pembahasan tentang pentingnya literasi media dan pendidikan logika dalam meningkatkan kualitas diskusi di media sosial, serta bagaimana hal ini dapat berkontribusi pada pembentukan opini publik yang lebih rasional dan berbasis bukti (K. Nisa, 2024)

## PEMBAHASAN

### Tantangan Verifikasi Informasi di Media Sosial

Di era digital, media sosial telah menjadi saluran utama untuk penyebaran informasi dengan kecepatan yang sangat tinggi, memungkinkan setiap individu untuk dengan mudah mengirimkan informasi kepada ribuan orang dalam hitungan detik. Namun, tantangan besar muncul karena banyak konten yang beredar tidak terverifikasi dan mengandung klaim yang tidak dapat dibuktikan kebenarannya. Tanpa adanya sistem yang jelas untuk memverifikasi informasi, masyarakat cenderung menerima informasi begitu saja, terutama jika informasi tersebut sesuai dengan pandangan atau preferensi pribadi mereka. Hal ini memperburuk situasi karena banyak orang mudah terpengaruh oleh klaim yang sesuai dengan keyakinan mereka, tanpa mempertanyakan keabsahannya. Kondisi ini semakin berbahaya, mengingat media sosial menjadi sumber utama informasi bagi banyak orang, sementara keterampilan untuk memverifikasi informasi dan menganalisis kredibilitas sumber masih terbatas, yang berisiko memperburuk penyebaran hoaks dan misinformasi(Rahkman et al., 2023)

Ketiadaan kontrol atau regulator yang ketat di media sosial menjadi salah satu tantangan terbesar dalam memverifikasi informasi. Platform seperti Facebook, Twitter, dan Instagram tidak selalu memprioritaskan proses verifikasi sumber informasi. Hal ini menyebabkan banyak informasi palsu atau misinformasi mudah tersebar dan diterima oleh pengguna tanpa melalui analisis yang cermat. Selain itu, algoritma media sosial seringkali memprioritaskan konten yang menarik perhatian, seperti yang mengandung sensasionalisme atau emosi, ketimbang yang bersifat edukatif atau verifikasi berbasis bukti. Ini memperburuk penyebaran informasi yang tidak akurat dan mengaburkan kebenaran (Setyarahajoe, 2025).

Pentingnya verifikasi informasi semakin mendesak di tengah maraknya hoaks dan misinformasi yang beredar di media sosial. Pengguna harus diberdayakan untuk lebih kritis dalam menyaring informasi yang diterima. Namun, tantangan besar muncul ketika banyak orang belum memiliki keterampilan untuk membedakan sumber yang kredibel dari yang tidak. Proses verifikasi ini memerlukan keahlian untuk memeriksa sumber informasi, mengenali potensi bias, dan mengonfirmasi fakta melalui berbagai sumber terpercaya. Oleh karena itu, diperlukan upaya bersama, baik dari pihak platform media sosial, pemerintah, maupun masyarakat, untuk meningkatkan kesadaran akan pentingnya verifikasi informasi dan membekali pengguna dengan keterampilan untuk melakukannya (Suardi, 2025).

**Jenis-jenis Kesalahan Logika dalam Argumen Media Sosial**

Kesalahan logika, atau *fallacies*, adalah kesalahan dalam pola berpikir yang sering muncul dalam argumen dan dapat menyesatkan audiens. Di media sosial, kesalahan logika ini sering ditemui karena terbatasnya ruang untuk berdebat secara mendalam dan kecenderungan untuk berdebat secara emosional (Wimala et al., 2021). Salah satu kesalahan logika yang umum adalah *ad hominem*, yaitu menyerang karakter atau pribadi lawan debat daripada membahas argumennya. Misalnya, dalam diskusi mengenai suatu isu, seseorang mungkin akan menyerang individu yang mengemukakan pendapat, dengan menyebutnya sebagai "orang bodoh" atau "tidak berkompeten", daripada membahas inti dari argumennya. Kesalahan semacam ini merusak kualitas diskusi karena mengalihkan fokus dari isu yang sebenarnya dan berfokus pada penghinaan pribadi, bukan pada substansi perdebatan itu sendiri. Dengan begitu, kualitas diskusi di media sosial seringkali terdistorsi, dan pengambilan keputusan serta pemahaman yang didasarkan pada argumen yang tidak rasional semakin sulit dicapai.

Jenis kesalahan logika lainnya yang sering muncul di media sosial adalah *straw man*, di mana seseorang secara sengaja atau tidak mengubah argumen lawan menjadi bentuk yang lebih lemah atau mudah diserang. Dalam hal ini, pihak yang berdebat akan menanggapi versi argumen yang sudah dimodifikasi, bukan argumen asli yang diajukan. Misalnya, seseorang mungkin mengatakan, "Mereka yang mendukung kebijakan tersebut ingin semua orang hidup dalam kemiskinan," padahal argumen asli adalah kebijakan tersebut bertujuan untuk mengurangi kesenjangan sosial. Penyederhanaan yang tidak akurat ini membuat diskusi semakin terdistorsi dan sulit untuk mencapai kesepakatan yang rasiona (Mulyana et al., 2025)l.

F*alse dilemma* juga merupakan kesalahan logika yang sering muncul dalam perdebatan di media sosial. Dalam kesalahan ini, seseorang menyajikan situasi seolah-olah hanya ada dua pilihan ekstrem yang harus dipilih, padahal kenyataannya bisa jadi ada alternatif lain yang lebih moderat atau lebih kompleks. Contoh dari kesalahan ini adalah ketika seseorang mengatakan, "Kamu mendukung kebijakan ini, atau kamu tidak peduli dengan masa depan bangsa." Penyajian yang mengabaikan opsi lain ini membatasi ruang untuk diskusi yang lebih konstruktif dan mengarahkan pembicaraan ke arah yang sangat terpolarisasi. Semua kesalahan logika ini, jika tidak diperbaiki, akan mengurangi kualitas diskusi dan memengaruhi pembentukan opini publik yang lebih rasional dan berbasis bukti (Indasah, 2023).

**Pendekatan Evaluasi Argumen yang Rasional di Media Sosial**

Evaluasi argumen secara rasional di media sosial memerlukan pendekatan yang sistematis dan kritis untuk memastikan bahwa klaim yang diajukan didasarkan pada alasan yang sah dan bukti yang valid. Salah satu teknik yang dapat digunakan adalah analisis premis. Dalam analisis ini, setiap premis atau klaim yang diajukan dalam suatu argumen harus diuji kebenarannya. Premis yang tidak jelas atau tidak didukung oleh bukti yang kuat seharusnya dipertanyakan. Misalnya, jika seseorang mengklaim bahwa "semua ahli sepakat bahwa X itu benar," pengguna media sosial harus mencari bukti atau sumber yang mendukung klaim tersebut, bukan hanya menerima premis tersebut begitu saja. Premis yang lemah atau tidak benar dapat mengarah pada kesimpulan yang salah (Imelda et al., 2024).

Setelah menganalisis premis, langkah berikutnya adalah menguji kesimpulan yang dihasilkan dari argumen tersebut. Pengujian kesimpulan melibatkan penilaian apakah kesimpulan yang ditarik benar-benar didasarkan pada premis yang kuat dan valid. Dalam evaluasi argumen, penting untuk memastikan bahwa kesimpulan tidak terpengaruh oleh kesalahan logika atau penyimpangan berpikir, seperti *hasty generalization* atau *false cause*. Jika kesimpulan tidak beralasan kuat atau tidak didukung oleh premis yang sah, maka argumen tersebut harus dianggap lemah dan tidak dapat diterima. Pengguna media sosial perlu dilatih untuk mengenali kesimpulan yang dipaksakan atau yang tidak didukung oleh bukti yang memadai (Wicaksono, 2022).

Selain analisis premis dan pengujian kesimpulan, identifikasi bukti yang mendukung argumen juga merupakan bagian penting dalam evaluasi argumen yang rasional. Bukti yang digunakan dalam argumen harus berasal dari sumber yang kredibel dan dapat dipertanggungjawabkan. Dalam konteks media sosial, bukti ini bisa berupa data statistik, penelitian ilmiah, atau referensi dari sumber yang terpercaya. Pengguna media sosial perlu belajar untuk membedakan antara bukti yang sah dan informasi yang bersifat opini atau klaim tanpa dasar yang jelas. Dengan pendekatan ini, pengguna media sosial dapat lebih kritis dalam mengevaluasi informasi yang mereka terima dan mengurangi risiko terpengaruh oleh klaim yang tidak memiliki dasar yang kuat (FADILLAH, 2025).

**Peran Literasi Media dan Pendidikan Logika dalam Meningkatkan Kualitas Diskusi**

Literasi media memainkan peran penting dalam membantu masyarakat memilah informasi yang valid dan menyaring informasi yang tidak sah. Di media sosial, informasi datang dalam berbagai bentuk dan sering kali sulit untuk dibedakan antara yang sah dan yang tidak terverifikasi. Literasi media yang baik mengajarkan individu untuk tidak hanya mengonsumsi informasi secara pasif, tetapi juga untuk mengkritisi sumber informasi dan mengevaluasi kredibilitasnya. Dengan keterampilan literasi media, pengguna media sosial dapat mengidentifikasi tanda-tanda informasi palsu, seperti sumber yang tidak jelas atau klaim yang tidak didukung oleh bukti yang kuat. Literasi media juga memungkinkan pengguna untuk memahami bagaimana algoritma media sosial bekerja dan bagaimana hal ini dapat mempengaruhi jenis informasi yang mereka terima, sehingga mereka dapat membuat keputusan yang lebih informasional dan rasional dalam mengonsumsi konten digital (Sinaga & Azhar, 2025).

Pendidikan logika, di sisi lain, berfungsi sebagai alat untuk mengembangkan kemampuan berpikir kritis yang sangat dibutuhkan dalam diskusi di media sosial. Tanpa pemahaman dasar tentang prinsip-prinsip logika, banyak orang yang terjebak dalam kesalahan berpikir, seperti *ad hominem* atau *false dilemma*, yang merusak kualitas diskusi. Pendidikan logika mengajarkan individu untuk menilai argumen berdasarkan alasan yang sah dan bukti yang mendukung, bukan hanya berdasarkan emosi atau opini. Dengan penguasaan dasar-dasar logika, individu dapat mengidentifikasi kesalahan logika yang sering muncul dalam diskusi dan tidak mudah terjebak dalam argumen yang tidak rasional. Pendidikan ini juga dapat meningkatkan kemampuan untuk membuat argumen yang lebih terstruktur dan berbasis bukti, yang sangat penting untuk menjaga integritas diskusi di media sosial (DAN, 2024).

Kombinasi antara literasi media dan pendidikan logika akan memungkinkan masyarakat untuk berpartisipasi dalam diskusi yang lebih sehat, rasional, dan berbasis bukti di dunia digital. Dengan literasi media, individu dapat lebih selektif dalam mengonsumsi informasi, sementara pendidikan logika memberikan alat untuk berpikir kritis dan mengembangkan argumen yang sah. Kedua keterampilan ini sangat penting dalam era digital, di mana informasi mudah tersebar namun sering kali sulit untuk dipastikan kebenarannya. Dengan penguasaan kedua keterampilan ini, masyarakat dapat berkontribusi pada pembentukan opini yang lebih informasional dan mengurangi dampak buruk dari penyebaran informasi yang salah atau menyesatkan di media sosial (Milyane et al., 2023).

## KESIMPULAN

Di era digital, media sosial telah menjadi platform utama untuk berbagi informasi, namun seiring dengan kemudahan penyebaran informasi, tantangan dalam memverifikasi kebenarannya semakin besar. Informasi yang tidak terverifikasi atau hoaks sering kali tersebar dengan cepat, mempengaruhi kualitas diskusi publik dan pembentukan opini masyarakat. Untuk itu, penting bagi pengguna media sosial untuk memiliki kemampuan dalam mengevaluasi informasi dan argumen yang beredar, salah satunya melalui penerapan prinsip-prinsip logika. Kesalahan logika, seperti *ad hominem*, *straw man*, dan *false dilemma*, sering kali ditemukan dalam diskusi di media sosial, dan dapat mengganggu kualitas perdebatan serta memperburuk persepsi publik. Evaluasi argumen secara rasional menggunakan teknik seperti analisis premis, pengujian kesimpulan, dan identifikasi bukti yang sah merupakan langkah penting dalam menyaring informasi yang valid.

Selain itu, literasi media dan pendidikan logika memainkan peran penting dalam meningkatkan kualitas diskusi di media sosial. Literasi media membantu individu untuk lebih selektif dalam mengonsumsi informasi dan memahami bagaimana algoritma media sosial bekerja. Pendidikan logika, di sisi lain, mengembangkan kemampuan berpikir kritis yang memungkinkan pengguna media sosial untuk mengenali kesalahan logika dan berpartisipasi dalam diskusi yang berbasis bukti. Keduanya, ketika dikuasai bersama, akan meningkatkan kualitas argumen yang berkembang di media sosial dan memperbaiki cara masyarakat berinteraksi dalam ruang digital.

Pentingnya evaluasi argumen yang rasional dan penerapan logika dalam media sosial tidak dapat dipandang sebelah mata. Informasi yang beredar dengan cepat di media sosial sering kali tidak terverifikasi, dan banyak diskusi yang terdistorsi akibat kesalahan logika. Oleh karena itu, dengan mengembangkan keterampilan berpikir kritis melalui literasi media dan pendidikan logika, masyarakat dapat menjadi lebih cerdas dalam memilah informasi yang sah dan membangun argumen yang rasional. Keterampilan ini sangat diperlukan untuk menjaga integritas diskusi publik di dunia digital yang semakin kompleks.

Sebagai pengguna media sosial, kita memiliki tanggung jawab untuk tidak hanya mengonsumsi informasi, tetapi juga untuk menjadi bagian dari proses penyebaran informasi yang bertanggung jawab. Pengembangan literasi media dan pendidikan logika harus menjadi prioritas agar kita bisa menghindari jebakan hoaks, misinformasi, dan kesalahan logika yang sering kali mengarah pada diskusi yang tidak konstruktif. Oleh karena itu, mari kita terus meningkatkan kemampuan kita dalam mengevaluasi informasi dengan cermat dan berpikir kritis dalam setiap argumen yang diajukan. Dengan demikian, kita dapat berkontribusi pada pembentukan ruang diskusi digital yang lebih sehat, rasional, dan berbasis bukti. Ajakan ini juga berlaku bagi platform media sosial dan institusi pendidikan untuk lebih mengedepankan pendidikan literasi media dan logika di kalangan pengguna.

## DAFTAR PUSTAKA

Andaryanto, A., Santoso, J. W., & Winarno, A. (2024). Prinsip dan Peran Logika sebagai Dasar Penalaran Ilmiah di Era Informasi. *Dewantara: Jurnal Pendidikan Sosial Humaniora*, *3*(4), 189–198.

DAN, M. B. K. (2024). Relevansi Logika Aristoteles Dalam Pendidikan Kontemporer: Membangun Berpikir Kritis Dan Penalaran Rasional. *Pengantar Filsafat Pendidikan Islam: Kajian Filosofis Pedagogis*, 21.

FADILLAH, A. R. (2025). *Analisis Peran Berpikir Kritis Mahasiswa Dalam Menilai Informasi Dari Akun@ Geraldvincentt Di Media Sosial Tiktok*. Universitas Islam Sultan Agung.

Imelda, C., Ma'arij, A., Mangar, I., Hazmi, R. M., Sukmareni, S., Abidin, M. A., Indrayati, R., & Hidayah, A. (2024). *Logika dan Argumen Dalam Penalaran Hukum*. CV. Gita Lentera.

Indasah, S. N. (2023). *The Logical Fallacies: Kesalahan Berlogika Yang Dianggap Berpikir Kritis*. Anak Hebat Indonesia.

Milyane, T. M., Darmaningrum, K., Natasari, N., Setiawan, G. A., Sembiring, D., Fitriyah, N., Sutisnawati, A., Sagena, U., Nurhayati, S., & Indriana, I. H. (2023). *Literasi Media Digital*. Penerbit Widina.

Mulyana, H. A., WC, C., & Ht, C. H. C. (2025). *Critical Thinking: Menuju Berargumen Logis dan Terstruktur*. Goresan Pena.

Nisa, A. K. (2023). Keterlaksanaan Implementasi Project Based Learning Penguatan Profil Pelajar Terhadap Peningkatan Mutu Pendidikan. *Jurnal Pendidikan Dewantara Media Komunikasi Kreasi Dan Inovasi*

*Ilmiah Pendidikan*, *9*(2), 115–122. https://doi.org/10.55933/jpd.v9i2.633

Nisa, K. (2024). Peran literasi di era digital dalam menghadapi hoaks dan disinformasi di media sosial. *Impressive: Journal of Education*, *2*(1), 1–11.

Rahkman, P. A., Agustin, D. A., Negara, E. S. P., Yunita, S. M., Muhammad Yunus, F. A., & Pratiwi, A. T. (2023). Analisis Penggunaan Media Pembelajaran Berbasis It Terhadap Motivasi Belajar Peserta Didik. *Jurnal Didika Wahana Ilmiah Pendidikan Dasar*, *9*(2), 316–326. https://doi.org/10.29408/didika.v9i2.24156

Rendi, R., Marni, M., Neonane, T., & Lawalata, M. (2024). Peran Logika Dalam Berfikir Kritis Untuk Membangun Kemampuan Memahami Dan Menginterpretasi Informasi. *Sinar Kasih: Jurnal Pendidikan Agama Dan Filsafat*, *2*(2), 82–98.

Setyarahajoe, R. (2025). *Politik Digital: Transformasi Komunikasi Politik di Era Media Sosial*. Jakad Media Publishing.

Sinaga, H. A. B., & Azhar, A. A. (2025). Literasi Media sebagai Solusi Tabayyun Berita Hoax di Media Sosial pada Mahasiswa FDK. *MUKASI: Jurnal Ilmu Komunikasi*, *4*(2), 464–475.

Suardi, S. (2025). MENINGKATKAN KREDIBILITAS MEDIA DI INDONESIA DALAM ERA DISRUPSI INFORMASI: STRATEGI MENGHADAPI MISINFORMASI DIGITAL. *Jurnal Ilmu Komunikasi UHO: Jurnal Penelitian Kajian Ilmu Komunikasi Dan Informasi*, *10*(1), 249–258.

Suhendra, S., & Pratiwi, F. S. (2024). Peran komunikasi digital dalam pembentukan opini publik: Studi kasus media sosial. *Iapa Proceedings Conference*, 293–315.

Wicaksono, A. (2022). *Metodologi Penelitian Pendidikan: Pengantar Ringkas*. Garudhawaca.

Wimala, E. Y., Srimulyani, I. N., & Saskiaputri, A. (2021). *Debat: Sebuah Keterampilan dan Seni Berbicara*. Guepedia.

# LOGIKA DAN PEMECAHAN MASALAH: MENERAPKAN PENALARAN SISTEMATIS UNTUK MENEMUKAN SOLUSI

*Oleh : ulia mufthi azizah*

## PENDAHULUAN

Dalam kehidupan sehari-hari, setiap individu dihadapkan pada berbagai masalah yang membutuhkan solusi yang tepat dan efisien. Baik dalam konteks profesional, pendidikan, maupun kehidupan pribadi, kemampuan untuk berpikir logis dan memecahkan masalah secara sistematis menjadi keterampilan yang sangat penting. Proses pemecahan masalah yang efektif tidak hanya mengandalkan intuisi semata, tetapi juga memerlukan penalaran yang terstruktur dan langkah-langkah yang jelas. Dalam hal ini, logika berperan penting sebagai alat untuk menyusun argumen dan mengevaluasi pilihan-pilihan solusi yang ada. Tanpa penalaran yang sistematis, individu dapat terjebak dalam pengambilan keputusan yang impulsif dan kurang tepat, yang akhirnya berdampak pada hasil yang kurang optimal(Puling et al., 2024).

Meskipun logika dan penalaran sistematis telah dikenal luas sebagai metode untuk menyelesaikan masalah, tidak semua individu mampu mengaplikasikan proses tersebut secara optimal. Banyak orang yang terjebak dalam pola pikir yang tidak terorganisir atau terburu-buru dalam mengambil keputusan tanpa melakukan analisis yang mendalam. Hal ini dapat menyebabkan pemecahan masalah yang kurang efektif, bahkan dapat memperburuk situasi(Gomulya, 2013). Di dunia yang semakin kompleks dan penuh dengan dinamika, keterampilan dalam berpikir logis dan terstruktur sangat dibutuhkan. Salah satu tantangan utama adalah bagaimana menerapkan pendekatan yang tepat dalam menghadapi masalah yang beragam dan sering kali tidak terduga. Dengan tantangan tersebut, penting untuk menggali lebih dalam mengenai bagaimana logika dan penalaran sistematis dapat diterapkan untuk mencapai solusi yang tepat dan terukur.

Logika adalah cabang filsafat yang berkaitan dengan aturan dan prinsip penalaran yang valid. Dalam konteks pemecahan masalah, logika digunakan untuk mengorganisasi pemikiran secara sistematis guna mencapai kesimpulan yang sah. Pemecahan masalah, di sisi lain, adalah proses untuk menemukan solusi terhadap suatu hambatan atau tantangan yang dihadapi(Melkisedek et al., 2024). Pemecahan masalah yang efektif memerlukan pendekatan yang rasional, terstruktur, dan berdasarkan bukti yang relevan. Penalaran sistematis mencakup berbagai langkah seperti identifikasi masalah, pengumpulan informasi, analisis data, serta evaluasi alternatif solusi sebelum membuat keputusan akhir. Dengan demikian, penerapan logika dan penalaran sistematis memungkinkan individu untuk menyelesaikan masalah secara lebih efisien dan dengan hasil yang lebih dapat diandalkan.

Bab ini akan mengulas bagaimana logika dan penalaran sistematis dapat diterapkan untuk memecahkan masalah dengan lebih efektif. Dimulai dengan pemahaman dasar tentang logika dan prinsip-prinsip penalaran yang mendasarinya, pembahasan akan dilanjutkan dengan teknik-teknik dalam mengidentifikasi dan menganalisis masalah. Selanjutnya, akan dibahas bagaimana menerapkan pendekatan sistematis dalam mengevaluasi solusi yang ada, serta bagaimana memilih solusi yang paling tepat berdasarkan data dan bukti yang ada. Selain itu, bab ini juga akan membahas bagaimana kemampuan pemecahan masalah dapat dikembangkan melalui latihan dan pengalaman, serta bagaimana hal tersebut dapat meningkatkan pengambilan keputusan dalam berbagai konteks. Terakhir, bab ini akan menyoroti pentingnya keterampilan pemecahan masalah dalam konteks profesional dan pribadi, serta bagaimana kemampuan ini dapat menjadi aset berharga dalam menghadapi tantangan di dunia yang semakin kompleks dan penuh ketidakpastian.

## PEMBAHASAN

### Hakikat Logika dan Peranannya dalam Pemikiran Sistematis

Logika adalah cabang ilmu yang mempelajari tentang aturan-aturan yang digunakan untuk menghasilkan pemikiran yang sahih dan valid. Sebagai dasar berpikir yang benar, logika mengajarkan kita bagaimana menyusun argumen dan kesimpulan secara sistematis, sehingga dapat diterima dengan landasan yang kuat dan terhindar dari kesalahan. Dalam konteks pemecahan masalah, logika berperan penting dalam membantu individu untuk mengidentifikasi solusi yang tepat dan menghindari solusi yang tidak relevan atau tidak valid(Salsabila et al., 2025). Oleh karena itu, pemahaman logika yang baik menjadi sangat penting untuk setiap individu, baik dalam kehidupan profesional maupun sehari-hari.

Terdapat beberapa jenis logika yang digunakan dalam berpikir sistematis. Logika formal adalah sistem berpikir yang berbasis pada aturan dan prinsip yang jelas, seperti dalam matematika atau ilmu komputer, di mana argumen-argumen harus mengikuti struktur tertentu agar dapat diterima. Logika informal, di sisi lain, lebih berfokus pada cara berpikir yang digunakan dalam kehidupan sehari-hari, yang meskipun lebih fleksibel, tetap membutuhkan kehati-hatian dalam menyusun alasan dan kesimpulan. Kedua jenis logika ini sangat relevan dalam pengambilan keputusan, baik itu dalam bidang ilmiah maupun dalam kehidupan praktis. Di dunia profesional, seperti dalam dunia bisnis atau penelitian, kedua jenis logika ini digunakan untuk memformulasikan solusi yang berbasis data dan fakta(Sobur, 2015).

Selain itu, ada dua pendekatan penalaran yang mendasar dalam logika, yaitu penalaran deduktif dan penalaran induktif. Penalaran deduktif berfokus pada penarikan kesimpulan yang pasti dari premis-premis umum yang sudah diterima kebenarannya(Mustofa, 2016). Misalnya, jika semua manusia adalah makhluk hidup, dan Siti adalah manusia, maka dapat disimpulkan bahwa Siti adalah makhluk hidup. Sebaliknya, penalaran induktif lebih bersifat menggeneralisasi kesimpulan berdasarkan pola yang muncul dari kasus-kasus spesifik. Misalnya, jika setiap burung yang diamati terbang, maka dapat disimpulkan bahwa burung pada umumnya dapat terbang, meskipun tidak selalu demikian. Kedua pendekatan ini digunakan secara bergantian dalam pemecahan masalah, tergantung pada jenis masalah dan informasi yang tersedia.

Selain mengetahui berbagai jenis logika, penting juga untuk memahami bagaimana berpikir secara rasional dalam menyelesaikan masalah. Banyak masalah yang muncul karena kita terjebak dalam kesalahan berpikir atau ***fallacies***, yaitu kesalahan dalam struktur argumen yang dapat mengarah pada kesimpulan yang tidak benar. Misalnya, *argumentum ad hominem* yang menyerang individu, bukan argumennya, atau *false dilemma* yang membatasi pilihan secara tidak tepat(Indasah, 2023). Kesalahan-kesalahan seperti ini dapat menghalangi kita untuk menemukan solusi yang tepat, karena kita terjebak dalam pemikiran yang tidak logis dan tidak objektif. Menghindari kesalahan ini membutuhkan kesadaran dan pemahaman yang mendalam mengenai bagaimana suatu argumen disusun dan diuji.

Selain *fallacies, bias kognitif* juga seringkali memengaruhi proses pemecahan masalah. Bias ini terjadi ketika kita membuat keputusan berdasarkan preferensi atau intuisi pribadi yang tidak objektif, seperti *confirmation bias* yang membuat kita hanya mencari informasi yang mendukung pandangan kita(Alifya et al., 2024). Oleh karena itu, pemahaman tentang logika dan kemampuan untuk berpikir rasional sangat penting dalam menghindari kesalahan-kesalahan ini dan memastikan bahwa solusi yang diambil berdasarkan pertimbangan yang tepat, bukan hanya berdasarkan insting atau persepsi yang keliru. Dengan membangun kesadaran terhadap bias ini, kita dapat mengurangi pengaruhnya dan lebih fokus pada fakta dan bukti yang objektif.

Secara keseluruhan, logika memiliki peran fundamental dalam membantu individu berpikir secara sistematis dan rasional dalam memecahkan masalah. Dengan memahami berbagai jenis logika dan kesalahan-kesalahan berpikir yang umum terjadi, kita dapat meningkatkan kualitas pemikiran dan menemukan solusi yang lebih efektif dan valid. Pemikiran yang logis dan rasional memungkinkan kita untuk lebih objektif dalam menghadapi masalah kompleks, serta membuat keputusan yang lebih tepat dan berdampak positif bagi berbagai aspek kehidupan.

**Tahapan Berpikir Sistematis dalam Pemecahan Masalah**

Pemecahan masalah yang efektif memerlukan pendekatan yang terstruktur dan logis. Tahapan berpikir sistematis dalam pemecahan masalah membantu kita mengidentifikasi akar permasalahan, merumuskan solusi yang tepat, serta mengambil langkah-langkah yang sistematis untuk mengatasi isu tersebut. Dalam bagian ini, kita akan menguraikan lima tahapan penting dalam pemecahan masalah, yaitu: identifikasi masalah, analisis penyebab, penyusunan alternatif solusi, evaluasi pilihan, dan implementasi serta monitoring. Setiap tahapan akan menggunakan prinsip-prinsip penalaran logis untuk memastikan solusi yang dihasilkan berbasis pada pertimbangan yang rasional dan objektif.

Langkah pertama dalam pemecahan masalah adalah mengidentifikasi masalah secara jelas dan tepat. Proses ini sangat penting karena kesalahan dalam mengidentifikasi masalah akan menyebabkan langkah-langkah selanjutnya menjadi tidak relevan atau tidak efektif. Pada tahap ini, kita perlu memastikan bahwa kita memahami isu yang ada dengan mendalam. Masalah yang terlihat di permukaan sering kali hanya merupakan gejala dari masalah yang lebih besar(Pradestya & Balkist, 2019). Oleh karena itu, penting untuk menggali lebih dalam untuk menemukan akar permasalahan. Proses identifikasi masalah melibatkan pengumpulan informasi yang akurat, pengamatan yang cermat, serta penilaian yang objektif terhadap situasi yang ada.

Penalaran logis pada tahap ini digunakan untuk mengelompokkan informasi yang ada dan merumuskan masalah dengan cara yang terstruktur. Kita perlu menyaring informasi yang relevan dari yang tidak relevan dan membedakan antara fakta dan opini. Dalam banyak kasus, masalah dapat dipengaruhi oleh berbagai faktor, dan pemahaman yang holistik akan membantu kita menggambarkan masalah dengan lebih jelas. Misalnya, dalam konteks bisnis, masalah yang tampak sebagai penurunan penjualan mungkin sebenarnya berakar pada masalah kualitas produk atau kurangnya promosi yang efektif.

Setelah masalah teridentifikasi dengan jelas, tahap berikutnya adalah menganalisis penyebab dari masalah tersebut. Analisis ini bertujuan untuk memahami faktor-faktor yang menyebabkan masalah terjadi, sehingga kita dapat mengambil langkah-langkah yang tepat untuk mengatasinya. Pada tahap ini, kita menggunakan penalaran deduktif dan induktif untuk mengevaluasi berbagai kemungkinan penyebab, baik yang tampak langsung maupun yang tersembunyi.

Penalaran deduktif digunakan untuk menilai hubungan sebab-akibat yang jelas antara faktor-faktor tertentu dengan masalah yang dihadapi. Misalnya, jika diketahui bahwa kurangnya pelatihan menyebabkan kinerja yang buruk pada karyawan, maka ini dapat dianggap sebagai penyebab langsung dari masalah produktivitas yang rendah. Di sisi lain, penalaran induktif digunakan untuk mengidentifikasi pola-pola yang mungkin tidak langsung terlihat namun mempengaruhi masalah secara keseluruhan. Proses ini memerlukan pengumpulan data yang cukup, pengujian hipotesis, dan observasi terhadap berbagai variabel yang terlibat(Hidayatullah et al., 2024).

Pada tahap analisis ini, penting untuk menghindari asumsi yang tidak berdasar dan menjaga objektivitas dalam mengevaluasi penyebab. Misalnya, kita harus berhati-hati agar tidak terlalu cepat menyimpulkan bahwa penyebab masalah adalah satu faktor saja, padahal masalah tersebut mungkin disebabkan oleh kombinasi beberapa faktor. Oleh karena itu, pengumpulan informasi yang mendalam dan penggunaan teknik analisis yang tepat sangat penting.

Setelah menganalisis penyebab masalah, langkah selanjutnya adalah menyusun berbagai alternatif solusi yang mungkin dapat mengatasi masalah yang ada. Pada tahap ini, penalaran kreatif dan logis sangat dibutuhkan untuk merumuskan berbagai pendekatan yang dapat diterapkan. Proses ini melibatkan pencarian berbagai opsi yang dapat diambil untuk menyelesaikan masalah, dengan mempertimbangkan berbagai faktor yang relevan, seperti sumber daya yang tersedia, waktu, biaya, dan potensi dampak dari setiap solusi.

Penyusunan alternatif solusi harus dilakukan secara terbuka dan inklusif, artinya kita perlu mengumpulkan ide-ide dari berbagai pihak yang terlibat, termasuk mereka yang mungkin terpengaruh oleh solusi tersebut. Brainstorming atau diskusi kelompok dapat menjadi metode yang efektif untuk menghasilkan alternatif yang kreatif. Namun, setiap alternatif solusi harus diperiksa menggunakan prinsip logika untuk menilai kelayakan dan konsistensinya. Setiap solusi yang diusulkan perlu dievaluasi berdasarkan data yang tersedia dan sesuai dengan tujuan yang ingin dicapai.

Dalam mengembangkan solusi, kita perlu mempertimbangkan berbagai kemungkinan konsekuensi yang timbul dari penerapan solusi tersebut. Misalnya, jika solusi yang dipilih melibatkan pengurangan anggaran, kita perlu menilai dampak dari pengurangan tersebut terhadap kualitas produk atau layanan. Oleh karena itu, penting untuk merancang alternatif solusi dengan pendekatan yang seimbang, mempertimbangkan baik keuntungan maupun kerugian dari setiap pilihan yang ada.

Setelah alternatif solusi disusun, langkah berikutnya adalah mengevaluasi setiap pilihan secara sistematis untuk memilih solusi yang terbaik. Evaluasi ini melibatkan penilaian terhadap kelebihan dan kekurangan masing-masing alternatif, serta mempertimbangkan faktor-faktor seperti efektivitas, efisiensi, dan implementabilitas. Proses evaluasi memerlukan penalaran logis yang tajam untuk mengidentifikasi solusi yang paling sesuai dengan konteks masalah dan tujuan yang ingin dicapai.

Pada tahap evaluasi, kita juga harus mempertimbangkan faktor-faktor eksternal yang mungkin mempengaruhi implementasi solusi, seperti kondisi pasar, regulasi yang berlaku, atau situasi politik. Setiap alternatif harus diuji dengan skenario yang berbeda untuk memastikan bahwa solusi yang dipilih tidak hanya bekerja dalam kondisi ideal, tetapi juga dalam situasi yang lebih dinamis atau tidak terduga. Teknik seperti analisis SWOT (Strengths, Weaknesses, Opportunities, Threats) dapat digunakan untuk mengevaluasi berbagai pilihan secara lebih mendalam(Zein & Septiani, 2023).

Selain itu, penting untuk melibatkan berbagai pihak dalam proses evaluasi untuk mendapatkan perspektif yang lebih luas dan objektif. Evaluasi yang dilakukan secara bersama-sama akan menghasilkan keputusan yang lebih baik dan lebih diterima oleh semua pihak yang terlibat.

Tahap terakhir dalam pemecahan masalah adalah implementasi solusi yang telah dipilih, diikuti dengan monitoring untuk memastikan bahwa solusi tersebut berjalan dengan baik dan efektif. Implementasi melibatkan pengalokasian sumber daya, perencanaan tindakan yang rinci, dan koordinasi antara berbagai pihak yang terlibat. Pada tahap ini, penting untuk memastikan bahwa setiap langkah diambil sesuai dengan rencana dan tujuan yang telah ditetapkan.

Penalaran logis digunakan dalam merencanakan dan melaksanakan implementasi, memastikan bahwa setiap langkah diambil secara terstruktur dan dengan pertimbangan yang matang. Setelah implementasi, tahap monitoring sangat penting untuk mengevaluasi sejauh mana solusi berhasil mengatasi masalah yang ada. Monitoring dilakukan dengan mengumpulkan data dan umpan balik yang dapat digunakan untuk menilai apakah solusi yang diterapkan sudah efektif atau masih memerlukan penyesuaian. Jika ditemukan masalah baru atau hambatan, solusi alternatif perlu dipertimbangkan kembali.

Monitoring yang terus-menerus memungkinkan kita untuk membuat penyesuaian yang diperlukan dalam proses implementasi. Hal ini memastikan bahwa pemecahan masalah tidak hanya berhenti pada penerapan solusi, tetapi juga pada kemampuan untuk beradaptasi dengan perubahan yang terjadi. Dengan evaluasi berkelanjutan, kita dapat mencapai hasil yang lebih optimal dan memastikan bahwa solusi yang diterapkan benar-benar efektif.

Penalaran deduktif dan induktif adalah dua metode berpikir yang memiliki peran penting dalam pemecahan masalah dan pengembangan solusi yang akurat. Meskipun keduanya digunakan untuk menarik kesimpulan, cara kerja keduanya berbeda. Penalaran deduktif berfokus pada menarik kesimpulan yang pasti dari premis-premis umum, sementara penalaran induktif lebih bertujuan untuk menyimpulkan pola atau aturan umum berdasarkan observasi terhadap kasus-kasus spesifik. Keduanya memiliki aplikasi yang luas dalam berbagai bidang, termasuk dalam analisis kebijakan, penelitian ilmiah, dan pengambilan keputusan berbasis data(Khanifah et al., 2024).

Penalaran deduktif dimulai dengan prinsip umum yang diterima kebenarannya, lalu digunakan untuk menarik kesimpulan spesifik. Proses ini biasanya bersifat lebih pasti dan meyakinkan karena kesimpulan yang diambil benar selama premis-premis yang digunakan juga benar. Contoh penerapan penalaran deduktif dapat ditemukan dalam analisis kebijakan. Misalnya, dalam kebijakan pendidikan, premis umum bisa berupa "Pendidikan yang berkualitas akan meningkatkan kompetensi tenaga kerja." Jika data menunjukkan bahwa pendidikan yang diterapkan di suatu negara berkualitas baik, maka kesimpulannya adalah negara tersebut akan memiliki tenaga kerja yang kompeten.

Penalaran deduktif juga sering digunakan dalam bidang hukum dan matematika. Dalam hukum, misalnya, hukum dasar seperti "Setiap orang yang mencuri akan dihukum" digunakan untuk membuat keputusan dalam kasus pencurian. Di dunia matematika, penalaran deduktif digunakan untuk membuktikan teorema berdasarkan postulat dan aksioma yang sudah diterima sebelumnya. Kekuatan utama dari penalaran deduktif adalah kepastian yang ditawarkannya, karena kesimpulan yang dihasilkan selalu bersifat logis dan tidak dapat dipertanyakan selama premisnya benar.

Berbeda dengan penalaran deduktif, penalaran induktif dimulai dari observasi terhadap fenomena atau kasus-kasus spesifik untuk kemudian menyimpulkan pola atau prinsip umum. Penalaran induktif lebih bersifat probabilistik, artinya kesimpulan yang dihasilkan tidak selalu pasti benar, tetapi memiliki tingkat kemungkinan yang tinggi untuk benar. Proses ini sangat berguna ketika data yang tersedia terbatas, atau ketika kita perlu menggeneralisasi dari sejumlah contoh untuk memahami tren yang lebih luas.

Penerapan penalaran induktif banyak digunakan dalam analisis data dan pengambilan keputusan berbasis data. Sebagai contoh, dalam dunia bisnis, perusahaan sering mengumpulkan data dari pelanggan untuk memahami kebiasaan belanja mereka. Berdasarkan analisis terhadap data transaksi yang terkumpul, perusahaan dapat mengidentifikasi pola-pola tertentu misalnya, bahwa pelanggan yang membeli produk A cenderung juga membeli produk

B. Dari pola ini, perusahaan bisa membuat keputusan pemasaran untuk menawarkan produk B kepada pelanggan yang membeli produk A. Meskipun kesimpulannya tidak selalu pasti, penalaran induktif memberikan dasar yang kuat untuk membuat keputusan berbasis data.

Dalam penelitian ilmiah, penalaran induktif sering digunakan untuk menyimpulkan teori atau hipotesis berdasarkan eksperimen atau observasi. Misalnya, setelah melakukan percobaan beberapa kali dan menemukan bahwa air mendidih pada suhu 100°C di bawah tekanan normal, kita dapat menyimpulkan bahwa ini adalah fenomena umum yang berlaku di seluruh dunia. Meski demikian, penalaran induktif tidak memberikan kepastian mutlak, karena masih ada kemungkinan ditemukan pengecualian atau kondisi tertentu yang bertentangan dengan pola yang telah ditemukan.

Kedua bentuk penalaran ini memiliki peran penting dalam pemecahan masalah. Penalaran deduktif memberikan kepastian dan kejelasan dalam membuat keputusan, karena kesimpulannya selalu mengikuti premis yang telah diterima kebenarannya. Sebaliknya, penalaran induktif lebih fleksibel dan berguna dalam situasi di mana kita harus membuat generalisasi berdasarkan data yang terbatas. Namun, penalaran induktif lebih rentan terhadap kesalahan, karena kesimpulannya hanya bersifat probabilistik dan bisa saja meleset.

Dalam prakteknya, kedua jenis penalaran sering digunakan secara bersamaan untuk menciptakan solusi yang lebih komprehensif. Misalnya, dalam pengembangan produk, perusahaan dapat menggunakan penalaran deduktif untuk memformulasikan desain berdasarkan prinsip-prinsip ilmiah yang sudah diketahui, sementara penalaran induktif digunakan untuk menyesuaikan produk tersebut dengan kebutuhan pasar yang terungkap melalui data pelanggan. Dengan menggabungkan kedua pendekatan ini, kita dapat menghasilkan solusi yang lebih kuat dan lebih sesuai dengan kenyataan.

Dengan menggunakan penalaran deduktif dan induktif secara tepat, kita dapat mengembangkan solusi yang tidak hanya didasarkan pada prinsip umum yang sudah diterima, tetapi juga yang didorong oleh data dan pola-pola yang muncul dari observasi langsung. Keduanya saling melengkapi, dan bersama-sama membentuk dasar yang kokoh untuk pengambilan keputusan yang lebih baik.

**Strategi dan Teknik Analitis untuk Mengatasi Masalah Kompleks**

Menghadapi masalah kompleks memerlukan pendekatan yang sistematis dan terstruktur agar solusi yang dihasilkan dapat efektif dan tepat. Berbagai teknik analitis dapat digunakan untuk memperkuat proses berpikir logis, membantu menyusun informasi secara terorganisir, serta menghasilkan keputusan yang lebih objektif. Teknik-teknik ini membantu mengidentifikasi akar penyebab masalah, menggali solusi yang kreatif, dan memilih alternatif yang terbaik.

Pertama, Root Cause Analysis (RCA) adalah teknik yang digunakan untuk mengidentifikasi penyebab utama dari suatu masalah, bukan hanya mengatasi gejalanya. Proses ini melibatkan analisis mendalam terhadap masalah untuk menemukan akar penyebab yang sering kali tersembunyi. Salah satu metode yang digunakan dalam RCA adalah *5 Whys*, di mana kita mengajukan pertanyaan "Mengapa?" secara berulang untuk menggali penyebab yang lebih mendalam. Teknik ini berguna dalam menghindari solusi yang hanya menyelesaikan masalah sementara, tetapi tidak mengatasi penyebab utamanya.

Dengan menerapkan RCA, kita dapat memahami dengan jelas faktor-faktor yang memicu masalah dan merancang solusi yang lebih permanen. Sebagai contoh, dalam industri manufaktur, jika mesin sering rusak, RCA akan mengidentifikasi apakah masalahnya terletak pada pemeliharaan yang kurang, kualitas bahan baku, atau desain mesin itu sendiri, dan tidak hanya berfokus pada perbaikan mesin yang rusak.

Kedua, Mind Mapping adalah teknik visual yang digunakan untuk menggambarkan hubungan antar ide atau konsep secara grafis. Teknik ini membantu dalam mengorganisir informasi dan memetakan pemikiran dengan cara yang lebih terstruktur. Dengan menggunakan mind map, kita dapat dengan mudah melihat hubungan antara faktor-faktor yang berkontribusi pada masalah dan berbagai solusi yang mungkin. Mind mapping juga efektif dalam merencanakan langkah-langkah pemecahan masalah karena memungkinkan kita untuk melihat gambaran besar dan mengidentifikasi elemen-elemen penting yang perlu diprioritaskan(Meilina et al., 2024).

ketiga, Flowcharting adalah teknik lain yang berguna untuk menggambarkan alur proses secara visual. Dengan membuat diagram alir, kita dapat mengidentifikasi tahapan-tahapan dalam proses yang bermasalah dan mencari potensi titik masalah atau area yang perlu perbaikan. Flowcharting memberikan kejelasan mengenai bagaimana suatu sistem atau proses bekerja, sehingga memudahkan dalam memahami alur dan menganalisis potensi hambatan atau inefisiensi.

Keempat, Brainstorming logis merupakan proses kreatif untuk menghasilkan berbagai alternatif solusi berdasarkan pertimbangan logis. Dalam sesi brainstorming ini, setiap ide dikembangkan dan diuji berdasarkan kemungkinannya untuk mengatasi masalah secara efektif(Harianti & Margaretha, 2014). Teknik ini berguna untuk melibatkan berbagai pihak dalam pemecahan masalah dan menghasilkan solusi yang lebih beragam. Selama proses brainstorming, penting untuk menekankan logika dan data dalam mengevaluasi ide-ide yang muncul, sehingga solusi yang dihasilkan tetap rasional dan berbasis bukti.

Terakhir, Matriks keputusan adalah alat yang digunakan untuk mengevaluasi dan membandingkan berbagai alternatif solusi berdasarkan kriteria tertentu. Dalam matriks ini, setiap alternatif diberi bobot nilai berdasarkan pentingnya kriteria yang relevan, kemudian dihitung untuk menghasilkan alternatif terbaik(Chamid & Murti, 2017). Teknik ini membantu dalam membuat keputusan yang lebih objektif dan menghindari bias subjektif dalam pemilihan solusi. Decision matrix sangat berguna ketika ada beberapa pilihan yang harus dipertimbangkan dan masing-masing memiliki kelebihan dan kekurangan yang perlu dianalisis.

Dengan menggunakan strategi-strategi dan teknik-teknik analitis ini, kita dapat mengatasi masalah yang kompleks dengan cara yang lebih terstruktur, logis, dan efektif. Teknik-teknik ini tidak hanya membantu dalam menemukan solusi yang tepat, tetapi juga memastikan bahwa proses pemecahan masalah dilakukan dengan pendekatan yang sistematis dan terorganisir.

## KESIMPULAN

Dalam pemecahan masalah yang kompleks, penerapan logika dan penalaran sistematis menjadi sangat penting untuk mencapai solusi yang efektif dan efisien. Beberapa teknik analitis, seperti Root Cause Analysis (RCA), mind mapping, flowcharting, brainstorming logis, dan matriks keputusan, memberikan pendekatan terstruktur untuk menganalisis masalah, merumuskan solusi, dan membuat keputusan yang berbasis data dan logika. Masing-masing teknik ini memperkuat proses berpikir logis, membantu menyusun informasi secara sistematis, dan memungkinkan individu untuk mengidentifikasi akar masalah, menggali berbagai alternatif solusi, serta memilih yang paling tepat.

Sebagai kesimpulan, logika berperan vital dalam pemecahan masalah karena memberikan kerangka berpikir yang jelas dan valid untuk mengevaluasi solusi yang ada. Tanpa pendekatan logis dan sistematis, individu dapat terjebak dalam pengambilan keputusan yang terburu-buru atau kurang terinformasi, yang dapat memperburuk masalah. Oleh karena itu, menguasai berbagai teknik analitis dan penerapan penalaran logis adalah kunci untuk meningkatkan kemampuan pemecahan masalah.

Sebagai langkah selanjutnya, penting bagi kita untuk terus melatih kemampuan berpikir logis dan mengaplikasikan teknik-teknik analitis dalam menghadapi masalah sehari-hari. Dengan menerapkan tahapan berpikir yang terstruktur dan menggunakan penalaran deduktif serta induktif dengan bijaksana, kita dapat mengatasi masalah yang lebih kompleks secara lebih efisien. Oleh karena itu, mari kita berkomitmen untuk memperkuat keterampilan ini, baik dalam konteks profesional maupun pribadi, guna membuat keputusan yang lebih baik dan lebih berdampak positif.

**DAFTAR PUSTAKA**

Alifya, A. R., Yulion, D. A. P., Hidayat, R., & Kusumasari, I. R. (2024). Pengaruh Cognitive Bias Dalam Pengambilan Keputusan Terhadap Dunia Bisnis. *Jurnal Humaniora Dan Sosial Sains*, *1*(3), 329–335.

Chamid, A. A., & Murti, A. C. (2017). Kombinasi metode AHP dan Topsis pada sistem pendukung keputusan. *Seminar Nasional Teknologi Dan Informatika 2017*.

Gomulya, B. (2013). *Problem solving and decision making for improvement*. Gramedia Pustaka Utama.

Harianti, A., & Margaretha, Y. (2014). Pengembangan kreativitas mahasiswa dengan menggunakan metode brainstorming dalam mata kuliah kewirausahaan. *Jurnal Manajemen Maranatha*, *13*(2).

Hidayatullah, M. S., Dewi, R. S., Thaibah, H., Larasaty, I., Simanjuntak, R., & Anggraini, M. (2024). *Mengukur dan Memahami Penalaran*. Komojoyo Press.

Indasah, S. N. (2023). *The Logical Fallacies: Kesalahan Berlogika Yang Dianggap Berpikir Kritis*. Anak Hebat Indonesia.

Khanifah, N., Kamilah, I. F., & Faizin, M. (2024). Teknik Berpikir Tingkat Tinggi Melalui Logika Induktif Dan Deduktif Perspektif Aristoteles. *Jurnal Genta Mulia*, *15*(1), 131–145.

Meilina, D., Hanafiah, N. A., Fatmawan, A. R., Hamzah, M. Z., Ulimaz, A., & Priyantoro, D. E. (2024). Efektivitas Penggunaan Metode Mind Mapping untuk Meningkatkan Kreativitas Siswa dalam Pembelajaran. *Attractive: Innovative Education Journal*, *6*(1), 27–38.

Melkisedek, M., Lestari, N., Dedi, D., & Lawalata, M. (2024). Tinjauan mendalam terhadap peran logika dalam pemikiran dan penalaran manusia. *Sinar Kasih: Jurnal Pendidikan Agama Dan Filsafat*, *2*(2), 1–17.

Mustofa, I. (2016). Jendela logika dalam berfikir: deduksi dan induksi sebagai dasar penalaran ilmiah. *EL-BANAT: Jurnal Pemikiran Dan Pendidikan Islam*, *6*(2), 121–142.

Pradestya, R., & Balkist, P. (2019). Langkah-langkah pemecahan masalah dan kemampuan kognitif. *Jurnal PEKA (Pendidikan Matematika)*, *2*(2), 34–40.

Puling, H., Manilang, E., & Lawalata, M. (2024). Logika dan Berpikir Kritis: Hubungan dan Dampak Dalam Pengambilan Keputusan. *Sinar Kasih: Jurnal Pendidikan Agama Dan Filsafat*, *2*(2), 164–173.

Salsabila, S., Rohanda, R., & Kodir, A. (2025). Ilmu Mantik Perspektif

Filsafat Ilmu Kajian Ontologi, Epistemologi, dan Aksiologi. *Ihtimam: Jurnal Pendidikan Bahasa Arab*, *8*(01), 219–237.

Sobur, K. (2015). Logika dan penalaran dalam perspektif ilmu pengetahuan. *TAJDID: Jurnal Ilmu Ushuluddin*, *14*(2).

Zein, M. H. M., & Septiani, S. (2023). *Teori Dan Kebijakan Pembangunan*. Sada Kurnia Pustaka.

# ETIKA BERARGUMEN: MENGGUNAKAN LOGIKA SECARA BERTANGGUNG JAWAB TANPA MERENDAHKAN LAWAN BICARA

## *STUDI KASUS: ANALISIS AKADEMIK TERHADAP KLAIM "HANYA NABI MUHAMMAD YANG TERKENA SIHIR"*

*Oleh : Abdul Ghofur*

## PENDAHULUAN

Perdebatan di arena publik saat ini sering berubah menjadi ajang saling menjatuhkan secara pribadi, bukan pertukaran ide yang konstruktif. Salah satu bukti nyata yang sering terlihat baik di program diskusi televisi, forum akademik di universitas, maupun feed media sosial adalah ketika topik sensitif antaragama menjadi bahan pembicaraan; daripada mengungkapkan esensi pernyataan, peserta sering menyerang karakter, maksud, atau nilai moral pembicara. Contohnya, dialog tentang klaim sejarah seperti tuduhan "ilmu gaib pada tokoh kenabian" sering memicu ancaman terhadap kelompok penganut agama tertentu dan pelabelan buruk terhadap individu yang berperan sebagai narasumber. Situasi seperti ini mengalihkan tujuan perdebatan dari pencarian fakta menjadi kompetisi dan reputasi reputasi (Wahid, 2024).

Fenomena ini bukan hanya kekurangan dalam retorika: ia adalah jalan pintas berpikir yang berbahaya. Dengan menyasar orangnya, bukan argumentasinya, pelaku debat menghindari tanggung jawab untuk memverifikasi asumsi dasar, menyediakan data pendukung, atau menyusun kesimpulan yang logis. Dalam masyarakat yang sangat bergantung pada platform digital, taktik semacam itu efektif karena penonton cenderung bereaksi emosional terhadap serangan pribadi yang mudah viral bukan menganalisis argumen yang rumit. Akibatnya, ide-ide yang mungkin benar atau setidaknya layak diuji bisa hilang sebelum sempat dievaluasi secara rasional (Wimala et al., 2021).

Oleh karena itu, diperlukan kerangka kerja yang jelas: etika berdebat. Etika ini bukan sekedar tentang sopan santun; ia adalah disiplin intelektual yang mengintegrasikan prinsip-prinsip logika formal dengan standar komunikasi yang bertanggung jawab. Secara praktis, etika berdebat mensyaratkan agar diskusi fokus pada klaim, bukti, dan struktur penalaran, sambil menganggap identitas lawan sebagai elemen yang tidak relevan dengan kebenaran argumen. Dalam konteks pendidikan, tujuan utamanya adalah membekali siswa dengan kemampuan untuk mendeteksi, menganalisis, dan menolak bentuk-bentuk serangan non-argumen seperti ad hominem dan variasinya sehingga kemampuan mereka dalam berdiskusi tetap menghormati martabat pihak lain dan integritas pencarian pengetahuan (Widayanthi & Wulandari, 2025).

Bab ini memiliki tujuan ganda: pertama, menguraikan hakikat etika berdebat dan menjelaskan mengapa menyerang individu tidak menyelesaikan masalah epistemologis; kedua, menunjukkan bagaimana prinsip-prinsip tersebut diterapkan pada studi kasus konkret (misalnya klaim tentang "ilmu gaib pada nabi") agar siswa dapat berlatih debat yang desakan gagasan, bukan pribadi. Struktur bab ini meliputi: pengantar (konsep dan masalah), elaborasi fondasi logistik-psikologis etika berdebat, klasifikasi dan contoh berbagai pelanggaran, dampak terhadap diskursus masyarakat, serta strategi praktis untuk menanggulangi dan mencegah pelanggaran etika dalam perdebatan . Dengan memahami ini, kita dapat mendorong lingkungan diskusi yang lebih sehat, di mana argumen didasarkan pada fakta dan logika, bukan emosi atau serangan pribadi.

**Hakikat Etika Berargumen: Fondasi Logis dan Moral**

Etika berdebat didasarkan pada dua fondasi utama: keabsahan logistik dari argumentasi dan kejujuran moral dalam komunikasi. Fondasi pertama menyatakan bahwa validitas suatu pernyataan tergantung pada kekuatan asumsi dasar dan keterkaitan penalaran di antara asumsi tersebut bukan pada identitas orang yang menyampaikannya. Fondasi kedua mengharuskan bahwa metode penyampaian dan respons terhadap pernyataan harus menjaga kehormatan pihak lawan dan menghindari penggunaan serangan yang tidak terkait untuk menggantikan pembahasan yang rasional (Imelda et al., 2024).

Dari sudut pandang logika, kesalahan menyasar individu (argumentum ad hominem) adalah kekeliruan dalam relevansi: ia memperoleh atau menolak keakuratan proposisi berdasarkan atribut luar dari pembicara seperti etika, asal-usul, atau keterkaitan padahal kualitas proposisi itu bisa ditayangkan secara mandiri. Sebagai ilustrasi, jika seseorang mengajukan argumen tentang fakta sejarah, kepercayaan pembicara mungkin penting dalam hal otoritas atau akses ke sumber, tetapi bukan satu-satunya dasar untuk menerima atau menolak klaim tanpa pemeriksaan data. Dengan cara ini, ad hominem memburamkan pemisahan antara penilaian epistemologis (apakah pernyataan itu benar?) dan penilaian etis atau sosial terhadap pembicara (Indasah, 2023).

Dari segi psikologis, daya pikat serangan pribadi mudah dipahami. Bias kognitif seperti kesalahan atribusi fundamental membuat individu cepat mengambil tindakan atau pernyataan sebagai refleksi kepribadian, bukan hasil situasi. Selain itu, dampak emosional dari olok-olok atau hinaan lebih cepat memicu aksi afektif pada penonton daripada penjelasan logistik yang mendalam. Gabungan ini menciptakan motivasi retorika: menyerang orang sering kali "menghemat usaha" karena mengalihkan fokus publik dari isi ke drama antarpribadi. Di lingkungan media sosial, platform algoritma memperkuat materi yang membangkitkan emosi, sehingga serangan pribadi mendapatkan penyebaran yang jauh lebih luas dibandingkan argumen yang didukung bukti (Sukabdi, 2025).

Ada perbedaan krusial yang perlu dibedakan untuk menjaga analisisnya: tidak semua diskusi tentang pembicara merupakan ad hominem. Kadang-kadang, latar belakang, motivasi, atau hubungan seseorang relevan dengan timbulnya bias atau potensi konflik kepentingan yang mempengaruhi penafsiran data. Misalnya, saat menilai laporan ilmiah yang dijamin oleh pihak yang berkepentingan, keterbukaan tentang afiliasi menjadi elemen penting dalam menilai niat dan metodologi. Perbedaan ini sangat penting: kritik terhadap konflik kepentingan yang fokus pada bukti metodologis dan potensi bias berbeda dari serangan yang menilai moralitas atau identitas sebagai cara cepat untuk menolak substansi argumen (Wibowo, 2025).

Etika berdebat juga mencakup aturan perdebatan: memilih kata-kata yang deskriptif bukan yang menghina, mengatur intonasi agar percakapan tetap bermanfaat, dan memberikan ruang bagi lawan untuk menjelaskan asumsi mereka. Secara pendidikan, siswa perlu dilatih untuk membedakan antara kritik substansial (menantang asumsi, memverifikasi bukti, menguji penalaran) dan kritik non-substansial (menghina, merusak reputasi, atau membuat candaan yang klarifikasi). Keterampilan ini bukan hanya tentang teknik debat, melainkan bentuk tanggung jawab intelektual yang memastikan ruang publik tetap sebagai tempat hukuman, bukan tempat hukuman pribadi (Wuriyani et al., 2024).

Penerapan praktis dari dasar-dasar ini akan dibahas lebih lanjut: kategorisasi berbagai pelanggaran etika menyebarkan dan contoh-contohnya dalam konteks politik, akademik, dan wacana keagamaan termasuk analisis bagaimana tuduhan “ilmu gaib” terhadap tokoh-tokoh keagamaan sering dijadikan alat kejahatan daripada argumen yang bermakna. Dengan memahami fondasi ini, kita dapat mendorong diskusi yang lebih seimbang, di mana argumen dibangun atas logika dan bukti, bukan emosi atau serangan pribadi yang tidak relevan.

## Ragam Pelanggaran Etika Berargumen: Bentuk, Mekanisme, dan Contoh

Pelanggaran terhadap etika berdebat menunjukkan berbagai variasi yang tampak berbeda namun pada dasarnya berasal dari pola serupa, yaitu menggeser perhatian dari kerangka argumentasi ke ciri-ciri pribadi pembicara. Memahami berbagai jenis ini merupakan aspek krusial dalam mengembangkan kemampuan mahasiswa untuk mengidentifikasi, menelaah, dan menepis praktik argumentasi yang tidak sehat. Salah satu jenis pelanggaran yang paling mudah dikenali adalah ad hominem abusive, yakni upaya menyerang individu lawan melalui hinaan atau olok-olok yang berkaitan dengan sifat, etika, intelektual, atau tampilan fisik. Serangan semacam ini tidak pernah terkait dengan validitas argumen yang diperdebatkan karena kualitas pribadi seseorang tidak menentukan keakuratan atau kesalahan asumsi yang diajukan (Mutmainnah, 2020).

Di arena publik, pelanggaran ini sering muncul dalam diskusi kebijakan saat seorang narasumber berusaha melemahkan kepercayaan lawannya dengan menyoroti aspek kehidupan pribadinya, contohnya dengan menyatakan bahwa seseorang tidak pantas memberikan analisis ekonomi hanya karena ia menghadapi masalah keuangan dalam hidupnya. Di lingkungan akademik, bentuk serupa terlihat ketika argumen ditolak semata karena pembicaranya bukan figur yang terkenal atau tidak memiliki reputasi tertentu. Bahkan dalam wacana keagamaan, perdebatan yang seharusnya ilmiah sering berubah menjadi saling serang pribadi ketika seseorang mengalihkan topik dari inti argumen ke dugaan-dugaan tentang motivasi pembicara.

Selain serangan langsung, ada juga ad hominem circumstantial, yaitu upaya menggugurkan argumen melalui penekanan pada situasi, keterkaitan, atau kemungkinan kepentingan pribadi pembicara. Jenis ini lebih subtil namun tetap merupakan kesalahan berpikir karena hanya bergantung pada dugaan tentang latar belakang seseorang tanpa menilai kualitas data atau struktur logis argumen. Memang benar bahwa keterkaitan tertentu bisa menjadi bahan evaluasi, khususnya saat berkaitan dengan konflik kepentingan, tetapi argumen tetap harus diuji berdasarkan fakta dan logikanya, bukan berdasarkan kondisi sosial pembicara. Dalam wacana kebijakan, misalnya, seseorang mungkin menolak proposal karena pembicara bekerja di bidang tertentu, padahal klaim yang diajukan didukung oleh data empiris yang solid. Di ruang akademik, kritik yang ditujukan pada afiliasi ilmiah seseorang sering digunakan untuk menghindari penilaian mendalam terhadap ide itu sendiri. Bahkan dalam dialog keagamaan, pelanggaran ini muncul ketika argumen seseorang ditolak hanya karena ia berasal dari komunitas tertentu, bukan karena substansi argumen dinilai tidak sahih (Yulianto, 2024).

Jenis selanjutnya adalah tu quoque, suatu pelanggaran yang mencoba menolak argumen dengan menyoroti ketidaksesuaian antara pernyataan dan tindakan pembicara. Serangan ini tampak masuk akal secara retorika karena bisa menciptakan kesan bahwa pembicara tidak dapat dipercaya, tetapi secara logis tidak pernah berhasil menyangkal argumen itu sendiri. Ketidaksesuaian praktis seseorang tidak menentukan validitas klaim yang ia sampaikan. Argumen tetap harus dievaluasi melalui alasan-alasan yang mendasarinya, bukan dengan memeriksa apakah pembicara telah berhasil menerapkan klaim tersebut dalam kehidupan keseharian. Contohnya terlihat ketika seseorang menolak saran keuangan dengan alasan bahwa pemberi saran tersebut tidak mahir mengelola uangnya sendiri. Contoh lain muncul dalam konteks pendidikan ketika seorang mahasiswa menolak prinsip integritas akademik yang disampaikan dosennya hanya karena sang dosen dianggap pernah melakukan kesalahan administratif. Dalam wacana antaragama, tu quoque sering muncul sebagai respons defensif ketika seseorang membalas kritik dengan menunjukkan kelemahan internal tradisi lawannya, bukan dengan membahas inti argumentasi yang sedang diperdebatkan (Wulan et al., 2024).

Bentuk pelanggaran lain yang sama pentingnya adalah guilt by association, yaitu tindakan menolak argumen seseorang berdasarkan kedekatan atau kesamaan posisi pembicara dengan kelompok yang memiliki reputasi buruk. Pelanggaran ini sangat manipulatif karena memanfaatkan stigma sosial atau identitas kelompok untuk membentuk pandangan negatif terhadap argumen tanpa perlu memeriksa asumsinya. Dalam dunia politik, seseorang bisa saja menolak gagasan tentang reformasi pajak hanya karena ide tersebut kebetulan juga didukung oleh kelompok yang dianggap ekstrem. Di konteks sosial, seseorang mungkin menolak kritik terhadap sistem pendidikan hanya karena beberapa tokoh kontroversial memiliki pandangan serupa. Dalam perdebatan keagamaan, pelanggaran ini dapat muncul ketika argumen seorang peserta didiskreditkan hanya karena dianggap selaras dengan kelompok yang dipersepsikan negatif oleh komunitas tertentu (ELVANDARI, 2023).

Meskipun memiliki variasi yang berbeda, semua jenis pelanggaran ini beroperasi dengan mekanisme yang mirip. Semuanya berfungsi sebagai penyimpangan dari diskusi substantif menuju ranah emosi, identitas, atau prasangka. Serangan seperti ini memiliki daya tarik psikologis yang besar karena lebih sederhana dan lebih cepat diterapkan dibandingkan dengan argumentasi yang didasarkan pada data dan logika. Dalam konteks akademik, pola seperti ini berpotensi menghambat proses pencarian kebenaran ilmiah karena melemahkan budaya berpikir kritis.

Di ruang publik, pelanggaran ini mempercepat polarisasi dan menciptakan atmosfer diskusi yang penuh permusuhan. Sementara dalam konteks agama dan budaya, pelanggaran semacam ini sering memicu prasangka antar kelompok dan memperumit dialog yang seharusnya berjalan secara damai dan rasional. Oleh karena itu, memahami berbagai pelanggaran ini bukan sekadar upaya mengenali kesesatan berpikir orang lain, melainkan juga langkah reflektif untuk menghindari kecenderungan melakukan serangan pribadi saat emosi dan identitas berada di garis depan perdebatan. Dengan melatih diri untuk fokus pada substansi argumen, kita dapat mendorong lingkungan diskusi yang lebih produktif, di mana kebenaran dicari melalui bukti dan penalaran, bukan melalui penghinaan atau stereotip yang tidak relevan (Nurjaman, 2025).

**Dampak Destruktif Pelanggaran Etika Berargumen dalam Diskursus Intelektual dan Publik**

Pelanggaran terhadap etika berdebat, terutama dalam wujud serangan pribadi seperti ad hominem dan bentuk-bentuknya, menimbulkan konsekuensi merusak yang besar pada mutu wacana, baik di lingkungan perguruan tinggi maupun di ruang publik yang lebih luas. Salah satu akibat paling jelas adalah kerusakan atmosfer dialog. Saat perdebatan yang seharusnya menitikberatkan pada konsep berubah menjadi arena menyerang sifat dan identitas individu, arah percakapan beralih dari upaya mencari fakta menuju usaha menghina atau menaklukkan pihak lawan. Pergeseran ini menghasilkan kondisi psikologis yang sarat tekanan, di mana partisipan diskusi merasa tidak nyaman untuk menyampaikan pandangan atau menanyakan argumen karena khawatir menjadi target serangan pribadi. Hasilnya, keberanian intelektual berkurang, dan arena diskusi kehilangan karakter terbukanya, inklusivitasnya, serta produktivitasnya.

Konsekuensi merusak lainnya adalah penghalangan kemajuan intelektual yang sebenarnya hanya bisa tercapai melalui pertukaran ide secara logis. Ketika evaluasi terhadap argumen bergantung pada identitas pembicaranya, bukan pada kualitas isi yang disampaikan, gagasan-gagasan potensial sering gagal mendapat perhatian yang pantas. Ini membuat ide baru, inovatif, atau bahkan kritis tersisih bukan karena kekurangannya, melainkan karena pembawanya tidak terkenal, memiliki keterkaitan tertentu, atau berada di luar mainstream. Dalam konteks akademik, mekanisme seperti ini sangat membahayakan karena menghambat proses pembangunan ilmu pengetahuan, yang memerlukan keterbukaan terhadap kritik dan penilaian yang adil. Jika evaluasi ilmiah digantikan oleh preferensi pribadi dan bias identitas, maka proses akademik kehilangan objektivitasnya (Sulistyarini & Zainal, 2020).

Di samping menghalangi kemajuan intelektual, penerapan luas pelanggaran etika berdebat, khususnya di jejaring sosial, juga memperkuat polarisasi masyarakat. Algoritma platform daring sering memprioritaskan materi yang membangkitkan emosi intens seperti amarah atau antipati, sehingga serangan pribadi menjadi lebih sering muncul dan menyebar secara masif. Kondisi ini menciptakan apa yang dikenal sebagai echo chamber, yakni lingkungan informasi yang memperteguh pandangan tertentu sambil menyingkirkan perspektif yang berbeda. Ketika orang hanya terpapar pada argumen-argumen yang mendukung pandangannya sendiri dan melemahkan posisi lawan melalui serangan pribadi, kemampuan berpikir kritis dan empati intelektual semakin terkikis. Polarisasi ini bukan hanya menghambat dialog yang sehat, tetapi juga menumbuhkan permusuhan antar kelompok, yang akhirnya bisa memengaruhi stabilitas sosial dan solidaritas antarwarga.

Dengan begitu, konsekuensi merusak pelanggaran etika berdebat bukan hanya tentang kesalahan logis, melainkan juga masalah budaya yang berdampak luas pada kualitas hidup intelektual, sosial, dan demokratis. Dalam jangka panjang, hal ini dapat mengancam fondasi masyarakat yang bergantung pada diskusi rasional, karena serangan personal mendorong isolasi intelektual dan memperdalam perpecahan, sehingga ide-ide progresif sulit berkembang dan konsensus sulit dicapai. Lebih lanjut, di era digital ini, di mana informasi menyebar cepat, pelanggaran semacam ini memperburuk masalah disinformasi, karena serangan emosional lebih viral daripada analisis mendalam, sehingga publik lebih mudah terpengaruh oleh narasi yang memecah belah daripada yang membangun. Oleh karena itu, penting untuk mengembangkan mekanisme pencegahan, seperti pendidikan etika berdebat di sekolah dan universitas, agar generasi muda terlatih menghindari jebakan serangan pribadi dan fokus pada substansi argumen. Tanpa intervensi ini, dampak destruktif akan terus berlanjut, mengancam kebebasan berekspresi dan kemajuan kolektif (Muchtarom et al., 2023).

**Strategi Bertahan: Cara Merespons dan Melawan Pelanggaran Etika Berargumen**

Keterampilan merespons pelanggaran terhadap etika berdebat dengan efektif adalah kemampuan krusial bagi mahasiswa yang berminat terlibat dalam wacana yang sehat dan logis. Saat serangan pribadi mengganggu jalannya dialog, langkah awal yang harus diambil adalah mengenali dan menyebutkan jenis pelanggaran tersebut. Kesadaran semacam ini tidak hanya bertindak sebagai mekanisme perlindungan diri, tetapi juga sebagai metode untuk memastikan percakapan tetap di jalur intelektual yang tepat. Dengan menyatakan bahwa suatu ucapan adalah contoh ad hominem atau variannya, pembicara secara lembut mengingatkan pihak lawan dan penonton bahwa argumen harus dievaluasi berdasarkan relevansi dan kekuatan asumsi, bukan pada ciri-ciri pribadi. Penyebutan yang deskriptif seperti ini sering berhasil mengurangi ketegangan emosional dan mengembalikan perhatian pada masalah pokok (Wahyono, 2024).

Setelah pelanggaran dikenali, taktik selanjutnya adalah mengabaikan serangan pribadi dan mengalihkan kembali pembicaraan ke esensi perdebatan. Pendekatan ini memerlukan kematangan emosional dan keteguhan intelektual, karena serangan pribadi umumnya dirancang untuk memicu respons spontan atau defensif. Dengan tetap tenang dan kembali menanyakan inti argument seperti melalui pernyataan yang mengarahkan fokus ke fakta, penalaran, atau asumsi dasar pembicara menunjukkan bahwa ia tidak mudah tergoda dan bahwa sasaran utama diskusi adalah pencarian fakta, bukan kemenangan individu. Taktik ini juga berperan sebagai contoh bagi peserta lainnya untuk tidak terperangkap dalam pola komunikasi yang merusak.

Di luar mengalihkan perhatian, penting juga untuk menjelaskan secara ringkas ketidakterkaitan serangan pribadi tersebut dengan validitas argumen. Penjelasan singkat yang menguraikan bahwa atribut atau latar belakang individu tidak memiliki kaitan logis dengan kualitas argumen bisa membantu audiens memahami alasan pelanggaran tersebut perlu dihindari. Dengan cara ini, strategi pertahanan yang efisien tidak hanya menjaga integritas pembicara, tetapi juga turut membentuk budaya dialog yang lebih matang, kritis, dan etis. Respons-respons seperti ini menjadi dasar vital dalam menciptakan tradisi berargumen yang sopan, di mana ide-ide diuji berdasarkan kekuatan logisnya, bukan berdasarkan sifat atau identitas pengemuknya. Dalam praktiknya, mahasiswa dapat berlatih melalui simulasi debat di kelas, di mana mereka diajari untuk tetap fokus pada bukti dan menghindari reaksi emosional yang bisa memperburuk situasi (Rachbini et al., 2024).

pendidikan tentang etika berdebat harus mencakup studi kasus nyata, seperti perdebatan politik atau sosial, agar mahasiswa memahami bagaimana serangan personal dapat mengalihkan dari substansi ke drama. Dengan keterampilan ini, generasi muda dapat berkontribusi pada masyarakat yang lebih rasional, di mana diskusi mendorong kemajuan bersama daripada perpecahan. Lebih jauh, di era digital saat ini, di mana interaksi online sering memicu serangan cepat, penting untuk mengintegrasikan modul pencegahan dalam kurikulum, sehingga mahasiswa terbiasa dengan protokol seperti jeda refleksi sebelum merespons. Tanpa langkah-langkah ini, risiko polarisasi akan meningkat, mengancam kebebasan berekspresi dan inovasi intelektual.

**Studi kasus: analisis akademik terhadap klaim "hanya nabi muhammad yang terkena sihir"**

Studi kasus ini disajikan untuk memberikan ilustrasi nyata bagaimana kesalahan logika muncul dalam wacana publik dan bagaimana etika berargumen dapat digunakan untuk menganalisis dan menanggapi klaim yang menyesatkan. Dalam sebuah video, seorang pembicara non-Muslim menyatakan bahwa "satu-satunya nabi yang terkena sihir adalah Nabi Muhammad ﷺ." Pernyataan ini disampaikan dalam konteks insinuatif seolah-olah kejadian tersebut menunjukkan lemahnya perlindungan ilahi terhadap Muhammad. Klaim semacam ini tampak bertujuan untuk menyerang figur kenabian secara personal, bukan mengkaji data tekstual atau historis secara objektif (NURFAINI, 2023).

Dari perspektif Al-Qur'an, tuduhan sihir terhadap Nabi Muhammad bukanlah pernyataan faktual, melainkan fitnah dari pihak yang menolak risalah beliau. Ayat-ayat seperti dalam Surah Al-Isra' menunjukkan bahwa tuduhan tersebut berasal dari kaum musyrik sebagai strategi delegitimasi, bukan sebagai fakta historis tentang keadaan Nabi. Selain itu, pola tuduhan serupa juga menimpa nabi-nabi lain. Nabi Musa pernah dituduh sebagai penyihir oleh Firaun, dan kaum Nabi Saleh juga menuduh beliau terkena sihir. Dengan demikian, klaim bahwa hanya Nabi Muhammad yang mengalami tuduhan tersebut adalah tidak akurat secara tekstual dan historis.

Dalam tradisi ulama Islam, pembahasan mengenai sihir yang menimpa nabi dibedakan secara teoretis. Ulama secara konsisten menolak kemungkinan sihir dapat mempengaruhi wahyu, akal, atau integritas kenabian karena hal tersebut bertentangan dengan konsep 'ismah atau perlindungan ilahi terhadap para nabi. Adapun gangguan fisik yang menimpa nabi sebagai manusia, seperti yang dikisahkan dalam insiden sihir oleh Labid bin al-'Asam, dipahami hanya menyentuh aspek jasadi tanpa melemahkan otoritas kenabian. Oleh karena itu, narasi yang menyamakan gangguan jasmani dengan melemahnya wahyu merupakan simplifikasi yang tidak sahih (Zahra et al., 2024).

Jika dibandingkan, tradisi Kristen juga memuat narasi di mana tokoh suci seperti Yesus dituduh "kerasukan Beelzebul" atau dianggap tidak waras oleh sebagian orang (Markus 3:21–22). Dalam tradisi tersebut, tuduhan tersebut dipahami sebagai bentuk penolakan dari musuh-musuhnya, bukan sebagai bukti ketidakabsahan status kerohaniannya. Pola polemik seperti ini menunjukkan bahwa tokoh-tokoh religius dari berbagai tradisi sering menjadi objek tuduhan delegitimasi oleh pihak yang menentangnya.

Secara logis, klaim tersebut mengandung beberapa kesalahan berpikir. Pertama, ia merupakan ad hominem abusive yang menggunakan tuduhan sihir untuk menyerang pribadi, bukan mengevaluasi ajaran atau konsep teologis secara rasional. Kedua, ia mengandung strawman karena menyederhanakan konsep sihir dalam Islam menjadi seolah-olah mempengaruhi wahyu, padahal ulama telah membedakan secara tegas antara gangguan jasmani dan gangguan terhadap nubuwwah. Ketiga, klaim tersebut mengandung fallacy of incomplete evidence dengan mengabaikan data yang menunjukkan bahwa nabi-nabi lain juga pernah mengalami tuduhan serupa. Dengan menerapkan etika berargumen, kita tidak hanya dapat membongkar kesalahan ini, tetapi juga mengembalikan diskusi pada konteks keilmuan yang lebih sehat (Ritonga, 2024).

## KESIMPULAN

Keseluruhan uraian dalam bab ini menekankan bahwa etika berdebat adalah dasar fundamental untuk menciptakan wacana yang sehat, logis, dan bermanfaat. Melalui analisis berbagai jenis pelanggaran etika berdebat dari ad hominem abusive, ad hominem circumstantial, tu quoque, hingga guilt by association dapat ditarik kesimpulan bahwa semua variasi tersebut beroperasi dengan mekanisme identik, yaitu menggeser fokus dari inti argumen ke ciri-ciri pribadi pembicara. Pola penyimpangan ini tidak hanya merusak kerangka penalaran, tetapi juga memburuknya mutu dialog karena mengubah identitas menjadi arena pertikaian daripada menjadikan ide sebagai sasaran evaluasi. Dalam lingkungan perguruan tinggi, praktik seperti ini merusak proses pencarian fakta ilmiah; sedangkan di ruang publik, ia mempercepat perpecahan dan menghancurkan kepercayaan masyarakat.

Penguatan ulang terhadap tesis bab ini mengindikasikan bahwa kedisiplinan intelektual untuk membedakan antara pembicara dan argumennya adalah salah satu tiang utama dalam berpikir kritis. Evaluasi terhadap logika dan data harus dilakukan secara terpisah dari penilaian terhadap individu pengemuknya. Dengan menerapkan pendekatan ini, seseorang tidak hanya bisa menghindari bias identitas, tetapi juga dapat membangun kebiasaan berkomunikasi secara objektif dan seimbang. Keterampilan mengidentifikasi jenis-jenis kesalahan berpikir sekaligus mempertahankan diri dari serangan pribadi menjadi kompetensi esensial dalam kehidupan akademik, profesional, maupun sosial, khususnya di zaman digital yang penuh informasi instan dan sering kali penuh emosi.

Bab ini diakhiri dengan seruan kepada pembaca untuk merenungkan pola berargumentasi mereka sendiri. Setiap orang perlu mengevaluasi apakah ia mudah bereaksi secara pribadi terhadap kritik, apakah ia tanpa sadar pernah melanggar etika berdebat, dan apakah ia sanggup mengembalikan perhatian ke substansi saat dialog mulai melenceng. Kesadaran semacam ini bukan hanya langkah teoritis, melainkan latihan praktis untuk membentuk karakter intelektual yang dewasa. Dengan mengimplementasikan prinsip-prinsip argumentasi yang etis, mahasiswa dan pembaca diharapkan bisa menjadi pelopor transformasi yang mendorong pembentukan budaya diskusi yang lebih baik baik di kelas, jejaring sosial, komunitas, maupun ruang publik yang lebih luas. Pada intinya, menjadi pemikir kritis berarti memiliki keberanian untuk menilai ide berdasarkan kekuatannya sendiri, bukan berdasarkan siapa yang menyampaikannya. Dalam era di mana informasi menyebar cepat dan sering memicu reaksi impulsif, penting untuk mengintegrasikan refleksi ini ke dalam rutinitas harian, seperti melalui jurnal pribadi atau diskusi kelompok, agar kebiasaan berpikir kritis menjadi bagian alami. Selain itu, institusi pendidikan harus memfasilitasi workshop tentang etika berdebat, di mana mahasiswa dapat berlatih skenario nyata untuk menghindari jebakan serangan personal. Tanpa upaya ini, risiko polarisasi akan terus meningkat, mengancam inovasi dan solidaritas sosial. Oleh karena itu, bab ini tidak hanya menyajikan analisis, tetapi juga panggilan aksi untuk semua pihak terlibat dalam diskusi, mendorong generasi muda menjadi agen perubahan yang aktif dalam membangun masyarakat yang lebih rasional dan inklusif.

**DAFTAR PUSTAKA**

ELVANDARI, R. N. (2023). *Pengaruh Komitmen Profesional, Penalaran Moral, Retaliasi, dan Emosi Negatif terhadap Niat Melakukan Whistleblowing*. Universitas Islam Indonesia.

Imelda, C., Ma'arij, A., Mangar, I., Hazmi, R. M., Sukmareni, S., Abidin, M. A., Indrayati, R., & Hidayah, A. (2024). *Logika dan Argumen Dalam Penalaran Hukum*. CV. Gita Lentera.

Indasah, S. N. (2023). *The Logical Fallacies: Kesalahan Berlogika Yang Dianggap Berpikir Kritis*. Anak Hebat Indonesia.

Muchtarom, M., Seli, F. Y., Devi, M. K., Maulina, N., & Yusup, M. (2023). *Dinamika Etika Politik di Indonesia-Jejak Pustaka*. Jejak Pustaka.

Mutmainnah, A. (2020). *Lancar Berdebat: Bagaimana Menaklukkan Orang Lain Secara Cerdas, Meyakinkan, dan Beretika*. Anak Hebat Indonesia.

NURFAINI, N. (2023). *KONSTRUKSI MEDIA KOMPAS DAN DETIKNEWS: Analisis Wacana Kritis Berita Kasus Penistaan Agama Muhammad Kece dan Yahya Waloni*. Institut Agama Islam Negeri (IAIN) Palopo.

Nurjaman, A. (2025). *Epistemologi Toleransi: Memetakan Etika dalam Lanskap Digital*. Tujuh Pustaka Penerbit.

Rachbini, W., Wulandjani, H., & Evi, T. (2024). *Disertasi Dan Tesis Berbuah Novelty: Panduan Menemukan Kebaruan dalam Penelitian*. CV. AA. Rizky.

Ritonga, M. S. (2024). *Penaggulangan Ujaran Kebencian Melalui Pendekatan Teologis Dalam Al-Qur'an*. Institut PTIQ Jakarta.

Sukabdi, Z. A. (2025). *Psikologi Terorisme: Kajian Psikologi dalam Memahami dan Menanggulangi Terorisme*. Bumi Aksara.

Sulistyarini, D., & Zainal, A. G. (2020). *Buku Ajar: Retorika*.

Wahid, U. (2024). *Facebook: Ruang Perdebatan Kebijakan Pemerintah*. Indigo Media.

Wahyono, H. (2024). *Dasar-Dasar Terampil Berbicara*. Deepublish.

Wibowo, A. (2025). ARGUMEN HUKUM. *Penerbit Yayasan Prima Agus Teknik*.

Widayanthi, D. G. C., & Wulandari, C. I. A. S. (2025). *Communication Ethics: Etika Komunikasi Modern di Era Digital*. Deepublish.

Wimala, E. Y., Srimulyani, I. N., & Saskiaputri, A. (2021). *Debat: Sebuah Keterampilan dan Seni Berbicara*. Guepedia.

Wulan, E. P. S., Pattiasina, P. J., Putra, B. A., Arianto, T., Saragih, R. B., Mardiana, M., Sitepu, E. P., Alvira, I., & Aziz, B. (2024). *Retorika dan Dialektika Komunikasi Publik*. CV. Gita Lentera.

Wuriyani, E. P., Siregar, M. W., & Prasasti, T. I. (2024). *Keterampilan Bahasa Produktif*. CV. Gita Lentera.

Yulianto, H. B. (2024). Strategi Komunikasi Debat dalam Dakwah: Studi Pola Respons terhadap Abusive Ad Hominem Attacks. *INTELEKSIA: Jurnal Pengembangan Ilmu Dakwah*, *6*(1), 87–107.

Zahra, P. L. A., Nurseha, N., & Rosa, A. (2024). Ahli Sihir Dan Pengaruhnya Dalam Tafsir An Nur Karya Teungku Muhammad Hasbi Ash-Shiddieqy. *Jurnal Intelek Insan Cendikia*, *1*(10), 7591–7602.

# LOGIKA DI BALIK PUTUSAN PENGADILAN: MENGANALISIS STRUKTUR PENALARAN DALAM PROSES HUKUM

*Oleh : Fitria Fardiani*

## PENDAHULUAN

Dalam konteks ini, logika hukum dalam putusan pengadilan juga sering kali dipengaruhi oleh teori keadilan yang diyakini oleh hakim, yang dapat bervariasi sesuai dengan pandangan moral dan sosial yang ada di masyarakat. Sebagai contoh, dalam kasus yang melibatkan diskriminasi rasial atau ketidaksetaraan gender, hakim tidak hanya menerapkan hukum secara tekstual, tetapi juga mempertimbangkan nilai-nilai yang mendukung keadilan sosial dan kesetaraan (Ariyanti, 2020). Oleh karena itu, keputusan pengadilan dapat mencerminkan perubahan atau perkembangan dalam pemahaman sosial dan moral yang berlaku, serta bagaimana hukum dapat menyesuaikan diri untuk menciptakan masyarakat yang lebih adil dan inklusif. Selain itu, faktor budaya dan tradisi lokal juga bisa berperan penting dalam memengaruhi penalaran hakim, terutama dalam kasus yang melibatkan hak-hak komunitas tertentu. Sebagai hasilnya, analisis terhadap putusan pengadilan harus memperhatikan tidak hanya aturan hukum yang berlaku, tetapi juga refleksi terhadap norma sosial, budaya, dan etika yang hidup dalam masyarakat (Sudaryanto, 2015).

Logika dalam hukum, dalam konteks putusan pengadilan, lebih dari sekadar penerapan aturan yang tertulis. Penalaran hukum melibatkan langkah-langkah sistematis yang mencakup analisis mendalam terhadap fakta, norma hukum, dan nilai-nilai sosial yang berlaku. Setelah menilai fakta yang ada, hakim akan mengidentifikasi relevansi prinsip hukum yang sesuai untuk kasus tersebut. Proses ini tidak selalu linear, karena sering kali terdapat kebutuhan untuk mempertimbangkan berbagai faktor eksternal yang memengaruhi penerapan hukum, seperti keadaan sosial, ekonomi, dan politik (Rahmah & Harahap, 2025). Sebagai contoh, dalam kasus yang melibatkan pelanggaran hak asasi manusia, selain mempertimbangkan ketentuan hukum yang ada, hakim juga perlu menganalisis dampak sosial dari putusan tersebut dan apakah keputusan tersebut dapat memberikan keadilan yang substansial bagi pihak yang dirugikan.

Penalaran hukum juga melibatkan pertimbangan mengenai akibat jangka panjang dari keputusan yang akan diambil. Hakim harus menilai bagaimana suatu keputusan akan mempengaruhi masyarakat, baik dalam konteks hukum itu sendiri maupun dalam kehidupan sosial masyarakat secara lebih luas. Dalam beberapa kasus, hakim menggunakan pendekatan induktif, yang memungkinkan mereka untuk menarik kesimpulan berdasarkan analisis terhadap pola atau fenomena yang lebih luas (Ahmad, 2025). Hal ini menunjukkan bahwa dalam praktiknya, hukum tidak selalu dapat diterapkan secara mekanistik; ia membutuhkan penalaran yang mempertimbangkan keadilan dan keseimbangan antara kepentingan hukum, sosial, dan moral yang berkembang di masyarakat.

Pentingnya pemahaman terhadap struktur penalaran dalam putusan pengadilan dapat dilihat dari bagaimana keputusan-keputusan tersebut dapat mempengaruhi kehidupan masyarakat secara luas. Putusan pengadilan bukan hanya memutuskan perkara yang bersifat individu, tetapi seringkali juga mencerminkan interpretasi atas prinsip-prinsip dasar dalam sistem hukum, seperti keadilan, kesetaraan, dan kepastian hukum (Toyi et al., 2025). Oleh karena itu, analisis terhadap struktur penalaran dalam proses hukum menjadi suatu kajian yang krusial, untuk memastikan bahwa keputusan yang dihasilkan tidak hanya adil, tetapi juga logis dan dapat dipertanggungjawabkan.

Dalam konteks ini, buku ini bertujuan untuk menganalisis logika di balik putusan pengadilan, dengan fokus pada bagaimana struktur penalaran diterapkan dalam proses pengambilan keputusan oleh hakim. Dengan pendekatan ini, pembaca diharapkan dapat memahami dengan lebih jelas bagaimana proses hukum berlangsung di balik layar, serta bagaimana hakim memanfaatkan logika untuk menghasilkan keputusan yang seimbang dan berbasis pada prinsip-prinsip hukum yang benar (Imelda et al., 2024). Pemahaman ini sangat penting, tidak hanya bagi para praktisi hukum, tetapi juga bagi masyarakat umum yang ingin memahami bagaimana hukum diterapkan secara objektif dan rasional.

Salah satu hal yang sering kali luput dari perhatian adalah bagaimana peran logika dalam menjaga integritas keputusan pengadilan. Logika yang digunakan oleh hakim dalam proses penalaran tidak hanya berfungsi untuk memastikan bahwa keputusan yang diambil tepat dan adil, tetapi juga untuk menciptakan transparansi dan kepercayaan publik terhadap sistem peradilan (Kadir, 2025b). Ketika struktur penalaran diterapkan dengan benar, keputusan pengadilan dapat lebih mudah dipahami dan diterima oleh masyarakat, meskipun hasilnya mungkin tidak selalu sesuai dengan harapan semua pihak. Hal ini menunjukkan bahwa logika dalam putusan pengadilan tidak hanya berfungsi untuk memecahkan persoalan hukum, tetapi juga untuk memperkuat fondasi kepercayaan terhadap sistem peradilan itu sendiri.

Namun demikian, struktur penalaran dalam putusan pengadilan tidak selalu bersifat universal dan dapat bervariasi tergantung pada konteks kasus yang dihadapi serta interpretasi yang diberikan oleh hakim terhadap norma hukum yang ada. Setiap kasus memiliki karakteristik unik yang memerlukan pendekatan dan pertimbangan yang berbeda, baik dari segi fakta-fakta yang terungkap di persidangan maupun dampak sosial yang mungkin ditimbulkan oleh putusan tersebut (Siregar, 2024). Oleh karena itu, penting untuk menganalisis berbagai jenis penalaran yang digunakan hakim dalam putusan pengadilan, seperti penalaran deduktif, induktif, atau bahkan penalaran analogis, yang dapat memengaruhi cara hakim menilai dan mengaplikasikan norma hukum.

Dalam buku ini, akan dibahas berbagai contoh kasus yang menggambarkan penerapan logika dan penalaran dalam praktik pengadilan, dengan tujuan memberikan gambaran nyata mengenai bagaimana hakim menyusun argumentasi mereka (Satria Kurniawan Putra, 2025). Setiap contoh kasus ini akan dianalisis secara rinci untuk menunjukkan bagaimana faktor-faktor seperti konteks sosial, nilai-nilai moral, serta kebijakan hukum yang berlaku memengaruhi hasil akhir dari keputusan yang diambil. Dengan memahami dinamika ini, pembaca akan lebih mudah melihat hubungan antara teori hukum dan praktik hukum yang ada, serta bagaimana keputusan pengadilan dapat mencerminkan atau bahkan mempengaruhi perubahan dalam masyarakat.

Melalui pembahasan ini, diharapkan pembaca dapat memperoleh wawasan yang lebih luas tentang bagaimana logika berperan dalam keputusan hukum, serta bagaimana struktur penalaran ini dapat membantu memastikan bahwa keputusan pengadilan selalu didasarkan pada pertimbangan yang matang dan rasional. Dengan memahami proses penalaran yang diterapkan oleh hakim, pembaca dapat melihat bagaimana setiap langkah dalam penyusunan putusan hukum memiliki dasar yang kuat dan tidak semata-mata didorong oleh teks hukum yang berlaku (Wibowo, 2025). Selain itu, struktur penalaran ini memungkinkan hakim untuk menyeimbangkan antara penerapan aturan hukum dan pertimbangan moral serta sosial yang relevan dengan kondisi masyarakat. Dalam konteks ini, keputusan hukum bukan hanya soal "benar" atau "salah", tetapi juga mengenai bagaimana suatu keputusan memberikan manfaat bagi keadilan sosial dan dapat diterima oleh masyarakat secara luas.

Dengan memperhatikan pentingnya logika dalam keputusan hukum, diharapkan dapat tercipta sistem peradilan yang lebih transparan dan akuntabel. Hal ini penting untuk memastikan bahwa setiap keputusan yang diambil oleh hakim dapat dipertanggungjawabkan, baik secara hukum maupun secara moral kepada masyarakat (Istisofania et al., 2025). Ke depannya, pemahaman yang lebih mendalam tentang struktur penalaran ini akan membuka jalan bagi perbaikan dalam penerapan hukum yang lebih adil, serta memperkuat kepercayaan masyarakat terhadap institusi peradilan sebagai penjaga keadilan dan hak asasi manusia.

## PEMBAHASAN

**Struktur Penalaran dalam Putusan Pengadilan**

Struktur penalaran dalam putusan pengadilan terdiri dari beberapa tahapan yang saling terhubung. Tahapan pertama adalah identifikasi masalah hukum yang menjadi pokok sengketa. Dalam tahap ini, hakim harus mampu mengidentifikasi isu hukum yang relevan dengan fakta-fakta yang terungkap selama persidangan (Cahyani, 2022). Selanjutnya, hakim melakukan interpretasi terhadap norma hukum yang diterapkan pada kasus tersebut. Proses interpretasi ini tidak hanya bergantung pada teks undang-undang, tetapi juga pada asas-asas hukum yang lebih luas, seperti asas keadilan, kepastian hukum, dan kemanfaatan. Setelah itu, hakim membangun argumen yang logis dan koheren untuk memutuskan perkara, dengan mempertimbangkan bukti-bukti yang ada dan pendapat pihak-pihak yang terlibat. Pada akhirnya, keputusan hakim harus mencerminkan keseimbangan antara penegakan hukum dan nilai-nilai moral yang berlaku di masyarakat. Struktur penalaran ini penting untuk memastikan bahwa putusan pengadilan tidak hanya sah secara hukum, tetapi juga dapat diterima oleh masyarakat sebagai bentuk keadilan yang obyektif (D. E. Subroto, 1992; Sudaryanto, 2015).

**Proses Penalaran Deduktif dan Induktif dalam Putusan Pengadilan**

Penalaran deduktif dan induktif merupakan dua metode logika yang sering digunakan dalam proses pengambilan keputusan di pengadilan. Penalaran deduktif berfungsi untuk menarik kesimpulan dari premis-premis yang telah ditentukan sebelumnya, sedangkan penalaran induktif lebih bersifat generalisasi berdasarkan data atau fakta yang ada. Kedua metode ini sangat berguna dalam membantu hakim membuat keputusan yang rasional dan berbasis pada bukti (Kadir, 2025a). Dalam praktiknya, penalaran deduktif sangat berguna ketika hukum yang berlaku sudah jelas dan tidak memerlukan interpretasi lebih lanjut. Misalnya, dalam kasus pidana, hakim akan menggunakan premis hukum yang ada untuk menganalisis bukti yang disampaikan oleh jaksa dan pengacara, serta kesesuaian bukti dengan hukum yang diterapkan.

Sebaliknya, penalaran induktif lebih sering digunakan dalam kasus yang lebih kompleks, seperti perkara perdata, di mana hubungan antara pihak yang bersengketa mungkin tidak sepenuhnya dijelaskan oleh norma hukum yang ada. Dalam hal ini, hakim akan menganalisis fakta-fakta yang terungkap selama persidangan dan menyusun kesimpulan berdasarkan pola atau tren yang muncul. Oleh karena itu, kombinasi keduanya, baik penalaran deduktif maupun induktif, membantu memastikan bahwa keputusan yang diambil oleh hakim bersifat objektif, adil, dan dapat diterima oleh semua pihak yang terlibat dalam sengketa (D. E. Subroto, 1992).

**Pengaruh Nilai Sosial dan Moral dalam Penalaran Hukum**

Logika hukum dalam putusan pengadilan memang tidak hanya terbatas pada aturan yang ditetapkan oleh undang-undang, tetapi juga harus mempertimbangkan dinamika sosial dan nilai-nilai moral yang ada dalam masyarakat. Hakim, sebagai penafsir utama dari norma hukum, sering kali dihadapkan pada situasi di mana norma hukum yang tertulis tidak cukup untuk menjawab persoalan konkret yang dihadapi. Dalam kondisi seperti ini, nilai-nilai sosial dan moral masyarakat menjadi faktor penting yang memengaruhi cara hakim merumuskan penalarannya. Sebagai contoh, dalam perkara yang melibatkan hak asasi manusia, sering kali terdapat pertimbangan yang lebih mendalam terhadap aspek kemanusiaan dan keadilan yang lebih luas (Pangestu, 2024). Di sisi lain, nilai-nilai ini dapat berkontribusi pada penyesuaian hukum untuk menjawab tantangan zaman, tanpa mengabaikan kepentingan umum dan stabilitas hukum itu sendiri. Oleh karena itu, pemahaman terhadap putusan pengadilan tidak hanya mencakup analisis terhadap teks hukum, tetapi juga harus melibatkan kajian terhadap konteks sosial dan etika yang berkembang dalam masyarakat (Sudaryanto, 2015).

**Keterkaitan Logika dalam Membangun Kepastian Hukum**

Kepastian hukum merupakan salah satu tujuan utama dari sistem peradilan, dan logika yang digunakan dalam putusan pengadilan berperan besar dalam mewujudkannya. Dalam sistem hukum yang ideal, setiap putusan harus dapat diprediksi dan dipahami oleh masyarakat, sehingga mereka dapat mengetahui konsekuensi dari tindakan mereka dalam kerangka hukum yang berlaku. Hal ini menunjukkan pentingnya transparansi dan konsistensi dalam penerapan hukum (Sawir et al., 2025). Ketika putusan pengadilan didasarkan pada penalaran yang logis dan dapat diterima oleh semua pihak, maka masyarakat akan merasa bahwa sistem hukum bekerja dengan adil dan sesuai dengan prinsip keadilan sosial yang ada.

Penalaran yang logis dalam putusan pengadilan tidak hanya memastikan bahwa keputusan tersebut diterima oleh pihak yang terlibat dalam sengketa, tetapi juga memberikan dasar bagi masyarakat untuk memahami bagaimana hukum bekerja dalam menyelesaikan persoalan mereka. Jika setiap putusan didasarkan pada struktur penalaran yang jelas, maka pihak yang terlibat, baik itu pihak yang menang maupun kalah, dapat memahami alasan di balik keputusan tersebut, yang selanjutnya dapat mengurangi potensi ketidakpuasan terhadap keputusan yang diambil. Dengan demikian, analisis terhadap logika yang digunakan dalam putusan pengadilan sangat penting dalam menjaga kepastian hukum dan memberikan rasa keadilan yang merata bagi semua pihak.

Kepastian hukum yang tercipta dari penerapan logika yang konsisten dalam keputusan pengadilan juga membantu memperkuat kepercayaan masyarakat terhadap sistem peradilan. Hal ini memungkinkan masyarakat untuk merasa lebih aman dan yakin dalam berinteraksi dengan sistem hukum, karena mereka tahu bahwa setiap keputusan yang diambil didasarkan pada prinsip-prinsip hukum yang adil, rasional, dan dapat dipertanggungjawabkan. Dengan demikian, logika dalam putusan pengadilan memainkan peran yang sangat vital dalam menciptakan stabilitas hukum dan sosial (D. E. Subroto, 1992).

**Tantangan dalam Menerapkan Logika Hukum di Pengadilan**

Meskipun logika merupakan bagian integral dalam setiap keputusan pengadilan, tantangan sering kali muncul dalam penerapannya, terutama ketika hakim dihadapkan pada kasus yang kompleks atau kontroversial. Dalam beberapa kasus, fakta yang dihadirkan mungkin tidak cukup jelas atau tegas, yang menyebabkan hakim harus lebih berhati-hati dalam membangun argumennya (Ruslan, n.d.). Sebagai contoh, dalam perkara yang melibatkan hak asasi manusia atau kebebasan individu, norma hukum sering kali tidak memberikan panduan yang eksplisit tentang bagaimana seharusnya keputusan diambil. Hakim, dalam hal ini, harus mengembangkan penalaran yang dapat mengakomodasi berbagai dimensi kasus, termasuk mempertimbangkan nilai-nilai sosial dan moral yang berkembang di masyarakat.

Selain itu, dalam banyak kasus, norma hukum itu sendiri tidak selalu memberikan jawaban yang jelas, sehingga hakim harus berhadapan dengan interpretasi yang berbeda terhadap hukum yang ada. Proses ini bukanlah hal yang mudah, karena interpretasi hukum sering kali bersifat subjektif dan dipengaruhi oleh pandangan pribadi, pengalaman, serta pemahaman hakim terhadap nilai-nilai yang berlaku. Oleh karena itu, penerapan logika hukum bukan hanya sebatas pada penerapan peraturan, tetapi juga melibatkan kemampuan hakim untuk mengintegrasikan berbagai sudut pandang yang ada (Syafe'ie et al., 2025). Ini mengharuskan hakim untuk tidak hanya berpikir dalam kerangka hukum yang kaku, tetapi juga mempertimbangkan dimensi sosial, budaya, dan etika dalam setiap keputusan yang diambil.

Tantangan ini semakin kompleks dalam sistem peradilan yang melibatkan berbagai budaya dan nilai, di mana hakim harus menyeimbangkan antara hukum positif dan nilai-nilai yang ada dalam masyarakat. Dalam konteks ini, keputusan pengadilan tidak hanya akan dilihat dari segi legalitas, tetapi juga dari segi legitimasi sosial, yang dapat memengaruhi penerimaan masyarakat terhadap putusan tersebut (Sudaryanto, 2015).

**Peran Struktur Penalaran dalam Menciptakan Keadilan**

Keadilan adalah prinsip yang sangat mendasar dalam setiap keputusan pengadilan. Struktur penalaran yang diterapkan oleh hakim memainkan peran penting dalam mewujudkan keadilan tersebut. Penalaran yang jelas, logis, dan dapat dipertanggungjawabkan memberikan landasan yang kuat bagi keputusan yang adil. Sebagai contoh, dalam keputusan yang melibatkan hak-hak asasi manusia, struktur penalaran yang diterapkan oleh hakim harus mencerminkan keseimbangan antara penerapan hukum yang tegas dengan pertimbangan moral dan sosial yang ada (Setyanegara, 2013). Hal ini menunjukkan bahwa keadilan bukan hanya soal penerapan hukum secara kaku, tetapi juga tentang bagaimana hakim menggunakan logika untuk memastikan bahwa keputusan yang diambil mencerminkan prinsip keadilan yang lebih luas, yang mencakup aspek manusiawi dan sosial (D. E. Subroto, 1992).

Dengan demikian, analisis terhadap struktur penalaran dalam putusan pengadilan memberikan wawasan yang mendalam mengenai bagaimana logika dan hukum berinteraksi dalam menghasilkan keputusan yang adil dan sesuai dengan nilai-nilai yang berlaku di masyarakat. Proses ini, meskipun kompleks, merupakan esensi dari sistem peradilan yang berbasis pada prinsip keadilan dan kepastian hukum.

## KESIMPULAN

Analisis terhadap struktur penalaran dalam putusan pengadilan memberikan wawasan yang lebih dalam mengenai bagaimana hukum diterapkan melalui proses logis yang dijalankan oleh hakim. Struktur penalaran ini tidak hanya melibatkan aturan hukum yang tertulis, tetapi juga mempertimbangkan nilai-nilai sosial, moral, dan kebijakan yang berlaku dalam masyarakat (Taqiuddin, 2017). Penalaran deduktif dan induktif menjadi metode utama yang digunakan hakim untuk menarik kesimpulan, yang mencerminkan bagaimana logika berperan dalam memecahkan permasalahan hukum yang kompleks. Meskipun norma hukum memberikan pedoman yang jelas, sering kali penalaran moral dan sosial juga turut mempengaruhi keputusan yang diambil.

Kepastian hukum, yang merupakan salah satu tujuan utama sistem peradilan, sangat bergantung pada kemampuan hakim untuk menggunakan logika dalam setiap putusan. Logika ini bukan hanya memastikan bahwa keputusan yang diambil tepat, tetapi juga dapat dipahami dan diterima oleh masyarakat. Hal ini memperlihatkan pentingnya transparansi dalam proses pengambilan keputusan agar masyarakat memiliki pemahaman yang jelas mengenai bagaimana hukum berfungsi dalam menyelesaikan sengketa.

Namun, penerapan logika hukum dalam putusan pengadilan tidak selalu sederhana. Berbagai tantangan, seperti interpretasi norma yang berbeda dan kompleksitas kasus yang dihadapi, menuntut hakim untuk memiliki kemampuan penalaran yang tajam dan pemahaman yang mendalam terhadap berbagai aspek yang terkait (Rasiwan & SH, 2025). Dalam hal ini, hakim harus mampu menyeimbangkan antara hukum positif yang ada dan nilai-nilai sosial serta moral yang berkembang dalam masyarakat.

Secara keseluruhan, struktur penalaran dalam putusan pengadilan berperan sangat penting dalam menciptakan keadilan dan kepastian hukum. Dengan memahami bagaimana logika diterapkan dalam proses hukum, kita dapat lebih menghargai dan memahami setiap keputusan pengadilan yang dikeluarkan. Oleh karena itu, studi tentang logika di balik putusan pengadilan bukan hanya relevan bagi praktisi hukum, tetapi juga bagi masyarakat yang ingin lebih memahami bagaimana hukum bekerja untuk menciptakan keadilan yang adil dan merata.

## DAFTAR PUSTAKA

Ahmad, A. (2025). Peran Hakim sebagai Pelindung Nilai Kemanusiaan dalam Sengketa Perdata: Studi Naratif atas Putusan Inovatif. *Al-Zayn: Jurnal Ilmu Sosial & Hukum*, *3*(3), 1682–1688.

Ariyanti, V. (2020). Equity sebagai dasar pertimbangan putusan hakim dalam menyelesaikan perkara pidana perempuan. *Refleksi Hukum: Jurnal Ilmu Hukum*, *5*(1), 63–84.

Cahyani, T. D. (2022). *Metode Alternatif Penyelesaian Sengketa: Mediasi Terhadap Permasalahan Hukum (Dalam Teori Dan Praktek)* (Vol. 1). UMMPress.

Imelda, C., Ma'arij, A., Mangar, I., Hazmi, R. M., Sukmareni, S., Abidin, M. A., Indrayati, R., & Hidayah, A. (2024). *Logika dan Argumen Dalam Penalaran Hukum*. CV. Gita Lentera.

Istisofania, A. S., Simbolon, E. Z., & Julydya, P. D. (2025). ANALISIS TENTANG KEWENANGAN HAKIM DALAM PEMERIKSAAN PERKARA LITIGASI PERDATA. *Multilingual: Journal of Universal Studies*, *5*(1), 354–368.

Kadir, Z. K. (2025a). KONFLIK KEYAKINAN HAKIM: ANALISIS PERBANDINGAN CONVICTION INTIME DI PRANCIS DAN CONVICTION RAISONNÉE DI PORTUGAL. *Jurnal Ilmiah Multidisiplin Ilmu*, *2*(2), 60–71.

Kadir, Z. K. (2025b). Meruntuhkan Pilar Keadilan: Apakah Sistem Peradilan Dapat Berfungsi Tanpa Standar Pembuktian? *Mandub: Jurnal Politik, Sosial, Hukum Dan Humaniora*, *3*(2), 40–61.

Pangestu, D. R. (2024). *Analisis Hukum Terhadap Putusan Hakim Yang Tidak Sesuai Dengan Nilai Keadilan Pihak Yang Berperkara*. Universitas Islam Sultan Agung (Indonesia).

Rahmah, R. A. P., & Harahap, C. B. (2025). Hukum Sebagai Instrumen Atau Hambatan: Tinjauan Kritis Terhadap Kebijakan Publik Di Indonesia.

*DIMENSI-Journal of Sociology*, *13*(2).

Rasiwan, H. I., & SH, M. H. (2025). *Dinamika Sistem Peradilan Pidana Indonesia*. Grafindo Publisher.

Ruslan, H. R. (n.d.). *ARGUMENTASI HUKUM SEBAGAI STRATEGI HAKIM DALAM BERPENDAPAT*.

Satria Kurniawan Putra, S. T. (2025). Argumentasi Hukum BAB. *Pengantar Argumentasi Hukum*, 17.

Sawir, M., Aljurida, A. M. A., & Susilawaty, S. (2025). Evaluasi Penerapan Prinsip Good Governance dalam Pengelolaan Anggaran Daerah. *Journal of Public Policy*, *1*(1), 1–16.

Setyanegara, E. (2013). Kebebasan Hakim Memutus Perkara Dalam Konteks Pancasila (Ditinjau Dari Keadilan "Substantif"). *Jurnal Hukum & Pembangunan*, *43*(4), 434–468.

Siregar, F. S. (2024). *PUTUSAN BEBAS PERKARA PIDANA DAN AKIBAT HUKUMNYA (Studi Penelitian Putusan Nomor 51/Pid. Sus. K/2013/PN. Mdn.)*. Universitas Malikussaleh.

Syafe'ie, A. D., Putri, A. S. J., Al Akbar, A., Abawaiki, A., Rohmah, A., & Revianto, D. M. (2025). PERAN LOGIKA DAN PENALARAN HUKUM TERHADAP PENGAMBILAN KEPUTUSAN OLEH HAKIM. *Edukreatif: Jurnal Kreativitas Dalam Pendidikan*, *6*(1).

Taqiuddin, H. U. (2017). Penalaran Hukum (Legal Reasoning) Dalam Putusan Hakim. *Jurnal Ilmu Sosial Dan Pendidikan*, *1*(2), 191–199.

Toyi, A. R., Wantu, F. M., & Mantali, A. R. Y. (2025). Perbandingan Pertimbangan Hukum Hakim dalam Putusan No. 282/Pid. B/2023/PN. Gto dan No. 298/Pid. B/2023/PN. Gto: Suatu Telaah atas Prinsip Kepastian dan Keadilan Hukum. *Al-Zayn: Jurnal Ilmu Sosial & Hukum*, *3*(6), 8061–8079.

Wibowo, A. (2025). TEORI HUKUM UMUM: Analisis Aturan, penalaran, Konstitusi. *Penerbit Yayasan Prima Agus Teknik*.

# TENTANG PENULIS

**Imama Pri Astutik** adalah mahasiswi Pendidikan Agama Islam di Institut Ahmad Dahlan Probolinggo, yang lahir di Probolinggo, Jawa Timur, pada tanggal 24 agustus 2004 yang menaruh perhatian besar pada pengembangan penalaran logis. Baginya, kemampuan berpikir terstruktur merupakan dasar penting dalam memahami persoalan secara jernih dan mengambil keputusan yang tepat. Sebagai penulis Bagian 1, "Mengapa Logika? Menyelami Pentingnya Penalaran dalam Studi dan Kehidupan Sehari-hari," Penulis berupaya menegaskan kembali urgensi logika sebagai fondasi dalam membangun pola pikir yang matang, kritis, dan bertanggung jawab.

**Rani Firliatul Ilahi** adalah mahasiswa aktif di Institut Ahmad Dahlan (IAD) Kota Probolinggo yang memiliki ketertarikan mendalam pada kajian logika dan cara berpikir sistematis. Minatnya terhadap beragam bentuk penalaran mendorongnya menulis sebuah bab berjudul "Peta Pemikiran: Membedakan Logika Formal, Informal, Simbolis, dan Matematika", yang disusun sebagai panduan ringkas untuk membantu pembaca memahami karakteristik, fungsi, serta perbedaan setiap jenis logika dalam kehidupan akademik maupun keseharian.

Melalui tulisannya, Rani berupaya mengajak pembaca membangun kesadaran berpikir yang runtut, kritis, dan bertanggung jawab. Ia meyakini bahwa pemahaman yang tepat tentang peta pemikiran dan ragam logika akan membantu masyarakat menyusun argumen yang lebih kuat, menilai penalaran secara lebih jernih, serta menghindari kekeliruan berpikir. Harapannya, buku ini dapat menjadi bekal intelektual bagi pembaca dalam menghadapi tantangan berpikir di era informasi yang semakin kompleks.

**Siti Mutammimah** adalah mahasiswi Program Studi Pendidikan Agama Islam di Institut Ahmad Dahlan Probolinggo, lahir di Probolinggo, Jawa Timur, pada tanggal 12 Mei 2005, dengan minat kuat terhadap kajian logika dan cara kerja akal sehat dalam menilai kebenaran suatu argumen. Perhatiannya tertuju pada bagaimana empat pilar utama penalaran ketepatan pengertian, ketelitian pertimbangan, kekuatan penyimpulan, serta penerapan hukum-hukum logika dapat digunakan untuk menilai argumen secara objektif dan menghindarkan seseorang dari berbagai bentuk sesat pikir. Siti Mutammimah menulis Bagian 1 "Empat Pilar Akal Sehat: Menerapkan Hukum Logika Untuk Menilai Argumen Dan Mencegah Sesat Pikir" Pada bagian ini, ia berupaya memberikan uraian yang ringkas namun mendalam mengenai bagaimana setiap pilar penalaran bekerja sebagai landasan berpikir yang tertib dan rasional. Ia menekankan bahwa kejernihan definisi, ketepatan premis, dan konsistensi logis merupakan syarat penting untuk menjaga akal sehat agar mampu menilai argumen secara kritis serta terhindar dari kekeliruan penalaran.

**Tahta Alvina** adalah mahasiswi Program Studi Pendidikan Agama Islam di Institut Ahmad Dahlan Probolinggo yang lahir di Probolinggo, Jawa Timur, pada tanggal 18 Februari 2003 dengan minat yang kuat pada kajian logika, struktur penalaran, dan analisis argumentatif. Ia menekuni pembahasan mengenai bagaimana pengertian, pertimbangan, dan penyimpulan bekerja sebagai fondasi dalam membangun argumentasi yang sahih dan konsisten. Ketertarikannya pada bidang ini mendorongnya untuk mengeksplorasi hubungan antara ketepatan konsep, validitas premis, dan kekuatan kesimpulan dalam proses berpikir ilmiah. Dalam buku ini, ia menulis Bagian 1 berjudul "Anatomi Argumen Logis: Telaah Konseptual atas Unsur Pengertian, Pertimbangan, dan Penyimpulan." Melalui tulisannya, Tahta Alvina berupaya menghadirkan uraian yang ringkas namun tetap mendalam mengenai dasar-dasar penalaran logis. Ia juga menekankan pentingnya ketelitian, kejernihan definisi, serta keakuratan struktur argumen sebagai prasyarat untuk menghasilkan pemikiran yang terarah, kritis, dan dapat dipertanggung jawabkan.

**Aisyati Eka Pratiwi** adalah mahasiswi Program Studi Pendidikan Agama Islam di Institut Ahmad Dahlan Probolinggo. lahir di Pasuruan, Jawa Timur, pada tanggal 05 Januari 2004. Minat akademiknya meliputi pengelolaan informasi, metodologi penelitian, serta penerapan strategi sistematis dalam klasifikasi data di era digital. Ia aktif mempelajari bagaimana penggolongan informasi secara konsisten dapat memperkuat efektivitas analisis dan pengambilan keputusan dalam konteks akademik dan profesional. Dalam buku ini, ia berkontribusi melalui penulisan bab berjudul "Memetakan Realitas: Strategi Menggolongkan Informasi Secara Sistematis dan Konsisten", yang menguraikan pentingnya strategi klasifikasi informasi dalam meningkatkan efisiensi dan akurasi pengelolaan data, baik dalam penelitian ilmiah maupun aplikasi praktis di berbagai bidang.

Namaku **Rohmatullah**, aku adalah mahasiswa Program Studi Pendidikan Agama Islam di Institut Ahmad Dahlan Probolinggo, lahir di Blitar, Jawa Timur, pada tanggal 14 Juli 2003, seseorang yang tak pernah menyangka bahwa hidupku belakangan ini akan dipenuhi oleh huruf-huruf vokal yang ternyata menyimpan kekuatan logis luar biasa: A, E, I, O. Semuanya bermula dari sebuah tugas berjudul "Dari Pernyataan ke Argumen: Menganalisis Struktur Proposisi Kategoris (A, E, I, O). Dari sana, aku belajar bahwa logika bukan sekadar simbol, tetapi cara menata pikiran. Kini aku memandang kalimat sehari-hari dengan kacamata baru membedakan mana yang universal, partikular, afirmatif, atau negatif dan menilai apakah sebuah kesimpulan benar-benar valid. Dalam proses itu, aku merasa sedang membentuk versi diriku yang lebih jernih dan teratur, seseorang yang melihat kata-kata sebagai struktur yang memiliki jiwa logis.

**Rudiyanto** adalah mahasiswa Program Studi Pendidikan Agama Islam di Institut Ahmad Dahlan Probolinggo, lahir di Probolinggo, Jawa Timur, pada tanggal 14 September 1988 yang memiliki ketertarikan mendalam terhadap logika berpikir dan berbagai bentuk kesesatan penalaran. Ketajamannya dalam menganalisis argumen membuatnya menaruh perhatian khusus pada bagaimana bahasa dapat menjadi alat yang sekaligus membangun maupun menyesatkan cara berpikir seseorang. Dalam buku ini , ia menjadi penulis Bagian 3: "Jebakan Bahasa: Bagaimana Ambiguitas Aksentuasi, Ekuivokasi, dan Amfiboli Menyesatkan Penalaran." Pada bagian ini, Rudiyanto memaparkan secara sistematis bagaimana tiga bentuk ambiguitas tersebut bekerja, disertai contoh kasus dan analisis yang tajam. Rudiyanto berharap dapat membuka wawasan masyarakat agar lebih peka dalam mengenali kesalahan berpikir yang tersembunyi di balik bahasa yang tampak meyakinkan.

Nama **Indra Dwi Kurniawan** lahir di bontang, Kalimantan Timur, pada tanggal 27 Juni 2004, mungkin terdengar biasa, tetapi di baliknya ada seseorang yang sedang bertualang di dunia logika; saat teman-temannya sibuk dengan tugas lain, Indra justru tenggelam dalam sebuah judul yang terdengar serius: "Seni Menyimpulkan: Menguasai Teknik Penyimpulan Langsung Melalui Oposisi dan Konversi." Awalnya, istilah oposisi dan konversi tampak seperti dua pintu menuju labirin rumit, namun semakin lama Indra mendalaminya, semakin terasa bahwa logika bukan sekadar aturan kaku, melainkan seni yang memadukan ketelitian dan kreativitas. Setiap proposisi yang dibaca Indra ibarat teka-teki yang menunggu untuk disimpulkan kadang harus dibalik, kadang harus dipertentangkan, kadang harus diteropong dari sudut berbeda. Di meja belajarnya, Indra sering merasa seperti seorang penjelajah yang perlahan mengurai peta pemikiran; dari premis sederhana, ia belajar menemukan kesimpulan yang tepat, valid, dan elegan.

**Lailatul Komariya** adalah mahasiswi Program Studi Pendidikan Agama Islam di Institut Ahmad Dahlan Probolinggo. lahir di Probolinggo, Jawa Timur, pada tanggal 22 mei 2005. Dengan ketertarikan mendalam pada logika dan filsafat berpikir, Lailatul fokus pada kajian etika berargumen dan kaitannya dengan rasionalitas deduktif dalam konteks akademik dan nilai-nilai keislaman. Dalam karya tulisnya, ia menelaah berbagai kesesatan berpikir, khususnya dalam silogisme deduktif, serta mengkritisi distorsi logika dalam debat publik. Lailatul adalah penulis bagian 2, "Jantung Logika Deduktif, Membangun Argumen yang Runtut dengan Silogisme Kategoris," yang mengupas prinsip-prinsip logika deduktif, serta kesalahan berpikir ad hominem yang kerap terjadi dalam diskursus sosial. Sebagai seorang pemikir yang kritis dan analitis, Lailatul berharap dapat berkontribusi pada penguatan penalaran rasional dalam dunia akademik dan kehidupan sehari-hari

**Miradatul Lailiyah** adalah mahasiswi Program Studi Pendidikan Agama Islam di Institut Ahmad Dahlan Probolinggo. yang lahir di Probolinggo, Jawa Timur, pada tanggal 14 Juli 2002. Minat akademiknya mencakup kajian penalaran kritis, strategi argumentatif, serta penerapan logika dalam diskursus keislaman. Ia aktif mendalami bagaimana kemampuan membangun argumen yang solid dapat membantu mengungkap ketidakkonsistensi dalam pemikiran lawan bicara tanpa mengorbankan etika berkomunikasi. Dalam buku ini, ia berkontribusi melalui penulisan bagian 2 yang berjudul "Seni Memaksa Lawan Bicara Memilih Kehancuran Logisnya Sendiri", yang menguraikan secara sistematis cara membangun argumen yang kokoh, mengidentifikasi titik lemah dalam pemikiran lawan, dan memandu diskusi sehingga kesalahan penalaran terungkap secara alami semuanya dengan tujuan meningkatkan kualitas diskursus akademik dan

**Milla Karimah** adalah mahasiswa aktif di Institut Ahmad Dahlan (IAD) Kota Probolinggo, lahir di Pasuruan, Jawa Timur, pada tanggal 17 Januari 2004, dengan minat besar pada bidang logika, filsafat, dan pengembangan pemikiran kritis. Ketertarikannya terhadap studi kesesatan berpikir (logical fallacies) mendorongnya untuk menulis buku "Menyerang Orangnya, Bukan Argumennya: Mengenali Sesat Pikir Argumentum Ad Hominem" sebagai upaya menghadirkan literatur yang mudah dipahami, aplikatif, dan relevan bagi pembaca dari berbagai kalangan. Melalui penulisan, ia berharap dapat membantu pembaca mengenali pola-pola berpikir keliru, meningkatkan kualitas diskusi, serta mendorong lahirnya pemikiran yang lebih jernih dan kritis. Ikut-ikutan Orang

**Sarifah Mariyatul Kifiyah** adalah mahasiswi Program Studi Pendidikan Agama Islam di Institut Ahmad Dahlan Probolinggo. yang lahir di Probolinggo, Jawa Timur, pada tanggal 30 mei 2002 Minat akademiknya mencakup kajian logika, etika berargumen, serta analisis misinformasi yang berkembang dalam ruang publik modern, khususnya terkait nalar kritis dalam studi keislaman. Ia aktif mendalami bagaimana pola pikir keliru dapat memengaruhi cara masyarakat menyikapi informasi dan membentuk opini. Dalam buku ini, ia berkontribusi melalui penulisan bab berjudul "Ketika Mayoritas Tak Selalu Benar: Mengungkap Logika Argumentum ad Populum", yang menguraikan secara sistematis kecenderungan mengikuti suara mayoritas tanpa pertimbangan rasional serta dampaknya terhadap kualitas penalaran dan pengambilan keputusan.

**Zumrotul Badiah** adalah mahasiswi Program Studi Pendidikan Agama Islam di Institut Ahmad Dahlan Probolinggo. Ia memiliki ketertarikan kuat pada kajian logika, khususnya dalam memahami bagaimana cara berpikir kritis dapat membantu seseorang menghindari kesalahan penalaran dalam kehidupan sehari-hari. Ia adalah penulis Bagian 3, "Mencari Kambing Hitam: Menghindari Kesalahan Logis Sebab-Akibat (Non Causa Pro Causa)," ia berupaya menyoroti bagaimana kekeliruan dalam menilai penyebab suatu peristiwa dapat berdampak pada pengambilan keputusan yang tidak tepat, baik di ranah sosial, politik, maupun kehidupan sehari-hari. Dengan pendekatan yang reflektif dan analitis, Zumrotul Badiah berharap tulisannya dapat membantu pembaca lebih peka dalam mengenali kesalahan logis, serta mendorong budaya berpikir yang lebih rasional, kritis, dan berbasis bukti.

**Ahmad Basir Hanif** adalah mahasiswa Program Studi Pendidikan Agama Islam di Institut Ahmad Dahlan Probolinggo, lahir di Probolinggo, Jawa Timur,, pada tanggal 23 Oktober 2004 yang memiliki ketertarikan pada logika, etika berargumen, dan analisis kesesatan berpikir dalam konteks diskursus keagamaan dan ruang digital. Ia fokus pada pentingnya penalaran kritis dalam memahami argumen dan meminimalisir kesalahan berpikir.

Sebagai penulis Bab 3, "Logika Ketidaktahuan: Membongkar Sesat Pikir Argumentum ad Ignorantiam," Ahmad Basir mengupas tentang kesalahan berpikir yang mengandalkan ketidaktahuan sebagai bukti kebenaran suatu klaim. Dengan pendekatan yang sistematis dan berbasis bukti, ia bertujuan untuk menciptakan ruang diskusi yang lebih rasional dan berorientasi pada pembuktian yang jelas, khususnya dalam konteks publik yang semakin terfragmentasi.

**Sarmita** adalah mahasiswi Program Studi Pendidikan Agama Islam di Institut Ahmad Dahlan Probolinggo yang lahir di Wakatobi, Sulawesi tenggara pada tanggal 23 mei 2004, yang memiliki ketertarikan mendalam pada logika berpikir dan penerapannya dalam menganalisis kesesatan berpikir. Saat ini, ia sedang mempelajari bagaimana jebakan bahasa seperti ambiguitas aksentuasi, ekuivokasi, dan amfiboli dapat menyesatkan penalaran dalam argumentasi. Ia adalah penulis Bagian 3, "Jebakan Bahasa: Bagaimana Ambiguitas Aksentuasi, Ekuivokasi, dan Amfiboli Menyesatkan Penalaran." Dengan pendekatan yang tajam dan analitis, Sarmita berharap dapat memperkaya wawasan masyarakat dalam mengenali dan menghindari kesalahan berpikir yang tersembunyi di balik penggunaan bahasa yang ambigu.

**Najma Zahirah Zukhruf** adalah mahasiswi Program Studi Pendidikan Agama Islam di Institut Ahmad Dahlan Probolinggo. lahir di Probolinggo, Jawa Timur, pada tanggal 09 Oktober 2004, Ia memiliki ketertarikan kuat dalam memahami logika dan dinamika penalaran manusia, khususnya dalam konteks kesesatan berpikir yang muncul dalam komunikasi sehari-hari. Saat ini, ia mendalami bagaimana argumen yang memanfaatkan tekanan emosional,seperti ancaman (ad Baculum) dan belas kasihan (ad Misericordiam) sering digunakan untuk memengaruhi keputusan tanpa dasar logis yang kuat. Sebagai penulis Bagian 3, " Logika Ancaman dan Belas Kasih: Mewaspadai Sesat Pikir ad Baculum dan ad Misericordiam ", ia berharap dapat membantu pembaca membedakan antara bujukan emosional dan penalaran yang benar, sehingga tidak mudah terjebak oleh argumen yang tampak meyakinkan tetapi tidak memiliki dasar logis yang valid.

**Firda Ayu Kumala** lahir di Probolinggo, Jawa Timur, pada tanggal 27 September 2005, yang merupakan mahasiswi Program Studi Pendidikan Agama Islam di Institut Ahmad Dahlan Probolinggo. Ia memiliki ketertarikan mendalam pada filsafat dan ilmu logika berpikir, sebuah passion yang mendorongnya untuk menyelami kedalaman rasionalitas manusia. Dengan mata yang tajam terhadap evolusi pemikiran, ia meneliti bagaimana nalar telah membentuk peradaban dari masa ke masa. Ketertarikan ini ia tuangkan sebagai penulis Bagian 4, "Logika Klasik ke Paradigma Kontemporer: Evolusi Rasionalitas dari Aristoteles hingga Ilmu Pengetahuan Modern." Melalui analisisnya yang komprehensif, ia berharap dapat menjembatani pemahaman antara warisan intelektual masa lalu dan tantangan berpikir di era sains modern. Dengan hadirnya karyanya di antologi ini, Firda berharap pembaca dapat melihat benang merah yang menghubungkan fondasi berpikir logis klasik hingga manifestasinya dalam ilmu pengetahuan kontemporer, sehingga memantik kesadaran bahwa rasionalitas adalah perjalanan berkelanjutan, yang kuncinya adalah membangun cara berpikir yang lebih kritis dan adaptif.

**Nadifa** adalah mahasiswa aktif di Institut Ahmad Dahlan (IAD) Kota Probolinggo' lahir di Probolinggo, Jawa Timur, pada tanggal 02 Juli 2004, yang memiliki minat besar pada logika dan literasi informasi di ruang digital. Ketertarikannya terhadap cara masyarakat memproses data dan argumen di internet mendorongnya menulis sebuah bab berjudul "Logika di Era Digital: Mengevaluasi Informasi dan Argumen di Linimasa Media Sosial", yang ia susun sebagai panduan ringkas bagi pembaca dalam menavigasi arus informasi yang kompleks. Ia berharap tulisannya dapat membantu masyarakat mengenali misinformasi dan menilai argumen secara lebih jernih, sehingga interaksi digital menjadi lebih sehat dan bermakna.

**Aulia Mufthi Azizah** adalah mahasiswi Program Studi Pendidikan Agama Islam di Institut Ahmad Dahlan Probolinggo. lahir di Probolinggo, Jawa Timur, pada tanggal 31 maret 2005 Dengan minat yang mendalam pada logika, filsafat, dan etika berargumen, Aulia berfokus pada penerapan penalaran sistematis dalam pemecahan masalah yang kompleks, terutama dalam konteks pendidikan dan kehidupan sehari-hari. Ia tertarik untuk mengembangkan pemahaman tentang bagaimana struktur berpikir yang jelas dan terorganisir dapat membantu individu membuat keputusan yang lebih baik dan menyelesaikan masalah dengan lebih efektif. Aulia adalah penulis bagian 4, "Logika dan Pemecahan Masalah: Menerapkan Penalaran Sistematis untuk Menemukan Solusi", yang mengupas penerapan logika dalam mencari solusi yang rasional dan aplikatif dalam berbagai situasi.

**Abdul Ghofur** adalah mahasiswa Program Studi Pendidikan Agama Islam di Institut Ahmad Dahlan Probolinggo yang lahir di Probolinggo, Jawa Timur, pada tanggal 15 desember 1995 dengan minat yang kuat pada kajian logika, etika berargumentasi, serta analisis kritis terhadap wacana keagamaan. Ia menekuni pembahasan mengenai bagaimana prinsip penalaran yang benar, pola argumen yang sehat, dan penggunaan logika yang bertanggung jawab dapat membentuk dialog ilmiah yang konstruktif. Dalam buku ini, ia menulis bagian 4 yang berjudul "Etika Berargumen: Menggunakan Logika Secara Bertanggung Jawab Tanpa Merendahkan Lawan Bicara Studi Kasus: Analisis Akademik terhadap Klaim "Hanya Nabi Muhammad yang Terkena Sihir". Melalui tulisannya, Abdul Ghofur berupaya menghadirkan pembahasan yang lugas namun tetap mendalam mengenai cara berargumen secara ilmiah tanpa melampaui batas-batas etika. Ia menekankan pentingnya sikap rendah hati intelektual, kehati-hatian dalam mengolah dalil, serta komitmen terhadap kejujuran berpikir sebagai fondasi untuk membangun percakapan yang kritis, tertib, dan dapat dipertanggungjawabkan.

**Fitria Fardiani** lahir di Probolinggo, Jawa Timur, pada tanggal 04 September 2004 adalah mahasiswi Pendidikan Agama Islam di Institut Ahmad Dahlan Probolinggo yang memiliki ketertarikan mendalam terhadap logika dan pola pikir kritis. Ia gemar mengkaji bagaimana bahasa, argumen, dan struktur penalaran dapat memengaruhi cara manusia memahami suatu persoalan. Dalam tulisannya yang berjudul "Logika dan Hukum: Menganalisis Struktur Penalaran dalam Putusan Pengadilan" , Fitria berupaya menjelaskan bahwa keputusan hukum tidak hanya bertumpu pada aturan, tetapi juga pada proses berpikir yang sistematis, rasional, dan berkeadilan. Melalui karya ini, ia berharap pembaca dapat melihat pentingnya logika sebagai landasan dalam menganalisis persoalan, mengambil keputusan, dan memahami dinamika hukum secara lebih jernih

# TENTANG EDITOR

Rifqi Khairul Anam menyelesaikan studi Doktoral Filsafat di Universitas Gadjah Mada (2021) setelah sebelumnya menuntaskan pendidikan Sosiologi di Universitas Muhammadiyah Malang. Minat intelektualnya terentang dari eksistensialisme hingga filsafat teknologi. Karya terbarunya antara lain *Filsafat Teknologi Martin Heidegger* (2025) dan *The Abyss And The Ascent* (2025). Saat ini aktif sebagai dosen di Institut Ahmad Dahlan Probolinggo, mengampu mata kuliah yang berfokus pada pengembangan nalar kritis dan logika.

( cover belakang ) (BLURB)

# BUNGA RAMPAI LOGIKA

## Membedah Argumen, Kesesatan, dan Etika Berpikir

Seringkali kita terjebak dalam keputusan yang salah atau perdebatan yang buntu hanya karena kita gagal merapikan isi kepala. Buku ini menawarkan solusi praktis: sebuah antologi logika terapan yang berfungsi layaknya kotak perkakas untuk akal sehat Anda. Terdiri dari 21 esai yang ditulis dengan lugas, buku ini memandu Anda langkah demi langkah menguasai keterampilan spesifik yang sering terabaikan: bagaimana membedakan fakta dari asumsi, menghindari jebakan sesat pikir saat berdiskusi, hingga merumuskan kesimpulan yang valid. Ini adalah bacaan bagi Anda yang ingin berhenti bingung dan mulai berpikir dengan presisi, baik dalam pekerjaan, pendidikan, maupun interaksi sosial sehari-hari.

www.ingramcontent.com/pod-product-compliance
Lightning Source LLC
LaVergne TN
LVHW100232051026
849517LV00006B/1870